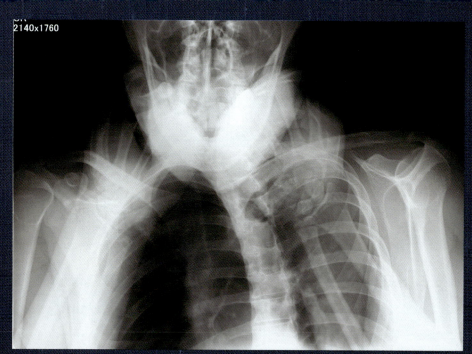
⬆レントゲンが証明した一流選手の強さの秘密

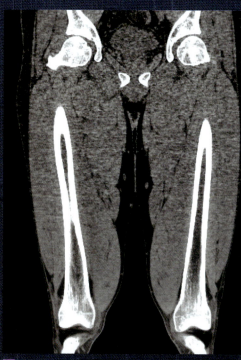
⬆下肢CTとローキック

⬆身体の内部を探る

⬆眼を動かせば、身体は動く

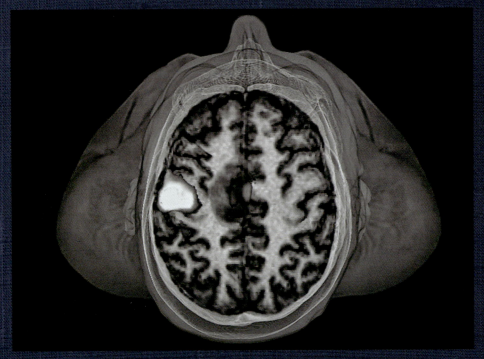
⬆ 運動はどのように生じるのか？

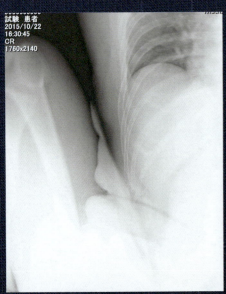
⬆ 関節角度とハイキック

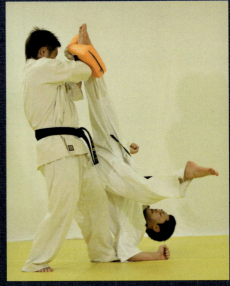
⬆ 小脳は修正する

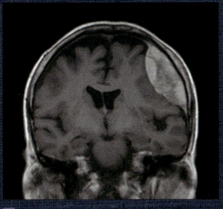
⬆ No ライフ No ファイト

⬆ 人間理解と格闘技

⬆ 「できない」を「できる化」する脳

総合格闘家／
北京オリンピック柔道100キロ超級
金メダリスト

石井　慧

　二重作先生の考え方や思想には以前から大変興味をもっていました。この本を読むことによりその興味を更に強める事になりました。イメージの大切さ……幼少期に誰もが経験する憧れの人や憧れのキャラクターになりきる。自分の場合は憧れの人と同じ道着をきて練習するだけでも高いモチベーションを保て更には良いパフォーマンスをする事ができたのを覚えています。常にイメージしながら練習をする。これも頭を使って練習をすると言うものの一種だと感じました。

　そして考え方です。反復練習一つをとっても考え方一つで大きな違いがあると感じました。反復練習では数ではなく、「どのくらい修正できたか」「どの様に意識してシャドーをするのか」など、考えたことを意識し続ける事で成長できると感じました。そしてアスリートが見落としがちな休養、静かなる強化の大切さを改めて知る事ができました。今更ながら若い時にもっとしっかり休んどけばと思う事が多々あります。もっと早くこの本に出会いたかったと思うとともに、今からでも実践していこうと思います。この本には強くなるヒントが沢山ありました。

The Breakthrough Company GO 代表取締役
PR/CreativeDirector

三浦　崇宏

「視点を手に入れろ」

　今、僕がクリエイティブディレクターとして、企業や事業のサポートをする仕事をしていく上で、学生時代に学んだ柔道の経験や思考法がとても役に立っている。広告と格闘技、一見何の関係もないように見えるかもしれないが、この本を読むと僕の言っていることの意味がよくわかるはずだ。

　格闘技とは、脳によるイメージと、身体の操作によって、対人環境において不可能を可能にする技術と解釈できる。その意味では、クリエイティブも同じだ。優れたアイディアを軸に、チームを率いることで、企業間競争における不可能を可能にする技術だ。構造的には同じことなのだ。本書の言葉を借りるならば、「格闘技の素晴らしいところは、対人競技ゆえ「人間の理解」が強さの向上に役立つこと」だ。あらゆる仕事において、人間理解こそが最も重要なコツであることはいうまでもないだろう。

　この本には、以上のような、一瞬自分の耳を疑ってしまうような新しい思考法、新しい視点がふんだんに盛り込まれている。それまで生きてきた中で凝り固まっていた読者の思い込みを、確かな医学的・科学的根拠に基づいた、それでいて端的な言葉で、鮮やかにひっくり返す。まるで、阿部一二三の背負い投げや、那須川天心の左ストレート、青木真也の寝技による一瞬の決着シーンを彷彿とさせられる。

　そしてこの本を読むと、これらの一流アスリートの絶技もまた、単なる身体的才能と圧倒的な練習量、だけではなく、優れた脳の思考によって完成した結晶であることがわかるはずだ。仕事との向き合い方、スポーツの楽しみ方、そして世の中の見方が鮮やかに変わるこの本を、格闘技好きや格闘家だけに独占させてしまうのは、あまりにももったいない。

推薦のことば

近畿大学 医学部 皮膚科学教室 主任教授
大塚　篤司

　振り返れば「優しさ」について学生時代から考え続けている。きっかけは友人から言われた「優しいね」という一言。ぼくはその言葉に強烈な違和感を感じた。瞬間的に振る舞った「優しさ」は私の一部であって全部ではない。何より難しいのは優しくあり続けること。そのためには「強さ」が必要だと思うようになった。

　「強さ」についてずっと考え続けている二重作先生と出会い、ぼくは彼を「優しい」と感じた。優しくあり続ける強さを持った人だった。そんな二重作先生がぼくのことを「強い」と表現してくれ、心からうれしく思った。

　本書は「強さ」についてあらゆる角度から掘り上げた名著だ。彼が追求した強さは、岩のようなゴツゴツした固く痛いものではない。柔らかくしなやかで折れることのない強さ。

　「『できない』に向かっているわけですから、弱気な声が出てくるのは当然です。」

　本文の言葉から、「弱さ」を包容する「優しさ」と「強さ」を感じることが出来る。二重作先生、この本を書いてくれてありがとう。

演出家
木村　龍之介

　「格闘技や武道は、最初から強い人のためのものではない。」

　著者、Dr.Fの言葉である。今、あなたが自分を弱いと感じているなら、伸び悩んでいるなら、そこには明確な理由がある。裏を返せば、正しいやり方で継続すれば、あなたはぐんぐんと強くなれる。次のステージへ進める。大丈夫だ。

　格闘技医学という新ジャンルを切り拓き、あなたが強くなるために心血を注ぐ最強のセコンド、Dr.F。彼は、『強さの根拠』を「根性や精神論」ではなく、誰もが使える「原理原則」として導き出した。あなたはもっと強くなれる、その可能性に正しくかけてみてほしい。

　可能性に溢れた新しい学問、『格闘技医学』は、スポーツの範疇にとどまらず、あらゆる分野の「強さを科学」する、超域的な学問に発展していくだろう。強さに憧れてばかりだったからこそ、自分が弱いと知っているからこそ、優しい強さを身につけたい。そんな思いに、この本は応えてくれる。全ての強くなりたい人必読の書だ。

俳優
やべ　きょうすけ

　この本を読んで、先ず思ったのは、今、読んでいる最中にも脳は様々な働きをしていて、考えることや感じることを止めることなく活性化しているんだろう……ということ。そう思うと、とても興味深い！一流アスリートのパフォーマンスは肉体や精神を含む心技体が備わっていて、その全ては日々の努力の積み重ねであるが……それは同時に心と技と体は全て脳に直結するものだと思う！改めて考えれば理解出来ることではあるが、この本を読むことで目には見えない脳を少しでも理解することで更なる活性化が出来る気がしてならない。
　そして、それは一流アスリートだけではなく、人の日常にも反映され、昨日までの自分を更に超え、成長に繋がっていくのだと思う。何気ない日常も、脳を理解することで何気ないから常に成長、向上に繋げることが出来る！アスリートの方々は勿論だが、そうでない方も、この本を読むことで、脳を考えることで、自分自身と付き合い、新たな発見も出来るはず！そして、読み終わった今、俺の脳もまた、読む前とは違い活性、向上、成長しているに違いない。
　人の可能性は無限である！そういう言葉があるように、脳を理解することで人の可能性は無限である！そう思えてしまうのです！

タレント／女優
及川　奈央

　どのように脳を使いこなすか？で結果が変わる。脳には「できない」を「できる」に変換するシステムが存在する。快感を得られた時の行動を克明に記憶し、その記憶を再現しようと行動が強化される。ドーパミンが出やすい状況を設定して脳を喜ばせることができれば、自然とやる気に溢れて自分を成長させていく事に快感を得られる。どんどん魅力的になる。
　この話は納得することが多く、例えば過酷な現場や舞台の稽古期間などで苦しい時間を過ごしても、それを終えた後の達成感は他では味わえない快感。だからこそ、やめられない。どんなお仕事でもそうだと思います。肉体的、精神的に苦しかった分、苦労した分それを乗り越えた後の快感をちゃんと脳が記憶しているのですね。壁に当たったとしても上手にコントロールしていけたら強いなと思います。
　わかりやすい例を交えながら丁寧に説明してくださる先生。この本を読むと、強くなるためのヒントがきっと見つかるはずです。

推薦のことば

ALLIANCE-SQUARE 代表
高阪　剛

　人間は、どこにどういう打撃を当てれば倒れるのか。
　長年闘ってきて、感覚でそのポイントは理解していても、なぜそこを殴ると倒れるのか、それを医学的に言語化して説明してくれる人に出会った事はありませんでした。
　そんな私に初めてその答えを示してくれたのが、二重作先生の書かれたこの「格闘技医学」です。
　私はこれまで試合を通じ、不思議な経験を数多くしてきました。
　パウンドで殴られている最中に意識が飛び、ポカポカのコタツに入っている夢を見たり、殴り合いの最中に、相手の目が左右別々に上下にひっくり返ったり。意識が飛んだ状態でも立って闘い続けたり。
　そういった経験を元に自分なりの答えを導き出し、感覚として身につけてきました。
　この本にはそういう感覚の部分に対する医学的な答えが書いてあり、確信を得る事が出来ました。
　格闘技をしている方もそうでない方も、理解を深めたい方は必読の一冊です。

株式会社THINKフィットネス GOLD'S GYM 代表取締役社長
手塚　栄司

　格闘技や武道の修業をする中で、本書は大変多くの学べる事が書かれております。稽古や鍛錬は、その意味を理解した上で継続する事が、最も大切な事でありますが、この本を読むと、意味が分かり易く解説され、さらに今まで知り得なかった大変多くの考え方や、学び方が掲載されております。
　この事は、修行する多くの武道家や格闘家たちにとって、まさに考え方、脳の修業にもなる一冊です。武道や格闘技の修業は、一生涯続けていく事に価値があり、自身の身体が思うように動かなくなっても、この学びを理解し、生涯の修業に役立てる事が、本書の最大の価値であると思います。
　また、二重作先生の師の言葉である、「実践なければ証明されず、証明なければ信用されず」
　この言葉を先生自らが様々な場面で実行されており、まさに証明され、信用出来る内容となっており、多くの格闘家や武道家は、是非、自らの受け取り方で役立てて頂けると、本書を強く推奨いたします。

大日本プロレス代表
登坂　栄児

　ここまで人に何かを推薦したいと思うことがあったでしょうか。未来を見つめる人、今を悩む人、過去を後悔する人。どんな方でも一度この本を手にとってページをめくってみてください。どこかに必ず【自分】がいます。
　私の場合は自らがとってきた間違った様式や陥りがちな思考でした。わかりやすく言えば盲目的に反復練習をすることや、受けてきた指導をそのまま後輩たちに押し付けていた自分を見つけました。
　私がプロレス団体の長として、「選手達がプロレスに挑まなければ負わずに済む傷」と、「プロレスを目指さなければ気づかぬ真理」と、どちらもあることに思い悩んだ時、そこで目指す光を指し示してくれたのが二重作先生でした。
　格闘技もスポーツも武道も、危険なことはやらなければいい、何故やるのかとお思いの方、悩まれる方。恥ずかしながらその答えを私達は持ち合わせていませんでしたが、その答えのある場所へ二重作先生とこの本は導いてくれます。
　格闘家でなくても、アスリートでなくても、武道家でなくても、皆さん一人ひとり違う【自分】を求め続ける旅をしているならば、その冒険の書として是非。

推薦のことば

ALLIANCE-SQUARE 代表
高阪　剛

　人間は、どこにどういう打撃を当てれば倒れるのか。
　長年闘ってきて、感覚でそのポイントは理解していても、なぜそこを殴ると倒れるのか、それを医学的に言語化して説明してくれる人に出会った事はありませんでした。
　そんな私に初めてその答えを示してくれたのが、二重作先生の書かれたこの「格闘技医学」です。
　私はこれまで試合を通じ、不思議な経験を数多くしてきました。
　パウンドで殴られている最中に意識が飛び、ポカポカのコタツに入っている夢を見たり、殴り合いの最中に、相手の目が左右別々に上下にひっくり返ったり。意識が飛んだ状態でも立って闘い続けたり。
　そういった経験を元に自分なりの答えを導き出し、感覚として身につけてきました。
　この本にはそういう感覚の部分に対する医学的な答えが書いてあり、確信を得る事が出来ました。
　格闘技をしている方もそうでない方も、理解を深めたい方は必読の一冊です。

株式会社THINKフィットネス GOLD'S GYM 代表取締役社長
手塚　栄司

　格闘技や武道の修業をする中で、本書は大変多くの学べる事が書かれております。稽古や鍛錬は、その意味を理解した上で継続する事が、最も大切な事でありますが、この本を読むと、意味が分かり易く解説され、さらに今まで知り得なかった大変多くの考え方や、学び方が掲載されております。
　この事は、修行する多くの武道家や格闘家たちにとって、まさに考え方、脳の修業にもなる一冊です。武道や格闘技の修業は、一生涯続けていく事に価値があり、自身の身体が思うように動かなくなっても、この学びを理解し、生涯の修業に役立てる事が、本書の最大の価値であると思います。
　また、二重作先生の師の言葉である、「実践なければ証明されず、証明なければ信用されず」
　この言葉を先生自らが様々な場面で実行されており、まさに証明され、信用出来る内容となっており、多くの格闘家や武道家は、是非、自らの受け取り方で役立てて頂けると、本書を強く推奨いたします。

大日本プロレス代表
登坂　栄児

　ここまで人に何かを推薦したいと思うことがあったでしょうか。未来を見つめる人、今を悩む人、過去を後悔する人。どんな方でも一度この本を手にとってページをめくってみてください。どこかに必ず【自分】がいます。
　私の場合は自らがとってきた間違った様式や陥りがちな思考でした。わかりやすく言えば盲目的に反復練習をすることや、受けてきた指導をそのまま後輩たちに押し付けていた自分を見つけました。
　私がプロレス団体の長として、「選手達がプロレスに挑まなければ負わずに済む傷」と、「プロレスを目指さなければ気づかぬ真理」と、どちらもあることに思い悩んだ時、そこで目指す光を指し示してくれたのが二重作先生でした。
　格闘技もスポーツも武道も、危険なことはやらなければいい、何故やるのかとお思いの方、悩まれる方。恥ずかしながらその答えを私達は持ち合わせていませんでしたが、その答えのある場所へ二重作先生とこの本は導いてくれます。
　格闘家でなくても、アスリートでなくても、武道家でなくても、皆さん一人ひとり違う【自分】を求め続ける旅をしているならば、その冒険の書として是非。

総合格闘技選手
郷野　聡寛

　格闘技のみならず、他のどのスポーツにも当てはまる、もっと言えば、全てのお稽古事、上達したいと思う事柄に応用が利くものであり、この本にあることを理解し実践することで、自分の望むゴールまで辿り着ける可能性が高まるのは間違いないでしょう。もし私が子供の頃に、こんな考え方を知っていて、それを噛み砕いて分かりやすく教えてくれる大人が近くにいたら、私は夢であったプロ野球選手になれていたんじゃないかな、と思いました。
　そんな感じで、好きを仕事にできる道にも繋がるでしょうし、いつか本で読んだ「人は何のために生きているかと言えば、幸せになるためである」という言葉になるほどと思った私からしたら、それによって皆がそれぞれの幸せ＝人生の目的に到達できる道に繋がり、多くの人がこの本を手にすることで、この国の幸福度も上がって行くんじゃないかなとさえ思えます。何より、私がこの本と共に幼少期に戻って、プロ野球を目指してもう一度頑張ってみたいと思いました。が、それは無理なので、この先、無限の可能性を持っている子供たちに何より知ってもらいたい考え方の詰まった一冊です。

キックボクシング三階級王者
金沢　久幸

　自ら武道や格闘技を修行し、実践しているDr.F。肉体を通じて掴んだ言葉は重みが違います。そして私が長年追求している武術の動きの答えを示してくれてるところが、とても興味深いのです。「この動きはこういう原理が働いていたのか！」そんな気づきを、科学と医学の言葉でわかりやすく伝えてくれます。
　どんな一流選手でもケガの管理、予防が出来なければ、いつの間にか成績が落ち、苦しく惨めな状況になってしまう。そして選手生活だけでなく、その後の人生にも大きなマイナスの影響を与えてしまう。そんな状況を正しい医学知識の共有で未然に防いでくれる、選手たちにとっての救いのバイブルでもあります。すべてのアスリートや指導者はもちろん、スポーツを愛する子供たち、親御さんたちにとっても必要な書でありましょう。

「一八〇秒の熱量」主人公／元プロボクサー
米澤　重隆

　「強く当てれば倒れる」「俺はこうやってるから強いんだ」と言った感覚と経験に頼る部分が多い格闘技の世界において「人間」という部分から医学・科学的に言語化されているのが本書です。安全面についても「俺の時はこれでやってきた」とか「うちのジムはこういう方針」といった経験主義がいまだに行われており、さらには「目の前の勝利こそ全て」の勝利至上主義のため「引退後を考えた安全面での取り組み」がなされていません。そのような危険な現状に対しても本書はカウンターの一撃となっています。現役中、私が怪我をしたときのこと。普通なら「練習やすめ」とか「しばらく試合は無理」になりがちですが、Dr. Fの場合は「これからどうキャリアを積んでいきたいのか？」を引き出して頂いた上での治療方針で、とても納得できました。
　強い選手はみな、自分の言葉を持っています。強くなるためにも言語化は必須であり、本書には「強さの言語化のヒント」が沢山あります。かつての私のように社会人ファイターとして「時間の確保」「職場の理解」「周囲の応援」というリング外の真剣勝負に挑んでいらっしゃる皆さんにも、ぜひお薦めしたい一冊です。

推薦のことば

adidas KARATE GRANDPRIX 最高審判長／正道会館九州地区最高顧問
東　雅美

　強くなりたい人間は二通りだ。自分より強い者を超えようとする人間と、自分の弱さを超えようとする人間と。自分の弱さを超えたくて、えっちらおっちらと山を登る途中で僕は二重作Dr.と出会った。「おー！あなたはそっちから登って来たんだね、じゃちょっと話そっか。」なんて感じで交流させていただくうちに、僕は二重作Dr.の医師としての、空手家としての、そして探求者としての姿勢に強く惹かれ始めた。そこには自分を律しつつ自らの可能性を拡げ、さらに他者の可能性をも拡げようとする実践者の姿があったからだ。
　今回の増補改訂版で二重作Dr.は、僕らが生まれながらにして持つ運動のメカニズムに鮮やかな言葉を駆使して科学のメスを入れた。科学は普遍性と客観性を持つ。だからこの書には上達するため、強く生きるために誰もが共有できる戦略がギッシリ詰まっている。そのメッセージは格闘技の枠を超え、目の前の高き山に挑む全ての人たちへのナビゲーションとなるだろう。そんな新たな強化書の誕生を皆さんと共に祝福したい。

極真カラテ世界王者
纐纈　卓真

　これほど人間の本質的な部分から「誰もが強くなれる原理原則」が記された書に出会ったことがありません。「脳と運動」では、これまでトップレベルの選手でさえ長い年月をかけて掴んだであろう「強さの根底を成す意識の部分」まで、誰もが理解することが可能となっています。そして驚きなのが、具体的な実験メニューを通じて「違い」をすぐに実感できること。格闘技だけでなく、幅広くスポーツ全般、そして日常生活でも応用可能な上、その効果を疑う余地がないんです。
　格闘技におけるリスクも衝撃でした。まだまだ根性論が根強く、数の稽古や怪我の我慢を美化する傾向があり、生活に支障をきたした人も見てきました。が、ここにある医学知識を共有すれば、怪我や故障で悩む人たちを大幅に減らすことができると感じています。本書を読み終える頃には間違いなく「強くなるための私のルート」が見えていることでしょう。

バンゲリングベイ代表
新田　明臣

　『意識が変われば景色が変わる』
　格闘技をより安全で誰にでも楽しめるものにする。不要な怪我や悲惨な事故を無くしていく。これは現代格闘技において最も大切なことではないかと思います。「格闘技で身体を鍛えて強くしたい」、そういう想いから始めた筈なのに怪我や後遺症に苦しむ人は絶えません。競技者、選手ともなれば更にそのリスクは高くなり、大怪我をしてしまったり、場合によっては亡くなってしまったりする人もいるのが現状です。
　こんな時代だからこそ、安全性を追求し、その土台を作っていく。人間の本能的な最初の行動の動機にもなり、全ての運動の基本ともなる「安全で楽しい」を大前提として、危険なイメージを変える努力をしていく。かつての、または現競技者達が、培ってきたその知識と経験を存分に活かし、医学的根拠を積極的に導入し、これまでスポーツを発達させてきた『競争心』や『競技志向』の落とし穴に今こそ目を向けて、「新たな時代の定義」を創っていく。それこそが、これからの格闘技の更なる繁栄と、社会への恩返しにもなっていくのだと強く思います。
　現役選手時代、私のチームドクターを務めてくれたDr.F。彼が開拓した「格闘技医学」は、あらゆる格闘技・スポーツ実践者の良きセコンドとなり、スタンダードとして読み継がれていくでしょう。

勢和会会長
アデミール・ダ・コスタ

　格闘技・武道実践者の健康に関する、ドクターの驚くべき業績を、お祝い申し上げます。彼の科学的研究は、競技者の宿命であるハードなトレーニングの怪我や障害予防における、優れた方法を提示しています。そして技術を習得する段階においてもプロ選手はもちろん初心者にも正しいやり方を導いてくれます。この研究は、格闘技を愛する皆さんの健康と生活の質の向上をもたらすでしょう。

　私自身、科学的方向性を欠いたハードトレーニングのため、たくさんの怪我や障害に悩まされてきました。しかしながら、今、Dr.Fの研究のおかげで、新しい世代のみなさんは、正しい方向性を得ながら、健康的な方法で強くなれるのです。この格闘技・武道に対する重要なお仕事に、心から感謝の意を表します。

極真武道会WKB　最高経営責任者
ペドロ・ロイツ

　Dr.Fの格闘技医学は、おそらく最高の科学的格闘技の書籍となる可能性があります。技術の実践と我々の格闘技・武道のよりよい理解の新たな扉を開くことでしょう。そして、私たち指導者は、選手が優れた結果を出すための、より良き根拠を得るでしょう。

　自身が格闘技選手として闘った経験に、医師としての厳密な科学性と裏付けが組み合わさった長年の徹底した活動の成果です。格闘技・武道の探求、そして彼の飽くなき情熱は、数々の著名な指導者との幅広い交流を可能にしました。Dr.Fは、単なる解剖生理学に十分な基礎的知識を持つ医科学者であるだけでなく、"私たちの中の一人"でもあり、格闘家としての知見から我々の目線に合わせた研究をすることができます。それは私たちが求めていた分析そのものなのです。

　私と彼の素晴らしき友情に感謝いたします。そして最高の業績に敬意を表します。Drの笑顔がこれからも世界を輝かせることを心から希望いたします。

推薦のことば

ストライプル代表、
サムライメソッドやわらぎ代表
平　直行

　道場と病院。そもそもこの2つは対極の位置にあるような気がします。道場では一般人の体力を超えた稽古を目標とし、病院では一般人の体力に戻す事が目標になります。格闘技は一般人の体力を超えたパフォーマンスが目的ですから、通常の医学では足りない部分がどうしても出て来てしまうのです。この本には空手家でありドクターでもある二重作先生だからこそできるアイディアや考え方が沢山載っています。医学と格闘技に橋を架ける格闘技医学で、今までに無い効果が期待されます。僕のお勧めの1冊です。

パラエストラ東京代表、
日本ブラジリアン柔術連盟会長
中井　祐樹

　著者である二重作拓也先生とは共通の趣味・嗜好もあり、話がいつも弾みます。カラテ実践者である先生は、医学的見地から格闘技を深く考察し、「危険」「野蛮」といったイメージから格闘技と選手たちを守り、自らの生き方を世に問おうとしている「戦士」です。私とはまさに同志だと感じています。

　確かに格闘技は人を倒し、制圧し、勝負を決める、過酷なスポーツではあります。だからこそ、人として強く優しくなり、無用な争いを避けられる知恵が詰まっています。ますます複雑化する現代に社会体育として格闘技の需要は高まっていくはずです。

　格闘技の運動学、KOの解剖学、選手生命向上。この本はこれまでに見たこともない切り口が満載です。選手・指導者のみならず一般の格闘技ファンの方にも必ずや驚きと納得をもたらすでしょう。まさに待望の一冊、私からも皆さんに推薦いたします。

元プロ格闘家
ゲーリー・グッドリッジ

　読者のみなさん、こんにちは。Dr.Fとして知られる二重作拓也氏は、私がプロファイターだった頃のチームドクターでした。K1やHEROSなど様々な大会で、私のコーナーにいてくれ、とても心強かったです。彼のサポートは、総合格闘技でも、他のどんなスタイルにおいても十分に役に立つでしょう。

【twitter】@garyhgoodridge

ハイパーストレングス代表
和田　良覚

　総合格闘技の創生期。リングスという団体で、私はレフェリー、先生はリングドクターという、ひとつのチームでした。私はいま、ストレングストレーナーとして、競技選手のパフォーマンス向上を目指し、格闘技レフェリーとして、競技選手の命を預り身の安全を計る、二足のわらじを履いております。普段の練習から、フィジカルトレーニングやスパーリングで身体を酷使。試合では、減量を含め、命や人生をかけて心身を磨り減らして、勝負の世界に挑んでいる。全格闘技競技者や指導者の為のまさに至極のバイブルだと思います。

UFCファイター
ストラッサー起一（コブラ会）

　二重作先生と出逢ったのは、僕がまだ国内でプロになって間もない頃でした。東京に拠点を置き、医学の面からのカラダの使い方や技術、脳やイメージの使い方など、たくさん学びました。毎回いろいろな閃きがあり、「新しい自分」に出逢うことができました。
　僕は「世界最高峰の舞台、UFCで戦う」、先生は「格闘技医学を世界に伝える」というお互いの目標を掲げ、共に切磋琢磨し、幸い2014年1月にUFCデビュー。3連勝させていただいたのはもちろん、現在進行形で、自分の実力の向上を実感しています。1ミリでも強くなりたい皆様に、全力で本書を推薦させていただきます。

限界を超えよう
境界を越えよう
その先はきっと
神が守ってくれる

Prince　1958-2016

Dr.Fの格闘技医学

Medical Science of Fighting Sports

格闘技ドクター
二重作 拓也 [著]

［第2版］

秀和システム

はじめに

強くなりたい！

　幼少の頃から病弱で、運動も全く苦手でした。走るのは遅い、ボールには遊ばれる。昼休みのサッカーでは、チーム分けジャンケンで不動の残り物ポジション。クラス対抗野球大会ではバッターボックスに立った瞬間、自軍チームから「あーあ」とため息が聞こえる（まだバット振ってないのに！敵も味方も、敵だった）。とにかく「僕のせいで負けた」になるのが怖くて怖くて、パスが廻ってきたらすぐにボールを味方の誰かに渡す。「ボールよ、僕のところに来ないでくれ！」と祈りながら、毎回とてつもなく長く感じられる時間を過ごしていたのです。

　身長も低く、体格もヒョロヒョロ、極度のスポーツ難民だった私が、ケンカだけ強いはずがありません。自分より強いジャイアンのような同級生にビビってしまう自分が情けなくて、弱い自分が嫌で、嫌いで。「今よりも少しでも強くなって、自分で自分を認められるようになりたい」そう願ってきました。

　そんな私が出逢ったのがカラテでした。練習すれば強くなれる。痛みも我慢も、強さに変わる。自分が負けても自分の責任、自分が勝てば周りのおかげ。師範も、先輩も、後輩も、家族もみんな喜んでくれる。とにかく自分が強くなれば、いろんなことが良い方向に向かうような気がしたのです。

　少年時代の私にとって、カラテは「救い」であり、「光」であり、「希望」でした。

　地元の道場に通い、練習の無い日は公園で自主トレ。暇さえあれば鏡に向かってシャドー、電灯のヒモにハイキック、信号待ちは電柱へのローキック、コーラの瓶で脛を叩いて鍛える日々。テスト前？受験？センター試験？国家試験？そんなの関係ない、もし今、練習をやめてしまえば、また弱くて惨めな自分に逆戻りしてしまう・・・。思い返せば、まるで強迫観念にも似た、ゴールのない渇望でした。どんなことがあっても、握った拳を手放したくなかったのです。

　いつしか、自分が強くなること、同時に、強くなりたい人をサポートすること。それが格闘技ドクターとしての活動の主軸になりました。練習生、ジュニア選手、一般選手、指導員、大学同好会主将、リングドクター、チームドクター、格闘技医学会主宰、指導者指導、情報発信者・・・様々な立ち位置を経験した上で、現在、このように思います。

　「今の自分を超えることでしか辿り着けない場所がある。だから人間は強くなろうとするのだ」と。

　本書「格闘技医学」は、強い人間が書いた本ではありません。いわゆる格闘技・武

道・スポーツの書は「強い人として知られる人」「実績や功績のある有名人」がそのノウハウを公開する形で書かれますが、本書は「強くなりたい人（＝弱い私）」が弱さの洪水に溺れながら問い続けた記録でもあります。

・あの人はなぜあんなに強いんだろう？
・外からは同じに見えるけど、中はどうなんだろう？
・KOしたとき、手応えがほとんどないのはなぜ？
・同じ練習量でも、上達のスピードが全然違うのはどうしてだろう？
・延長戦でも瞬発力が落ちないのは身体の使い方が違うんじゃないか？
・パンチドランカーを減らすにはどうすればいい？

　求めれば求めるほど浮かんでくる「？」に対して、医科学的視点による客観性、正しくやれば誰でもできる再現性、ジャンルやルールを超えて共有可能な共通性、この３つの視座を大切にしながら、強くなるための原理原則を記したつもりです。

　2001年、WEB上で情報発信という小さな流れからスタートした格闘技医学は、2016年に書籍「格闘技医学」として発表され、おかげさまで重版を達成いたしました。何をやっても勝てない時期のトンネルの暗闇は、私も経験済みですので「格闘技医学を必要としている方々に届いた」ことが何よりも嬉しかったです。そして2021年、あらゆる運動の根源であり、最新の科学研究も集積された「脳と運動」（私がずっと書きたかったテーマでもあります）を含むコンテンツが新たに加わり、前作よりもバージョンアップした「格闘技医学」をここにお届けさせていただきます。

　「もうこれ以上強くなれない」と限界を感じている皆さん、「私には才能が無い」と可能性を疑っている皆さん、「このやり方で本当に強くなれるのだろうか」と悩みの深淵にいる皆さん、もしよろしかったら、我々人間の『強さの根拠』に触れてみませんか？「急がば回れ」という諺がありますが、レントゲンやCTの中に「回り道ゆえの景色」があるかも知れません。

　本書の記述は、あくまでもヒントに過ぎません。ぜひ「書き込めるガイドブック」として捉えていただき、主役である「あなた自身の強さの創造」に生かしてみてください。心と身体を通じた『オリジナルの最適解』が次々と発見されると信じております。そしてもし、本書が皆様の「強くなる旅」の小さなお供になれるのでしたら、著者として望外の喜びです。

　救ってくれたカラテ、生きる力をくれた格闘技、導いてくれた医学への、
　心からのお礼として。

「経験や知識は、誰も奪うことは出来ない。」　David Bowie

2021年6月　二重作 拓也

Contents

はじめに……………………………………………………… 4

Chapter 1 格闘技の運動学

- **1-1 視機能と運動** …………………………………… 10
  運動をリードする眼の使い方とは？
- **1-2 呼吸** ……………………………………………… 28
  戦いの場面に則した呼吸を考える
- **1-3 固有感覚** ……………………………………… 42
  強さを支える優れた感覚
- **1-4 関節角度** ……………………………………… 54
  強い角度で威力が変わる
- **1-5 伸張反射** ……………………………………… 70
  一流選手が使う伸張反射とは？
- **1-6 重力** …………………………………………… 81
  地球を味方にするか、敵に回すか
- **1-7 モーターユニットとインパルス** ……………… 111
  脳の使い方で筋のパワーが変わる
- **1-8 肩甲骨と上肢** ………………………………… 126
  体重移動をリードする最強の方法
- **1-9 支持基底面と動き** …………………………… 146
  支持基底面の意識で動きが変わる

6

Chapter 2　脳と運動

- 2-1　運動イメージと格闘技 …………… 158
  運動はどのように生じるのか？
- 2-2　脳からみた運動学習 …………… 184
  「上達」のカギは「修正」にある
- 2-3　強さのつくり方 …………… 195
  強くなるメカニズムを探る
- 2-4　静かなる強化 …………… 209
  限りない人間の可能性

Chapter 3　KOの解剖学

- 3-1　顔面編 …………… 228
  KOアーティストはどうやって倒すのか？
- 3-2　ボディー編 …………… 249
  ボディーの構造の理解がKOにつながる
- 3-3　下段＆ローキック編 …………… 268
  下段でのダメージの生み出し方
- 3-4　KO感覚を養成する …………… 286
  倒す感覚をいかにつくるか？

Chapter 4 選手生命を守る

- 4-1 競技と消耗 ……………………………… 294
  競技における最大の才能とは？
- 4-2 関節の寿命 ……………………………… 299
  高精度のベアリング、関節を守る
- 4-3 腰の故障と負のループ …………………… 311
  腰を守りながら強くなる
- 4-4 内科的疾患とリスク ……………………… 324
  格闘技が抱える内科的リスクとその予防
- 4-5 パンチドランカー ………………………… 339
  ダメージをもらわないことが最上位
- 4-6 危険すぎる、脳のダメージ ……………… 350
  脳を守るとは、生命を守ること

ほぼ日刊イトイ新聞「強さの磨き方」
—7人の賢者による強さの視点— ……………………… 362

格闘技医学会とは？ ……………………………………… 370

おわりに ………………………………………………… 372

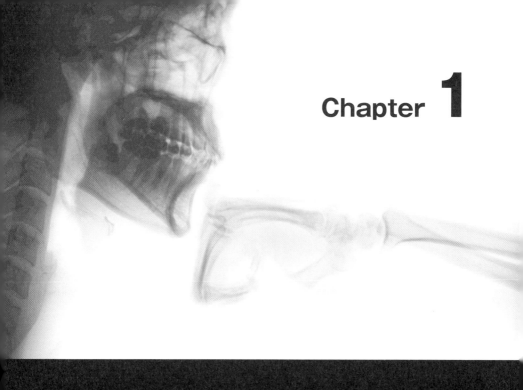

Chapter 1

格闘技の運動学

　一流選手の技や動きの秘密を、医学・科学の視点から徹底分析。感覚的に行っていた練習や、科学的・医学的根拠のあいまいだったトレーニング方法の背景が明らかになります。
　「正しく知り、正しくやれば、正しく動ける」格闘技の運動学は、あなたのパフォーマンス向上を徹底的にサポートします。

格闘技の運動学

1-1 視機能と運動

運動をリードする眼の使い方とは？

☑ 身体はどこから動く？

　格闘技の動きにおいて、身体は一体どこから動くでしょうか？

　パンチを出すとき、蹴りを出すとき、タックルに入るとき、いろんな部位が動きますが、最初に動くのはどこか、そこから格闘技の運動学をスタートしたいと思います。

　例えばパンチを打つ際、視覚で情報を入力しなければ、対象に対して攻撃することができません。相手の動きを見るのも、距離をはかるのも、ガードの位置を把握するのも、実はこの視覚に頼っています。(図1-1-1) 人間は80％の情報をほぼ視覚に頼っていると言われており、眼球が動き、瞳孔が動き、視覚情報を入力して相手を脳で認知して初めて、効果的に蹴れる、打てる、投げられる。逆に目を完全につぶってしまった状態ですと、相手がどこにいるか正確にわからないし、自分の行う運動を脳内で想起することができません。

　かつて、盲目の柔道家の方と乱捕りをさせていただいたことがあるのですが、その場合も、やはり組んでからのスタートでした。組んでからの視覚に頼らない動きはそれこそ驚異的。私は、バンバン投げられ、完全に抑え込まれました。それこそ「見えていないのが不思議なくらい」の強さでしたが、それでも視覚が効果的に使えない場合、接触して初めて戦いが成り立つのです。

　格闘技の動きにおいて最初に動くのは眼である以上、戦いにおける眼の機能を獲得することはパ

図1-1-1：眼から動く

フォーマンスアップに確実につながります。普段なかなか意識しにくい部分ですが、運動を理解する上で非常に大切な器官です。

☑ 強い人の眼

　一流選手は眼の使い方が非常に巧みです。打つ場所を集中的に見るだけではなく、いろんなポイントを視野に入れ、多角的に情報を取り入れて瞬時に動くことができます。例えば、カウンターを取るのが得意な選手は、いろんなポジションをとって相手の情報を引き出しながら、自分にとって有利な視覚情報を集めておいて、カウンターを合わせます。フェイントからのハイキックが得意な選手は、わざと目線を下げておいて、相手の注意を下に引きつけておいて、突然ハイキックをヒットさせる、といった技術が非常に優れています。

　逆に負けるときは、「興奮して相手の顔しか見ていなかった」というような一種の視野狭窄状態に陥ることがあります。格闘技において、視点を上手にコントロールすることが技の威力につながったり、視野の切り替えが試合展開を左右することがあったりと、勝ち負けにも非常に重要な要素となってきます。普段の生活でも、「駅のホームの向こう側の人と目があった」とか「誰かの目線を感じる」など、人間は視られることに対して、非常に敏感な生き物。視機能を向上させることは、強さに直結します。

☑ 視点と打撃の威力の関係①──パンチ編

　さて、ここで実験をしてみましょう。2人組となり、パートナーはミットを構えます。選手は、パートナーに向かってミットにストレートパンチを打っていきますが、最初はミットの当たる部分を視て打ちます（A）。（図1-1-2）次に、ミットよりも先に視点を置いてパンチを打ちます（B）。（図1-1-3）（A）と（B）、動きは基本的に同じまま、ただ視点を置く場所だけ変えてやってみましょう。

> （A）ミットの当たる部分を視て打つ
> （B）ミットよりも先に視点を置いてパンチを打つ

(A) と (B) で、ミットに受ける衝撃の大きさは変わります ((A) < (B))。ミット相手に向けると、選手はそのミットの打つ場所だけを視て打ってしまうことがあります。ミットの表面を視て打つと、パンチ動きはミットの表面で止まってしまいます。そうではなくて、「動きの目指すゴール」である (B) に目線を先においてから動く。そうすると、身体全体も「その位置まで動こう」という風に変わるんですね。人間の身体にもともと備わっている、定めた視点に向かって身体を運用する特性を生かすわけです。

　サッカー選手がシュートのとき、ゴールネットを突き破るつもりでネット先に視点を置いて蹴ると鋭いシュートになる。ピッチャーが剛速球を投げるときも、キャッチャーに照準を合わせるのではなく、キャッチャーの後ろのバックネットめがけて投げると球威が増す。これらと原理的は同じなのですが、対人競技である格闘技の場合、ゴールやキャッチャーと違って相手選手も動くので、どうしても相手の顔面なら顔面、腹なら腹、という表面を追うので精いっぱいになりがちです。そこからわずか数センチ先を見ることができるかどうか？　これが大きな差になってきます。

　視点による威力の違いを理解したら、ぜひ (A) を視て、次の瞬間に視点を (B) に移動させる、という技術も試してみてください。(図1-1-4) (A) ➡ (B) のわずかな動きの中で、眼球運動にかかわる筋群はもちろん、瞳孔や眼の周りの筋群、顔面の筋群も動きます。人間が何か目標物に手を伸ばす際のスピードは、「ゆっくり➡速く➡ゆっくり」の過程を必ず経ます。動かし始めは遅く、加速に従ってスピードは速くなり、届くときには拮抗筋群が収縮してブレーキがかかるため遅くなる、というわけです。パンチや蹴り、タックルが当たる場所を「ゴール」として動いた場合、最後のフェーズで「ゆっくり」が出現してしまいますから、それを防止する意味でも、「ゴールを瞬間移動させるテクニック」は、最速スピードを保ったまま技を振り抜くのにとても役立ちます（後述の「KOの解剖学」でもこの最速スピードを生み出すテクニックは応用可能です）。

　技のフォームや動きを見直す際には、「視点はベストな位置にあるかどうか」チェックしてみてください。そして「視点の瞬間移動」も意識して行ってみてください。適切な眼の使い方が見つかれば、その後の動きに変化が現れます。

1-1 視機能と運動

図1-1-2：ミットを視て打ったパンチ

図1-1-3：ミットの先を視て打ったパンチ

図1-1-4：視点の瞬間移動

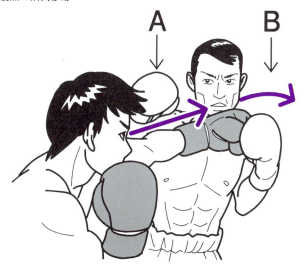

☑ 視点と打撃の威力の関係②──キック編

次はこれを蹴りで実験してみましょう。

> （A）ミットの当たる表面に視点を固定して蹴るパターン
> （B）ミットを蹴りこんだ先に視点を置いて蹴るパターン

パンチと同様に、（A）と（B）を比較した場合、（B）のほうが伝わる力が大きいことがわかると思います。また（A）➡（B）も実験してみましょう。（図1-1-5）人間の動きが視点に引っ張られる特性が強さにつながります。

図1-1-5：視点とキック

(A) 表面に視点　　　　　　　　　　(B) 蹴りこんだ先に視点

☑ 視点の置き方と前に出る力

「ここは前に出ないと勝てない」「相手を下がらせる必要がある」「プレッシャーをかけて追いつめたい」──格闘技・武道の試合で勝利へのキーポイントになるシチュエーションでも、「視点をどこに置くか」で、前に出る力が大きく変わってきま

す。(図1-1-6)

　相手の胸に視点を置いてパンチを胸に連打する動きと、相手の胸より数センチ先、「パンチを打った結果、相手が少し下がるであろう場所」に視点を置いてパンチを打つ動きでは、同じ胸部への連打でも、受ける側の力が全く変わってきます。

　前に出る力が弱い選手は、多くの場合、相手の胸や腹など「(A)打つ場所」に視点をセッティングしてしまっています。ですが、実際にパンチや膝蹴りを出すことで、どういう状況をつくりだしたいかというと、「相手を後ろに下げたい」わけですね。そうすると実際に当たる場所ではなく、「(B)相手が少し下がったと仮定したところ」に視点を置くのです。「今から行う動きの目的の方向」に視点を飛ばして動くというわけですね。この作業を加えることで、身体は視覚情報を元に、「次の瞬間どこにあればよいのか」を察知し、その通りに自らを運ぼうとします。

　このようにパンチや蹴りの動き自体は大きく手を加えずに視点の置き場所を変えるだけで、全く質の違う動きになります。受ける方のミットの圧力も全く変わってきますし、組み合い、差し合いのおいても、視点の置き方で発揮できる出力に変化が見られます。

　体力や筋力の割には「圧力がないな」「前に出る力が弱いな」「さがって負けてしまう」という選手は、その原因を筋力だけに求めず、ぜひとも視点と動きの関係に着目して練習してみてください。

　視点を「次の瞬間そうなってほしいところ」に先におきつつ、動く。すると身体は素直にそれに合わせて運用されます。これは格闘技・武道のあらゆる動きにおいて共通する「使える公式」といってもいいでしょう。(図1-1-7)

図1-1-6：視点の置き方で力が変わる

図 1-1-7：視点と動きの関係を追求する

☑ 動く相手の捉え方

　動く相手をどうやって捉えるか——そのときの視機能の使い方について考えてみましょう。

　まずはミットが止まった状態で打ちます。ミットが止まった状態というのは視覚でも捉えやすいと思います。実際の試合でも相手が素早く動いているときはなかなか技がヒットしにくいですが、何かの拍子に相手が止まってしまった瞬間というのは非常に攻撃が当たりやすい。逆に、普段止まったミットやサンドバックばかり練習している選手は、「ミット打ち」「サンドバッグ打ち」は非常に上手になるのですが、実際に試合で動く相手に当たるかというと、それは全く別問題になります。その理由は、「止まった対象物を視る機能」と「動く対象物を視る機能」は、同じではないからです。練習の段階でもパートナーは、ミットを動かし、常に距離を変えていくという負荷が、上を目指す選手にとって重要になってきます。

　動く相手を捉えるときにも、どこを視界に収めるがポイントになります。ミットを例にとりますと、ミットそのものを見てしまうと、実はミットの動きは非常にわかりづらくなります。例えば相手の顎をパンチで捉えたいとして、相手の顎だけを見てしまうと、動いたことが認識しづらくなってしまいます。

ここで動く相手をとらえる実験を行ってみましょう。

パートナーはミットを持って、選手に向かって構えてください。ミットを前後にゆっくり微妙に動かして、選手はミットが前に来たと思ったら、「前に来た」と言ってください。選手は、視点の次のAパターンとBパターンに分けて行います。

> **(A) ミットに視点を合わせた場合**
> **(B) ミットと共に後ろの背景も見た場合**

図1-1-8：対象だけを見るか、背景も一緒に捉えるか

(A) 対象だけを見る

(B) 背景も一緒に捉える

いかがでしょうか？ （A）よりも（B）のほうが、わずかな動きを捉えやすくなるのが実感できると思います。（図1-1-8）（A）はミットしか見えていないため、像の大きさの変化に気がつきにくいです。いわば一点を凝視している状態ですね。（B）は、後ろの背景という不動の情報がベースにあるため、ミットの像の大きさの変化が非常にわかりやすい。これは、背景を視野に収めることにより、背景と対象物の距離の「差」で「動き」を捉えるからです。

真っ白の紙の上にある点が移動するのと、縦と横に罫線が引いてある紙の上にある点が移動するのでは、後者のほうが移動していることが解りやすい——この原理と同じです。野球などでボールを捕るときに、「よくボールを見て！」という声をかけられますが、運動音痴だった私は、その声を聞くたびにしっかりボールだけを見

てしまい、結局エラーしてチームメイトの冷たい視線を一身に集める、という悲しき思い出がたくさんあります（涙）。ボールとその背景の景色を一緒に見るようにすれば、ボールの動く先も予測しやすかったはずです。（図1-1-9）

　動く相手を捉えたいときは、相手だけでなく、後ろの背景も情報として入力することによって非常に捉えやすくなるわけです。「相手をよく視て」と「相手と背景をよく視て」は似ているけれど違うアドバイス、というわけですね。

図1-1-9：動きは周りとの距離の変化でわかる

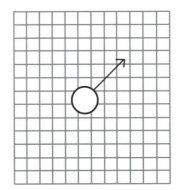

☑ 中心視と周辺視、2つのシステム

　視覚情報を脳に伝え、運動のスタートとなる「眼」。眼の構造上、2つのシステムが機能しています。視線上とその周囲の狭いエリアを視るのを中心視（中心視で見える範囲を中心視野）、視線上とその周囲のエリアを外れた広い範囲を視るのを周辺視（周辺視で見える範囲を周辺視野）と呼びますが、それぞれに特色があります。

　中心視は、色や形を識別するのが得意な部分であり、例えば「相手の顔をマジマジと見つめる」「虫眼鏡や顕微鏡を使って一点を凝視する」「細かい手作業を行う際に対象を捉える」といった場合に威力を発揮します。中心視は、じっくり細かいものを視るのに適したシステムなのです。

　これに対し、周辺視というのは対象物をしっかり見るのではなく、周りを全体的にぼやっと見て、動きや位置を識別するのに適したシステムです。星空全体を眺めたり、自然景色をみたり、電車が近づいてくるのを確認したり、という作業は周辺

視の得意技。格闘技や武道においても、視野の外から飛び込んでくる相手の攻撃や、相手の素早い動きを捉えるには、周辺視が非常に適しています。(図1-1-10)

試合で、このような経験はありませんか？

「右ローキックがヒットし、相手がガクッとなるくらい効いたのがわかった。その瞬間、蹴った部分ばかり見てカウンターのハイキックをもらってしまった」。

「ボディーへのパンチを打ったら相手が効いたので、腹ばかり見てしまい上段膝蹴りでKOされた」。

「グローブ着用で相手の顔面にパンチがヒットし、倒そうとするあまり、それ以降は相手の顔面以外全く見えなくなってしまった」。

これらの状態のとき、周辺視が上手く使えず、中心視の割合が増えてしまっている可能性があります。負けパターンに陥っているときは、「相手の一部しか見えていない」「相手しか眼中にない」というケースが非常に多いのです。試合の際、相手の顔を見ながらも全体を見ている選手は、周辺視で相手を捉えるため、カウンターやいろんな方向からくる技や相手の予想外の動きに対応しやすいのですが、中心視で一点しか見てない選手というのは、動きを捉えにくい分、相手の攻撃を貰うリスクも大きくなります。

図1-1-10：中心視と周辺視

☑ フォーカスとアングルの切り替え

　試合に勝った時の記憶をたどると、不思議と全体が見えていたことに気がつきます。相手はもちろん、相手のセコンド陣や大会関係席の様子、審判の動き、客席の様子まで覚えていることもしばしばです。これは、周辺視を使っての視覚情報の入力が上手く行っている証拠です。視野が広くなっている。このようなときは、頭も冷静ですし、試合の流れがつかめていたり、戦いの局面にしっかり対応できています。感覚入力しながら同時に出力している状態ですね。冷静でない状態を、「我を見失った」と表現することがあるように、熱くなってしまうと極端に視野が狭くなり、近視眼的になってしまうのが人間です。ちなみに、「負け試合でセコンドの声がほとんど聞こえなかった」というのも、いわゆるいっぱいいっぱいの状態になってしまい、音声情報入力をシャットアウトしてしまって起こる現象です。情報入力のチャネルを全開にしながら、運動（出力）をすると、感じながら動く状態になり不思議と疲れません。しかしながら、入力を一切遮断したまま出力だけしようとすると、すぐにスタミナを使い切って疲れて果ててしまいます。「入れながら出すのか」「入れずに出すのか」で、苦しさが変わってくるから不思議です。

　私の所属するチームでは、セコンドと選手の打ち合わせとして選手が熱くなって視点が一点に集まり出すと、手をパンと叩いて音を出す合図をしてフォーカスを切り替えるように決めています。それで、相手の一部を見ていたところをカメラのアングルを切り替えるように、パーンと全体にフォーカスをチェンジする。マルチアングル化するわけです。さらに、試合でガンガン打ち合って視界が狭くなったときに、「目線」とか「視界」とかそういう言葉をつかった指示をセコンドが伝え、選手は切り替えを行うように準備しておきます。

　そうすると、「ああ、ここ空いてた」「相手の動きが見える」という方向に傾きます。真正面からだと堅く見えたガードも、少し角度を変えてみると、空いてるところが見えたりします。また、見えてる打撃は、もらってもKOにつながりにくい。倒されるときは、たいてい「見えていない打撃」です。フォーカスの切り替えで、自分の負けパターンに陥りそうになったときや、突破口が見いだせなかったとき、倒されそうな場面などからの脱出のきっかけをつくることができます。

☑ 相手の目線をコントロール

　相手の眼の動きを観察してみましょう。2人組になって、人差し指でポイントをつくり、相手にはその一点に視点を合わせてもらいます。指を遠くから近づけたとき、左右の目は中央に寄りますね。この動きを内転といいます。次に、指を近くから遠くに離すパターンでは、眼は外側に離れる動きをします。これを外転といいます。

　対象物が近づいたときに両目が内転する反応を輻輳反射といいますが、遠い距離から一気に飛び込むと、相手選手の輻輳反射を引き出すことができます。このとき、真ん中は見えやすくなりますが、外側は見えづらくなりますから、外からのハイキックやフックなどの攻撃のヒット率が高くなります。

　逆に、接近戦の距離から急に離れると、相手の眼は外転します。外側が見えやすくなりますので、急には離れた場合は、前蹴りやボディーストレートなどのまっすぐ系統の技がヒットしやすくなります。(図1-1-11)

図1-1-11：輻輳反射

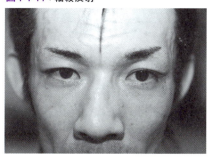 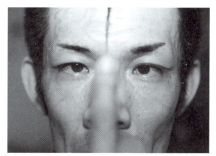

　技の選択やコンビネーションの組み立てにおいて、「それが出しやすいから」「得意パターンだから」という理由で構成してしまっている選手は少なくありません。一方で、一流選手は「相手にとって対応しづらい選択や組み立て」を行います。相手の眼がどのように動くか、死角がどこに生じるか、しっかり観察してみると、そこに勝利へのヒントが見つかるでしょう。

☑ 瞬間を捉える

　今度は、視覚の情報をシャットダウンした状態からのトレーニングを行います。まず選手は構えたまま目をつぶってください。この状態は外からの視覚の情報が入っていません。ミットがどこにあるか、相手の立ち位置がどうなってるか、相手との距離や角度、これらが視覚ではわからない状態ですね。ミットを持つパートナー側は、いろんな場所に最初にあらかじめ動いておきます。そこで「はい」と声を出して合図をします。声を聞いた瞬間、選手は目を開けてミットに向かって的確な技を瞬時に選び、打ち込んでいきます。これは、視覚での入力を極力短い時間で処理する情報処理力、距離・角度を一瞬で測る空間把握力、フィットした技を選ぶ選択力などを養うことができます。（図1-1-12）

　実際の試合時間は、キックだったら1ラウンド3分、またカラテなら本戦3分、総合なら5分や10分という、「ひとつのまとまった時間」ですが、それを細かく一つ一つ切り出していくと、それは一瞬一瞬の積み重ねです。その一瞬を確実に捉えるためのトレーニングとして、視覚のオフ➡オンは効果を発揮します。相手と自分との関係を含めた視覚情報を「動画」として捉えるのではなく、「連続した静止画の重なり」と捉え、目の前の静止画の情報に対してすぐ反応できるように訓練します。これはミスをしてもいいので、とにかく反応スピードを重視して、視覚情報に対して瞬間的に技を合せていくように心がけてください。瞬間を捉える能力の向上につながるトレーニングです。（図1-1-13）

図1-1-12：構えて閉眼から動く

図1-1-13:連続した静止画の重なり

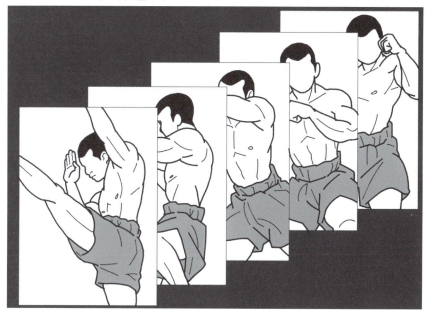

☑ 試合前の試合会場／リングチェックの意味

　試合前に、試合場やリングをチェックするとき、一流選手は観客席から試合場を眺めたり、試合場から会場全体を眺めたり、相手コーナーからリングを視たりしながら背景としての視覚情報を記憶の中に入れています。

　例えば、いつもは小さなホールで試合している選手が、突然ドーム級の会場での試合になり、会場に飲まれて実力が発揮できない、という事例があります。これも背景がいつもと変わってしまったことによって脳が混乱している状況です。特に初めての会場の場合、前述の「罫線」「背景」がどのようなものかもわかりません。ですから、早めに会場入りして、その場がどういう場であるのか、どんな景色がみえるのか、予め情報入力を行うことは非常に有意義です。私の所属チームでは、リングチェックの時にいくつか視点を置くべきポイントを決めています。試合中、冷静さを欠きそうになったら、リラックスできなくなったら、二階席のあの部分に視点を移そう、といった具合です。視点を変えると、視覚として飛び込んでくる情報が変化します。試合で煮詰まった状態、膠着した展開に陥った時は、テレビのチャンネ

ルをニュースからお笑い番組にリモコンで手軽に切り替えるような感覚で視点をパッと切り替えると、膠着した試合展開が、突然、動き出すことがあります。

　山岳地帯での戦争と、海上での戦争の様相が全く違うように、試合において「その場がどんな場であるか」を把握して試合をするのと、「場がよくわからずに勝負する」のは全く違います。景色の違い、マットやリングの違い、セコンドの声の響き方の違い、気温や湿度の違い……など、そういった情報を五感に入力しながら調整すると、動きもより精度の高いものになります。一流選手の試合場のチェック、リングチェックは、「アウェイをホームに変換する情報入力」でもあるのです。

　ある格闘技の世界王者は、開場前に数か所の観客席にゆっくりと座り、そこから自分が試合している様子をイメージするのをルーチンとしていました。自分を、他人の目で、しかも様々な場所からみて、「もう一人の司令塔である自分」に、「実際に戦う自分」をコントロールさせる状態をつくっているのです。延長戦、再延長戦になっても冷静さを欠くことなく、最後まで倒すチャンスを逃さない強さは、このように入念なイメージングがあってのことなのです。(図1-1-14)

図1-1-14：場を把握する

☑ 型に秘められた眼の秘密とは？

　カラテに伝わる型の最初の動きは、「進行方向に向かって眼を向ける」です。太極（タイキョク）や平安（ピンアン）といった基礎の型では、最初の動き、相手が迫ってくる左側に向きを変える際、いちばん最初に動くのは「眼」です。まず、眼が進行方向である左に動き➡続いて頭部が動き➡脊椎に回旋が生じ➡眼、脊椎の回旋が元に戻るように全体が動く、というプロセスがあります。型のいちばん最初の動きを細かく見ていくと、このような運動の基礎がメッセージとして組み込まれているのです。向きを変える動きの場合も同様で、眼から動くとスムーズに動けるようになっています（「動きづらい負荷の中での動きやすさ」を探していくのが型の運動学的意味でもあります）。身体の中のある部分で起こった動きが、身体の他の部位に影響が及ぶことを運動連鎖といいますが、いかに運動連鎖を生み出すか、がパフォーマンス向上に大きく関わってくるというわけです。（図 1-1-15,16）

　実際に、動きの遅い選手、反応が鈍い選手は、眼を動かすスピードを速くしていくと、動きが眼球のスピードに引っ張られて速くなることがあります。またハイキックを蹴るときに、蹴る部位をずっと視ながら蹴るよりも、蹴る前に一度床を視てから蹴る部位をみると、身体は重力方向、そして重力と反対方向に動くため、ハイキックが上がりやすくなります。

　型をつくった先人たちは、様々な強くなる秘密を型の中に巧妙に隠しています。強くなる秘密を敵や一族以外の者に知られては命が危ないため、外から見てもわからないように（わかる人にだけわかるように）まるで暗号のようになっています。格闘技や武道のパフォーマンス向上のエッセンスを、型の中に見出す作業もとても興味深いところです。

　従来の格闘技・武道、スポーツでは、眼、視機能については、感覚器としての捉え方が主であったと感じます。それに加えて、運動連鎖をいちばん最初に生み出す必須のスターターとして眼を動かしてみてはいかがでしょうか？（図 1-1-17）

図1-1-15:カラテの型

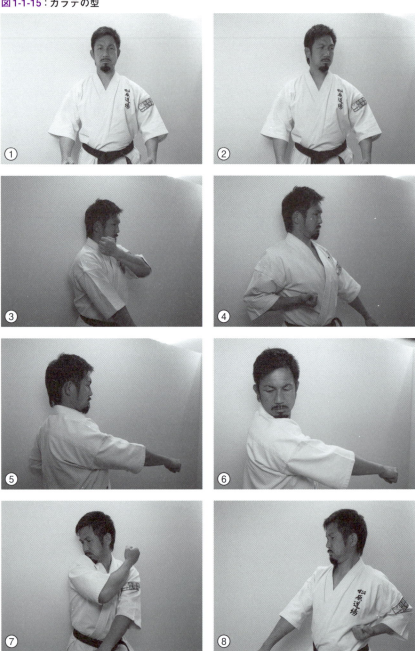

図1-1-16：空手道　松原道場の練習風景

図1-1-17：運動連鎖を生み出す眼

格闘技の運動学

1-2 呼吸

戦いの場面に則した呼吸を考える

☑ 呼吸の役割

　人間が生きていくのに呼吸は必要不可欠です。約60兆あるといわれる人間の細胞は、酸素を取り込んでエネルギーを生産して活動しています。酸素は、主に肺から取り込まれ、血液中の赤血球にあるヘモグロビンと結合して全身をめぐり、各細胞に酸素を受け渡します。それと引き換えに、細胞で生じた二酸化炭素と老廃物を受け取って再び血流に乗って肺に戻り、二酸化炭素と老廃物を呼気として体外に排出します。(図1-2-1)

　呼吸による酸素の供給と二酸化炭素の排出、いわゆる「ガス交換」がスムーズに行われるからこそ生体が維持されます。肺炎や心不全、窒息、喘息発作などで呼吸不全の状態に陥ると、生命が危険にさらされる、というわけです。そのため、人間の体の中には、酸素濃度や二酸化炭素濃度をフィードバックするためのセンサーが備わっており、厳しくモニタリングされています。呼吸に関する情報は脳幹の呼吸中枢にリアルタイムに集積され、最適な呼吸回数や呼吸の深さを自動的に（無意識に）調整しているのです。

　ですから、普段生活する上において、呼吸は「当たり前」で「あまり意識しない」ものですが、それはある意味当然のことで、健康な日常生活レベルでは無意識に行われるのが効率の良い呼吸、ということになります。日常生活レベル以上の運動負荷がかかるときには、その運動に適した呼吸があります。

　例えば、エベレストに登頂するとなれば、酸素濃度が薄いところでの効率的な呼吸を。10キロ連続で遠泳するならば、長時間運動可能な呼吸を。同じ陸上でも、100メートル走とマラソンでは、筋肉を動かす時間が違いますから、適した呼吸も変わってきます。

　格闘技や武道での呼吸も、競技によって、また、戦いの局面や戦略によって様々です。ボクシングで12ラウンドをフルに戦い、相手のスタミナをジワジワ奪って勝

負する長期戦での呼吸と、1ラウンド短期決戦で秒殺一撃KOを狙う場合に適した呼吸は同じではありません。打撃の際、手数で圧倒する際の呼吸と、カウンターで一発で仕留める場合の呼吸は異なります。戦いの局面にフィットした呼吸とはいったいどのようなものでしょうか？　ここでは、格闘技のおける呼吸と運動について考察いたします。

図1-2-1：ガス交換

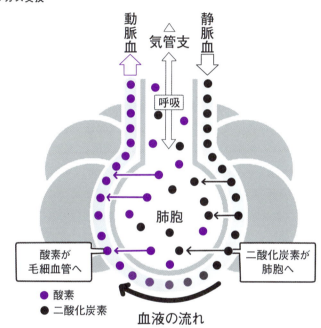

☑ 呼吸とスピード

　シャドーで、ワン・ツー・左フック・右ローキックの4種類の技を、この順番で出す場合の呼吸を例に考えてみましょう。呼吸と運動の関係が意識できていない選手の場合、
「ワンで息をはき、吸ってから、ツーで息をはき、吸ってから、左フックで息をはき、吸ってから、右ローキックで息をはく」
というパターンだけで呼吸しているケースが見受けられます。技と呼吸が1対1の

対応しかしていない傾向があるのです。これと比較して、一流選手は呼吸のタイミングを変化させる技術を持っています。

「ワンツー左フックで息をはき、息を吸ってから、右ローキックで息をはく」
「ワンツーで息をはき、息を吸ってから、左フックと右ローキックで息をはく」
「ワンツー左フック右ローキックで息をはく」

という具合です。文章の長さだけでも、後者の群の方が短いことからわかるように、一回の呼吸の中で技の数を変化させるだけで、連打やコンビネーションのスピードが確実に上がります。(図1-2-2)

呼吸には呼吸筋群が関わりますが、その中でも人体最大の呼吸筋である横隔膜は、胸部と腹部を仕切るように存在します。横隔膜が収縮すると、胸腔内が陰圧になり息を吸い込む。横隔膜が弛緩すると、息が外に排出されます。1対1の対応だけですと、横隔膜を一回動かす間に、技は1回を超えません。呼吸1回に技2回、3回、それ以上、と変化をつけることで、手数でラッシュをかける場合や、連打で倒す場合、また、相手のリズムを撹乱する場合に有利な呼吸を身につけることができます。

1発のスピードや威力を上げたい場合は、逆を行います。バット折りや氷柱割り、瓦割りなどのカラテの演武では、大きな気合と共に一撃を繰り出します。強くて速い一発を出す際には、肺や気道の中にある二酸化炭素を全て一気に外に出すつもりで、「MAXの体積の息を極力短時間ではきながら一発を繰り出す」ように意識しましょう。(図1-2-3)

息をはくときには、横隔膜がいちばん下からいちばん上まで動きます。ムエタイ選手は、大きな声で「アッ！」と声を出しながらミットを蹴りますが、これも呼吸と動きが完全に一致しています。声は、「息をはく」行為が音声として外からわかります。ですから、大きな声が出せる選手は強くなる、とも言われます。学校でも、公共の場でも、大声を出す機会が失われている現代の子供達にとって、道場やジムで思いっきり大きな声を出すことは、競技のスキルはもちろん、強く逞しく成長するための第一歩なのです。(図1-2-4)

図1-2-2：コンビネーションと呼吸

① ワン

② ツー

③ 左フック

④ 右ローキック

図1-2-3：横隔膜が上がったレントゲン、下がったレントゲンの比較

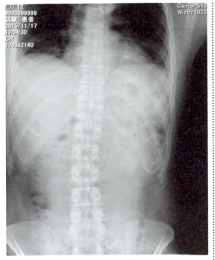

(A) 横隔膜が上がったレントゲン

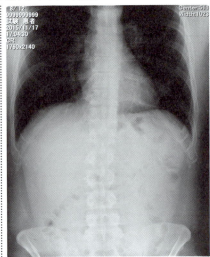

(B) 横隔膜が下がったレントゲン

図1-2-4：息をはきながら動く

☑ 呼吸とパワー

　スポーツで腰痛を抱えている選手と、腰痛知らずの選手、2つの群に分けて実験を行ったところ、腰痛のある群では腰椎にある多裂筋群の萎縮が顕著だった、という報告があります。

　多裂筋群とは、腰椎の周りにある小さな筋群で、腹筋群の深層筋である腹横筋の拮抗筋です。(図1-2-5)拮抗筋というのは、セットになる筋肉という意味で、上腕なら力こぶ側の上腕二頭筋と、力こぶとは反対側の上腕三頭筋が拮抗筋同士であり、対になって肘の曲げ伸ばしに関与します。多裂筋群が萎縮している腰痛群は、拮抗筋である腹横筋の収縮力も同時に弱くなっており、これがスポーツ動作において腰痛を引き起こす一因ではないか、という説が浮上したのです。

　ある医学の研究グループが、それらを実証するため、骨格筋群と腹横筋に電極を装着し、筋電図を測定しながら筋力を発揮したところ、非常に興味深い実験結果になりました。なんと腕や脚などの大きな筋群が収縮する少し前に、腹横筋が収縮したのです。腹横筋は、コルセットのように腰椎を取り巻くような形をしていますが、収縮すると腹圧がグッと高まり、腰椎を守る役割を果たします。「腰を守り➡筋力を発揮する」という順番が、人間の身体のシステムにかなっていることが証明されたのです。

図1-2-5：多裂筋群と腹横筋

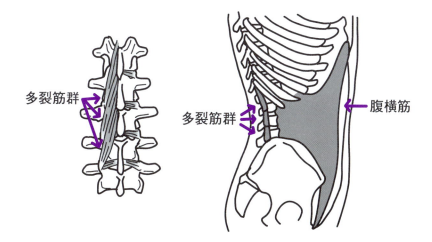

☑ パンチでの実験

ここで、ひとつ実験をしてみましょう。2人組で、選手側は右ストレートを打ち、ミートしたところでパンチを止め、パートナーは反作用をかけます。

このとき、次の二つを比較してみてください。

> (A) 息を吸いながらパンチを出す
> (B) 息をはきながらパンチを出す

おそらく、(B)の方が強い反発を感じるはずです。さらに、息をはきながら、お腹を引っ込めるように腹横筋を強く収縮させると、さらに強いパワーが生まれます。ウェイトリフティングやパワーリフティングなど、瞬間的なパワーが必要とされる競技において必須の呼吸方法として認識されています。この状態を、「上半身の筋力と下半身の筋力がひとつにつながったような感覚」と表現する選手もいます。(図1-2-6)

上半身も下半身も筋骨隆々にもかかわらず、パワーがいまいち発揮し切れていない選手は、腰椎周囲と腹横筋の使い方、そして呼吸を見直してみると大きく改善さ

図1-2-6：吸いながらのパンチ、はきながらのパンチ

(A) 吸いながらのパンチ

(B) はきながらのパンチ

れることがあります。打撃のみならず、柔道や総合格闘技で相手を持ち上げる瞬間も、しっかりと息をはいて腹横筋を収縮させ、パフォーマンス向上と選手生命の向上を目指しましょう。(図1-2-7)

図1-2-7：持ち上げる瞬間の呼吸

①

②

☑ 蹴りでの実験

今度は蹴りで実験してみましょう。(図1-2-8,9)

> **(A) 息を吸いながらお腹を膨らませて膝蹴りを蹴る**
> **(B) 息をはきながらお腹を引っ込めつつ膝蹴りを蹴る**

膝蹴りは、前蹴りやかかと落としなどでも構いません。(B) の方が蹴り足が上がりやすいと思います。その理由として、腹横筋が収縮することにより内臓が腰椎側(背中側)に寄るため、腹腔の臓器がジャマにならずに蹴り足を挙上しやすくなるためだと考えられます。

ハイキックや上段系の技が苦手な選手は、つい「柔軟性が足りない」「カラダが固い」と結論づけてしまう傾向が見られますが、「腹横筋を収縮させながら蹴る」とい

うカラダの使い方に光を当ててみるのもひとつの方向性です。「筋肉を太くすれば、筋力やパワーが上がる」というのは、筋組織にフォーカスを当てた時のことです。

図1-2-8：呼吸と膝蹴り

(A) 息を吸った膝蹴り

(B) 息をはいた膝蹴り

図1-2-9：お腹を膨らませたレントゲン、お腹をへこませたレントゲン

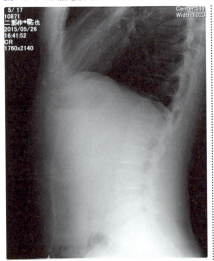

(A) 膨らませた状態

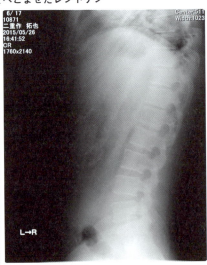

(B) へこませた状態

「関節可動域が大きければ高い蹴りが蹴れる」というのは、たくさんある要素のうちの関節においての話。もちろんそれらも大切ですが、人間の身体はもっともっと複雑でいろんな要素が絡み合って調和を保っており、格闘技や武道の戦いは、身体と心の総力戦です。

呼吸➡腹横筋の収縮➡腰椎の安定化➡筋力発揮。

人間の複雑な相互関係を理解しながら、呼吸をパワーや技に生かしましょう！

☑ 呼吸とスタミナ

スタミナを向上させたい場合も、呼吸を意識すると大きな効果が得られる場合があります。

一回の呼吸でどのくらいの時間動けるか？──これを指標とします。自分の動ける最速のスピードでシャドーを行い、その時に息をはき続けます。息をはき切った時点で、その運動をストップし、時間を計測します。

一回の呼吸で取り込める酸素の量は限られています。その少ない酸素でも動ける身体を作るのが目的です。人間の身体は、酸素の取り込みが少ない環境に置かれると変化します。酸素が少ない（酸素濃度が低い）状態では、腎臓でエリスロポエチンと呼ばれるホルモンを産生します。エリスロポエチンは、血液の製造工場である骨

図1-2-10：赤血球の増える仕組み

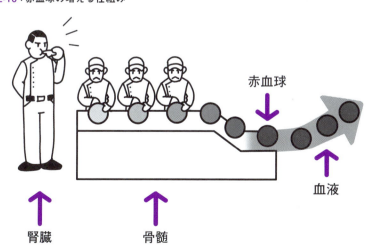

髄に働きかけて、赤血球を増やす効果があり、酸素を運ぶヘモグロビンが増えるため酸素が全身に行き渡るようになります。(図1-2-10) この効果を得るために、オリンピックのマラソン選手は高地トレーニングといって酸素濃度の低い高山で合宿をしたり、格闘技でもマスク等を着用して練習したりします。

　これと似たような効果を得るためには、「息を吸う回数を極力減らし、運動の持続時間を上げていく」練習がスタミナ養成につながります。

☑ スタミナ向上プロジェクト

　東大卒のキックボクサーで、社会人・父親・現役選手の3足のわらじを履きながら、全日本ライト級王者、世界タイトル、ムエタイのタイトルであるM−1王者と3つのベルトを手にし、K-1でもKO勝利した西山誠人選手は、ある試合で5ラウンドフルラウンドを戦ったのですが、スタミナが切れてしまい負けてしまったことがありました。

　その後、共に復活のプロジェクトを立ち上げ、取り組んだのが、このメニュー。イスに座って、両手に3キロの錘(おもり)を持ち、スタートの合図でパンチのラッシュをハイスピード繰りかえす。息を吸った時点で記録し、計測を終了。これを毎週毎週行いました。最初は12秒しかできなかったのですが、次第に1分を超えるようになりました。キックの試合は1ラウンド3分ですから、単純計算で1ラウンド中2〜3回呼吸できれば動ける、ということになります。もちろん、実際の試合は多くの要素が絡みますから、そう簡単にいかないのは十分理解しているつもりですが、このような数値化を徹底することで、それまでスタミナに自信がなかった西山選手が自信を持つようになり、復帰戦では5ラウンド目に上段膝蹴りでKO勝利、世界タイトルを獲得。続く試合では、他団体ランカーに5ラウンドフルに動きまくって判定勝ちという結果を出すに至りました。(図1-2-11)

　スタミナに自信がないときは、少しでも試合が消耗戦に傾いてしまうと、心理的に焦りが生じやすい。実際の試合時間はどうあれ、フルラウンド動けるスタミナをしっかりつけておくことは競技者として最重要だと思います。他にも、呼吸に負荷をかける方法として、ストローをくわえて練習するのも効果的です。(図1-2-12) 呼吸の際に気道抵抗が大きくなり、吸気時、呼気時、どちらにも負荷をかけることができるため、呼吸筋が強化されます。

図1-2-11：フルラウンド動けるスタミナを

図1-2-12：ストローで気道抵抗を上げる

☑ 水中での負荷

　水泳や、水の中で運動するのもとても効果的な方法です。胸郭や腹部に水圧がかかる中での運動は、呼吸筋群の鍛錬となります。水中では重力方向以外の負荷がかけられるため、「技そのもの」に抵抗をかけられるのも、他では得られにくいメリットのひとつです。(図1-2-13)

　格闘技選手の心肺機能強化には、ランニングやジョギングなどの陸上系の種目が主に取り入れられていますが、下半身にダメージを負っているときや、リハビリ中などは、無理に走ると怪我が悪化し、かえって弱くなってしまいます。そういうときは、水中ウォーキングや水泳、時には海や川でのトレーニングも積極的に導入すると、スタミナ養成はもちろん、下肢への負荷が減るため怪我の悪化の予防にもなります。

　格闘技や武道では、練習体系の中に相手とのコンタクトが恒常的に存在するため、微小な筋や組織の断裂が当たり前のように見られます。しかも、キャリアに比例して痛みに耐性ができてくるため、小さな損傷を無視した結果、ランニングやダッシュなどで転倒、靭帯断裂や骨折という例も少なくありません。「試合まで、このメニューとこのメニューを絶対やり切る」という決意と実行力は勝つために必要で、ギリギリの攻防の際に精神的な強さにつながるのは確かです。ただ、それも心身の状態ありき。スタミナ養成においても、「1500メートルジョギング、そのあと50メートルダッシュを10本、週3回」とだけ決めてしまうと、無理をしてまでやろうとする傾向、不調にフタをしてしまう傾向が日本人は特に顕著です。

　外人選手は、心身の状態を客観的に把握して練習メニューをアレンジすることに躊躇がありません。決めたメニューの実行が困難な時には「ゆっくりノンストップで2キロ泳いで、そのあと25メートルクロールダッシュ10本」とか、どうしても怪我で動けない場合は、「息をはく長さを計測し45秒超えを10回行う」といった感じで代わりとなる負荷でスタミナを養成します。同じような効果が期待できるA、B、Cのパターン準備しておくわけです。

　勤勉な日本人の感覚だと、どうしても、しんどい練習の先に勝利があるように思い込みがちですが、勝利のためにどんな練習をやるか、やらないか、組み合わせるか、という「ゴールから見た負荷のマネージメント」の部分も、上を目指すには大切な要素です。

図1-2-13：自然の中で無理のない負荷を

格闘技の運動学

1-3 固有感覚

強さを支える優れた感覚

☑ 固有感覚とパフォーマンス

　格闘技・武道において視覚以外の情報入力もパフォーマンス向上・安全面向上に非常に効果的です。固有感覚もその一つで、骨や関節の位置、角度、圧などの情報を脳に送り、自分の身体の情報を知覚する機能です。例えば目をつぶったまま、左腕を伸ばした状態から肘を90度ぐらい曲げてみます。異常の無い方であれば、視覚情報なしに「大体90度ぐらい曲がっている感覚」が知覚できると思います。さらにこれを閉眼したまま、約120度にする、約45度にすることも難しくはないでしょう。固有感覚とは、わざわざ視覚から情報を入れなくとも、「今、右膝関節はどのくらいの角度である」「いま左から脊椎の方向に押されている」「ふくらはぎのテンションが高い」など、識別する感覚です。(図1-3-1)

図1-3-1：眼をつぶっても角度がわかる

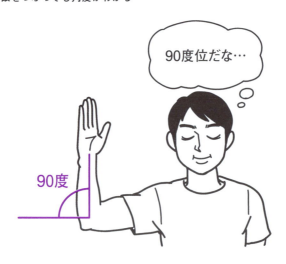

強い選手は、この感覚の機能が非常に優れていて、バランスが崩れそうなところから動いたり、視覚での情報を最小限にした状態でもカウンターの打撃を当てたり、組み技や寝技において、相手に触れた部分からの情報だけでスパーリングができたりします。実際の戦いや試合では、相手の攻撃や出血などで視界が遮られる、限定されることがあります。それでも戦いは続きますから、格闘技・武道実践者は、

(1) 視覚情報を処理する能力を向上させつつ
(2) 視覚情報が少なくても動ける能力を向上させる

両側からのアプローチが強さにつながると考えます。

☑ 目をつぶって外力をかける

それでは、具体的な固有感覚向上のプログラムの例をご紹介いたします。

選手は目をつぶって構えます。目をつぶった状態で、パートナーがいろいろ外から力をかけてみてください。その力に対してうまく流したり、対抗したり、逆に外力を利用しながら、安定した状態を探すトレーニングです。

パートナーは、例えば同じ肩を押すのでも、ゆっくり押したり、押したときにかかる力の方向を変えてみたり、2度、3度押してみたり、タイミングをずらしたりしながら、固有感覚神経の終末に多種多様な情報が入力されるように工夫します。(図1-3-2)

一流選手や上級者の中は、一瞬、相手のキックをガードでブロックするだけで、その蹴りの役割や意味まで理解する方もいます。「これは誘いの蹴りである」「数発で効かせにきている」「ガードの上を蹴ってポイントをとるための蹴りだ」「完全に倒しにきている」——外からは同じに見えるキック一発でも、実にいろいろな用途があって、一流選手は過去の歴戦のキャリアでの記憶と固有感覚を通じての情報がリンクしているんですね。

非常にシンプルなプログラムですが、格闘技・武道の本質的なテーマである「相手からの外力に対し、どのように反応するか」を安全に追求するメニューとして効果的です。

慣れてきたら、徒手での外力を蹴りに変えたり、タックルや投げ技の一部に変えて行ってみてください。

図1-3-2：眼をつぶって外力をかける

☑ 不安定な状態から動く

　フラットな床でしっかり立って構えた状態から、ミットやサンドバッグを打つ、蹴る。これは、どこの道場やジムでも行われていると思います。もちろん、これらの練習は、安定した状態を知る、という意味において非常に大切です。ただし、そこに留まっていてはもったいない。そこからさら大切なのは、「不安定な状態でも動ける神経回路」の構築です。

　実際の試合では、「ローキックを蹴られて足がぐらつく」「パンチをもらって脳を揺れバランスが崩れる」といった、安定性を欠いた状況で戦いが進行していきます。ですから、安定した構えからだけ攻撃する練習ばかりしていると、「崩れたバランスを安定した状態に戻してから動く」プログラムが学習されてしまいます。不安定な体勢の次の瞬間にどのように身体を動かすか、を追求していくと、固有感覚を含む

神経回路がどんどん構築されていきます。(図1-3-3) 3輪車から補助輪付きの自転車となり、そこから自転車の補助輪を外し、さらには一輪車に乗れる。外からは見えませんが、このような不安定さを求める中で初めて身に着く強さがあるのです。不安定な場所を経験した後に、安定した場所を経験すると、全く動きの質が変わってくるんですね。これも立派な強くなるための負荷と言えるでしょう。

　総合格闘技の場合、(A)立ち技、(B)投げ技、(C)寝技、という風に展開が変わりますので、打撃ひとつとっても、様々な局面に対応できるものでなければなりません。立ち技から寝技に移行するときの打撃、相手が投げに入ろうとするときの打撃、寝技から立ち上がる瞬間をとらえる打撃など、同じパンチ、同じ蹴りでも多種多様なシチュエーションが予測されます。(図1-3-4) (A)、(B)、(C)それぞれの練習はもちろん、(A)➡(B)、(B)➡(C)、(C)➡(A)という局面をつなぐ動きにも習熟しておかなければ勝てない時代になっています。2時間なら2時間の練習時間内で、どれだけ不安定な時間をつくれるか。そして残り22時間の生活でも、どれだけ固有感覚の入力と筋出力の関係を高められるか、このあたりが「見えない差」になります。

図1-3-3：不安定さの中で技を出す

図1-3-4：局面が変わり続ける総合の打撃

☑ 閉眼首相撲

　固有感覚のトレーニングは視覚情報をシャットアウトすることでいろんなバリエーションが生まれます。安全性をキープしながら普段の練習を目をつぶって行う。ただそれだけでもかなり大きな負荷になります。例えばキックやムエタイのジムでよく行われている首相撲。これも閉眼で行うことで非常に有効な固有感覚向上のメニューになります。

　選手側は両目をつぶります。パートナー側は、選手の安全を守るため目を開けて行ってください。額が当たってバッティングによる怪我等がないようになるべくゆっくりスタートしてください。パートナーの人はなるべく取りやすい位置に自分の体を移動して、選手が動きやすいような状態をリードしてあげてください。これは、立ち技の首相撲だけでなく、寝技や相撲のような立った状態での差し合いでも行うことが可能です。（図1-3-5）

図1-3-5：閉眼首相撲

☑ バランスボールでの固有感覚向上プログラム

①バランス・ディフェンス──立ち技編

　選手は、ボールの上に脛が当たるように膝立ちの状態をつくり、ファイティングポーズで構えます。バランスボールにうまく乗れない方は、まずボールに乗って上半身だけのシャドーを行うところから始めてください。ボール上でのシャドーができる方は、パートナーに軽くゆっくり攻撃してもらいます。選手は、バランスを保持、あるいはリカバーしながら目の前の相手に反応してディフェンスを行います。ディフェンスの動きを行うだけで、重心は必ず動きます。このプログラムで「重心を動かさないようにしよう」「静止しよう」とする選手がいますが、そのような動きのイメージではなく、「動き続ける中で安定しそうなポジションを探していく」イメージで行うほうがうまくいきます（一輪車で完全に静止するよりも、身体を動かしながらバランスをとる方が安定しやすいのと同じ原理です）。

　攻撃を繰り出すパートナー側は、せっかくなのでバラエティー豊かにいろんな打撃を出しましょう。蹴る側も、ディフェンスする側も、「上手くやろう」という意識を捨て去り、どんどんチャレンジ＆失敗して、安全に転倒を繰り返す中から固有感覚を含む神経回路をつくっていきましょう。（図1-3-6）

　神経回路をつくる際には、上手くいった回数ではなく、試行した回数が大切です。分子（上手くいった回数）ではなく、分母（試行した回数）を増やしていくように心がけてください。上手くいく回数が増えてきたら、さらに難しい負荷にステージ

アップしてください。

図1-3-6：バランスディフェンス

②バランス・ディフェンス──総合編

　総合格闘技における固有感覚を養成する方法です。選手はボールに対して仰向けになり、背中がボールと接するようにします。そして片足だけをマットに接地します。パートナーは足の方向に立って、選手に向かって蹴りを出し、選手はフリーの側の足や軸足でのジャンプを使ってディフェンスを行います。腕や脚の筋肉だけではなく、背中や脊椎の筋や腱、靭帯にも固有感覚神経の終末は存在します。脊椎の周りには、多裂筋群などの非常に小さな筋繊維が集まっており、脊椎に無理な負荷がかからないかどうか、常に監視するセンサーの役割を果たしています。背中や身体の後面でバランスをとることは、寝技のある格闘技・武道では必須の技術になる

上、脊椎の周りの固有感覚強化は、腰痛予防にもつながりますので、選手生命向上のプログラムとしても重要です。(図1-3-7)

図1-3-7：バランスディフェンス猪木アリ状態

③バランスパンチ

　バランス・ディフェンス同様、ボール上に膝立ちの状態をつくり、パートナーの持つミットにパンチを打ち込んでいきます。これは、固有感覚強化を行いながら、パンチの際の正しい身体の使い方を習得できるプログラムでもあります。運動の際、主に使われる筋のことを主動筋と言いますが、格闘技や武道でも、見た目には同じストレートでも、習熟度やタイプによって主動筋が異なります。肩関節を中心に打ってしまう選手は、パンチを打ったときに反作用でボールから身体が落ちてしまいます。これは上腕三頭筋や三角筋が主動筋になってしまっている、いわゆる「手打ち」の状態です。圧力がある選手、重い相手、体格に勝る相手ですと、この肩関節中心のパンチでは自分は下がってしまいます。

　下がらないで打つためには、股関節を屈曲した状態から伸展する方向に使いま

す。股関節の屈曲から伸展の動きは、歩行や走るときに使う動きですから、人間の体重移動において効率の良い動きです。これを手技であるパンチにそのまま使おう、というわけです。初めての方は、まず確実に5発を目標に。フルパワーで10発以上打てるようになるまでトライしてみてください。パンチが手打ちだけになりやすい選手、つい上半身だけで打ってしまう選手はこのプログラムを取り入れてみると改善する例が認められます。

「手はどこの位置が、頭はどこの位置がベストなのか」「脊椎はどうやって動かしたらいいのか」「股関節と肩関節はどのタイミングで動かしたらいいか」など、自分でテーマを設定し、探すように心がけます。バランスボールは、目に見えない固有感覚を意識できるようになる強化法として使えるグッズのひとつです。（図1-3-8）

図1-3-8：バランスパンチ上肢中心、バランスパンチ股関節中心

（A）上肢中心

（B）股関節中心

☑ 関節や筋肉を情報入力の器官として使う

筋肉や関節は、「運動」にとって欠かせないものであると同時に、「感覚器」の集合体でもあります。特に関節にある靭帯には、たくさんの固有感覚神経終末が存在しており、靭帯の長さや圧を情報化して脳に送り続けています。筋肉も、テンション

（緊張）やリラックス（弛緩）の度合いをリアルタイムに脳に送り、運動がスムーズに遂行される情報を提供します。格闘技・武道の一流選手は、相手と接触する際に、筋肉や骨、関節などを武器として使う「出力」だけでなく、固有感覚を通じて「入力」の器官として使うことができます。（図1-3-9）

　例えば自分がローキックを蹴った際、ポイントがズレた場合でも、あと2センチ外側に当てれば倒れる、という修正を瞬時に行う選手もいます。これは、普段からどこの点が当たればいちばんダメージを与えられるか、という記憶と固有感覚がリンクしているから、ズレも知覚できるのです。また、相手に触れるごく一部の部位で、しかも短い一瞬で、相手の動こうとする方向などを見極め、相手を制してしまう方もいます。

　格闘技・武道において筋力や体力は非常に大切な要素ですが、それらは「感覚神経からの情報入力➡脳での情報処理➡運動神経を介した筋での出力」のループの一部であり、感覚入力を伴わない筋力や体力は、パフォーマンスにおいて時としてジャマをすることさえあります（「見せかけの筋肉が格闘技に使えない」といわれるのも、このループの強化になっていないからです）。パフォーマンス向上を目指す選手はもちろん、体力には自信があるのに勝てない選手、センスがないと思っている選手、怪我や故障の多い選手にこそ、「固有感覚の向上」を導入し、初めて自転車で遠出した時のような「新しい感覚」を手に入れて欲しいと思います。

図1-3-9：固有感覚神経の模式図

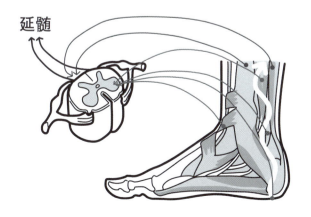

☑ 自然の中でのトレーニング

　90年代、ウエイトトレーニングやスピードトレーニングなど、近代的な科学的トレーニングが主流を占める格闘技の世界にあって、衝撃的な強さを持った集団が現れました。「グレイシー一族」。現在の総合格闘技、及びブラジリアン柔術の礎をつくったファミリーです。

　グレイシー柔術は、柔道に整備される前の、日本の古来の柔術が南半球のブラジルに渡り、発展したものです。ルール上の制約が少ない、噛みつきや金的攻撃、目潰し以外、ほとんど何でもありの過酷な大会にも対応できる技術体系を有し、当時負けなしの強さを誇りました。その一族の代表的存在であり、400戦無敗と謳われた、ヒクソン・グレイシーは、砂浜や川や森の中でのトレーニングを重視し、しなやかで強靭な肉体を自在に操る独自の強さを有していました。多くの選手が、ランニングやダッシュでフラットなトラックや舗装された道路を走りますが、ヒクソンは大小さまざまな石が転がっている山道や舗装されていない凸凹道を走りました。足底の接地面がアトランダムに変わるため、固有感覚にバラエティーに富んだ刺激が入力され、神経回路が強化されます。川の中でのトレーニングでも、急流の外力に対し、バランスを取りながら体重移動を行い、プールではなかなか得られない感覚を養うことができます。ジムや公園にある左右対称の鉄棒での懸垂ではなく、帯を上にひっかけてアンバランスな状態で懸垂を行い、重心の位置がわかりやすいバーベルを持ち上げる代わりに、自然にある岩や木を持ち上げ、相手の（対象物の）重心を瞬時に把握しながら神経回路と筋力を強化していました。

　安定した状況では得られづらい、

図 1-3-10：自然の中で

自然という不安定な環境の中に積極的に身を置くことで、とにかく筋肉を大きくしてパワーをつけて相手にぶつける、という方向性ではなく、変化に対応できる動きを高めるトレーニングを実践し、固有感覚の強化も含めた、動ける神経回路をつくっていったのだと思います。食事も、サプリメントやプロテインなどを使用せず、形のある自然の食材を自ら調理して、「命」を取り込む、という意識で食しており、人間本来の強さを求めたグレイシー一族。彼らの自然の中で培われた極めて健康的な生活こそ、強さの源泉だったのです。(図1-3-10)

格闘技の運動学

1-4 関節角度

強い角度で威力が変わる

☑ 関節角度について

　人間の関節には、いちばん力が出しやすい角度があります。

　例えば、肘の角度。肘関節は、「前に習え」をして上腕と前腕が一直線になった時の角度をゼロ度と定義します。そこから、力こぶにあたる筋肉・上腕二頭筋を収縮させて、30度曲げたところを30度屈曲位、45度ならば45度屈曲位、と称します。一般には、肘の角度というと、肘から先の前腕と、肘から上の上腕のなす角というイメージがあります（事実、私自身も医学的に正しい関節角度の測定法を知る前までは、そう思っていました）。

　肘関節90度とは、前腕と上腕の間の角度ではなく、0度から90度屈曲した状態なのですね。45度屈曲位では、前腕と上腕のなす角度は135度。前腕と上腕がなす角度が30度の場合、150度屈曲位と表現します。（図1-4-1）

　指の関節でも、指先から2つ目の関節を一般には第2関節と呼びますが、人差し指から小指までの1つ目の関節をDIP関節、2つ目の関節をPIP関節、3つ目をMP関節と呼びます。親指の場合、PIP関節がないため1つ目をDIP関節、2つ目をMP関節と呼びます。このように、一般的な呼称と、専門的ではあるけれども世界的に

図1-4-1：肘の関節角度

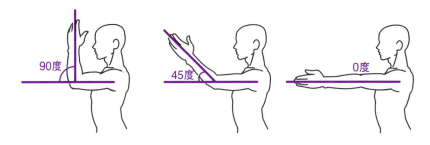

は共通の呼称や意味が異なる場合が多々あります。ここでは、正確さを優先する意味で、上記の定義を基準に述べて参ります。(図1-4-2)

図1-4-2：手のレントゲン

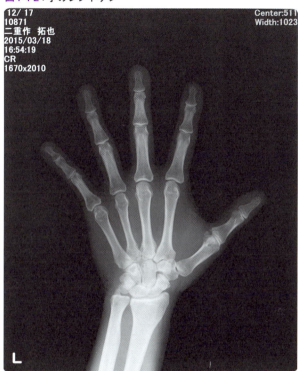

☑ 肘を曲げる際の最強の角度は？

　話は、肘の関節角度に戻ります。スーパーマーケットに行くと、主婦の方が大きく膨らんだ買い物袋やレジ袋を腕から下げて歩いているのを目にします。この時、肘の関節角度は大体90度屈曲位ではありませんか？　運動会の綱引きで、勝っているチームの肘関節の角度も90度に近い一方、負けてズリズリ引き擦られているチームの肘関節は伸びきり、ゼロ度に近くないでしょうか？　このように、肘関節を屈曲する際には、（当然、個体差はありますが）大体90度ぐらいの角度がいちばん筋力を発揮しやすいのです。

ボクシングでアッパーやフックがヒットした瞬間の肘の角度、柔道で相手の道着を掴んでグッと引き寄せる時の肘の角度、総合格闘技や柔術の腕十字で相手のリストを引き離した瞬間の両肘の角度、レスリングタックルで相手を引き倒す瞬間、ムエタイの首相撲で相手を転がす瞬間、肘の関節角度は90度もしくはそれに近い角度です。より細かく見ていくと、屈曲90度よりも小さな角度（前腕と上腕のなす角度は大きくなる）から、「ヒットした瞬間、極める瞬間に90度になる」のが運動としては理想的です。「90度にしたまま当てる、極める」のではなく、「当たった瞬間、極めた瞬間に90度になる」という形です。肘関節の解剖学的構造から、90度屈曲位がいちばん力が出るようにできている上、スタミナの消費も少ないのです。ですから、発揮できている筋力の大きさの割には、本人が力を出している感覚はあまり感じません。同じ筋力を、例えば肘関節45度屈曲位で発揮するには、ベースに相当な筋力が必要ですし、筋力発揮で消費されるエネルギーは何倍にもなるため、かなり疲れます。肘関節を屈曲する動きが含まれる技を行う場合、肘関節の角度90度の瞬間のタイミングで行うように修正すると、それだけで技の威力が上がることがあります。（図1-4-3）

図1-4-3：最強の肘関節角度

☑ 上肢を伸展する際の関節角度

次は、肘を曲げた状態から、伸ばす状態にする動き、伸展について考えてみましょう。ストレートパンチ、組み技で相手を押す動き、カラテの演武での手刀での氷柱割り等、大変良く見られる上肢の動きですが、伸展の際、最も強い筋力発揮が可能な角度が70度前後と言われています。実験として、腕立て伏せ（プッシュアップ）で肘を曲げた状態で静止します。肘関節の角度が70度前後であれば、他の角度より比較的楽にその姿勢が保持できるかと思います。ピッチャーがボールをリリースする瞬間や、重いドアを押して開こうとする時もこの角度に近いことが多いです。（図1-4-4）

図1-4-4：プッシュアップと肘関節

1　0°

2　70°

3　90°

4　120°

近距離でストレートのパンチを打つとき、この角度を知っているととても便利です。逆に、ストレートという言葉に引っ張られてしまい、肘を完全伸展してのストレートしか持っていない選手もいます。肘を完全伸展するパンチ（肘の関節角度がゼロ）は、遠い距離からスタートする場合のストレートとしては非常に効果的ですが、近い距離になってしまったときにこのパターンしか持っていない場合、わざわざ下がって打つか相手を下げてから打つしか方法が無くなるため、せっかくのチャンスを逃してしまいます。肘の関節角度を知り、技術に導入すると距離に応じたストレートの使い分けも可能になります。（図1-4-5）

図1-4-5：肘関節0度のレントゲン、肘関節70度のレントゲン

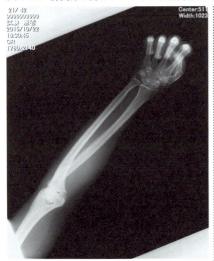
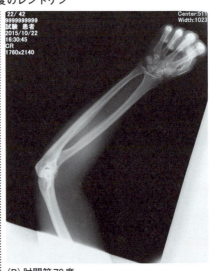

(A) 肘関節ゼロ度　　　　　　　　　　(B) 肘関節70度

☑ 回内、回外を組み合わせる効果

「小さく前に習え」をしたとき、親指が天井（上）を向いていますが、この時、前腕はニュートラルの位置にあります。ここから、中指を中心軸として親指を手のひら側に回転させる方向（手のひらが下に向く方向）の運動を回内、その逆で、親指を手の甲側に回転させる方向（手のひらが上に向く方向）の運動を回外と言います。（図1-4-6）

肘を曲げる運動（屈曲）にプラスして回外の運動を加えると、肘関節屈曲の力はさらに大きくなります。ボクシングのアッパーや、カラテの下突き、首相撲や投げ技で相手を引きつける動き、腕十字やアキレス腱固めなどでは、多くの場合、手のひらが自分側に、手の甲が相手側に向いていますが、これも肘関節屈曲＋回外で筋の出力を高めています。

逆に、肘を伸ばす運動（伸展）には、回内の動きを組み合わせると効果的です。パンチのジャブやストレート、投げ技で相手を押す動き、相手の打撃をディフェンスする動きなど伸展プラス回内でより大きな筋力発揮が期待できます。（図1-4-7）

図1-4-6：回内・回外

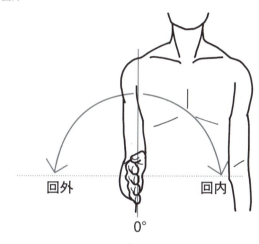

図1-4-7:レントゲン　ニュートラル、回内、回外

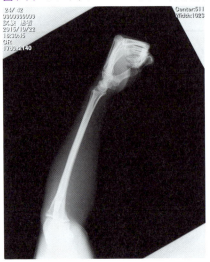

(A) ニュートラル

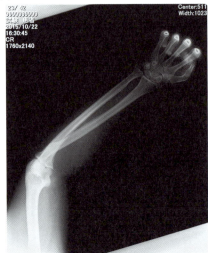

(B) 回内

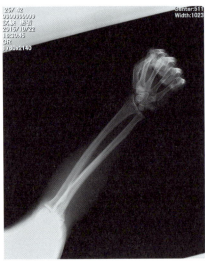

(C) 回外

☑ 膝の角度

　今度は、膝の角度に注目してみましょう。屈曲した膝関節を伸展するとき、筋の出力が一番強いのはどの角度でしょうか？　2人組で実験してみましょう。選手は仰向けに寝て、膝を曲げます。パートナーは、膝を伸ばす方向（伸展方向）に抵抗をかけます。膝を伸ばし、下腿と大腿が一直線になる角度をゼロ度とします。30度、60度、90度、120度の4パターンで、抵抗を加えてみましょう。いちばん力が出るのが、60度もしくはそれに近い角度になると思います。（図1-4-8,9）

　例えば、ローキックで相手の大腿部を蹴る際、60度に近い角度でヒットさせますと、相手にダメージを与えやすくなります。一流選手の中には、相手の反応を引き出すためのローキック（A）と、倒すためのローキック（B）を使い分ける選手もいます。相手との距離が遠いときは、60度よりも浅い角度で、相手の反応の誘発しておいて、倒すときには最適な距離まで踏み込み、より出力の大きい60度の蹴りでダメージを与える、といった具合です。相手の選手からすると、遠くからの膝関節の角度の小さいローキック（A）のみインプットされますので、その蹴りに対する対応

図1-4-8：30度、60度、90度、120度

(A) 30度

(B) 60度

(C) 90度

(D) 120度

をします。(A)への対応が完成した瞬間、突然距離と角度の異なる蹴り(B)に切り替えるため、反応が遅れて防御が間に合わなくなるのです。(図1-4-10)

　ローキックが当たるけれども、ダメージとして相手に伝わっていない、と感じる実践者の方は、蹴り足を相手に当てるときの膝関節の角度について、様々な角度で試してみると面白いかも知れません。「そんなに力を入れていないのに、大きなダメージとして相手に伝わる角度」を探す、というわけですね。関節の角度があっていない場合、相当な筋力がないと同じ出力が得られませんが、関節角度が適切です

図1-4-9：レントゲンでみる30度、60度、90度、120度

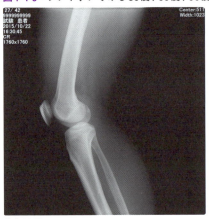

(A) 30度

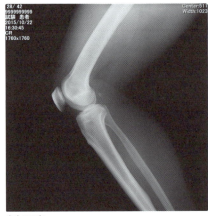

(B) 60度

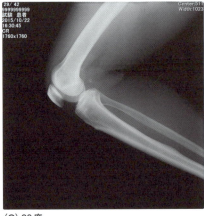

(C) 90度

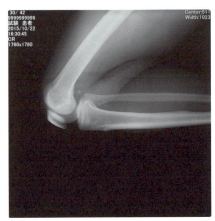

(D) 120度

と、大きな出力差となります。蹴りのフォーム探しに、膝関節の関節角度は大きな助けとなるでしょう。

図1-4-10：引き出すローキック、倒すローキック

(A) 引き出すローキック　　(B) 倒すローキック

☑ 前に出るときの体幹の角度

相手選手とぶつかったとき、押し負けてしまう、ふっとばされてしまう、というケースがあります。こうなってしまうと、戦い自体が成り立ちません。しめしあわせた演武なら別ですが、競技では当たり負けしないことは技術以前の必須の条件となります。

前方から相手がぶつかってきた、または、胸部などに打撃を食らった場合、いわゆる「押し負けない」体幹の角度があります。その角度とは、21度。腰の下からお尻にかけての仙椎と、背骨にあたる脊椎のなす角を21度に設定すると、前から押されても身体が後ろに持っていかれにくく、当たり負けしにくくなります。力士が相手にぶつかるとき、ムエタイ戦士が、接近戦を挑むとき、体幹はやや前方に屈曲します。

2人組で、パートナーに両肩や胸部を押してもらい、当たる瞬間にこの体幹の角度をとるように練習すると、当たりの強さを身につけることができます。同時に、息をはきながら、腹横筋を収縮させるようにすると、脊椎周囲の圧も加わってより強い力を生み出せるでしょう。(図1-4-11)

図1-4-11：前に出る時の角度の比較

(A) アップライト　　　　　　　　　(B) 21度

☑ 後ろ足の股関節の角度

　立って構えたときに、後ろ足の股関節を伸展（股関節を曲げた状態、すなわち膝が体の前面にある状態から、後面方向に向かって動かすこと）する力について考えてみましょう。股関節を伸展する力は、30度屈曲位ぐらいが最大の出力を生みます。相手が前からプレッシャーをかけてきたとき、後ろの足の股関節を30度を少し超えるくらいに屈曲して、伸展方向に動かすと相手のパワーをしっかり受け止め、しかも下がらずに耐えることができます。

　また、カラテやキックボクシングで多用される前足からの蹴り技を出す際にも、後ろ足の関節角度が非常に有効になってきます。組手の構えから前足からの前蹴りやハイキックをそのまま出そうとすると、前足を挙げる筋群が主に働いてしまいます。これに対して、組手の構えからほんの一瞬だけ、後ろ足の股関節30度をつくってから動くと、前足からの蹴り技がスムーズに行われることがあります。カラテでは、後ろ足の股関節を屈曲させて立つ立ち方を、後屈立ちと呼びますが、この立ち方を動きの中に一瞬入れるだけで、そのあとの動きの質が大きく変わってきます。（図1-4-12,13）

　関節角度に注目しない場合、練習や実践の中で、コツをつかんだ人だけが上達してしまいます。そこで、2人組みで股関節の角度を調整しながら、押し負けない角度を探す。そうすることで、客観性と再現性のある強さを身に着けることができると思います。

図1-4-12:後ろ足の股関節の角度と蹴り技

図1-4-13：レントゲンでみる後ろ足の股関節

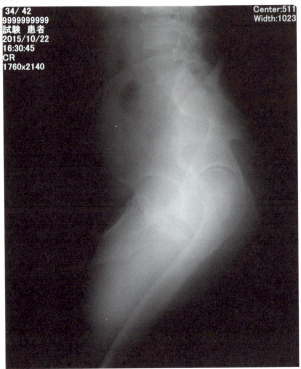

☑ 拡がる可能性

　技は、端的に言えば「身体をどう動かすか」です。

　何回も反復していく中で、ベストなフォームを掴む人は掴むのですが、掴みきれない人も大勢います。そんな実践者への処方箋のひとつが、関節角度なのです。強くなりたい皆さんは、「一流選手と何が違うのか？」きっと何度も何度も、自問自答されるでしょう。「センスが違う」「体格が違う」「環境が違う」「あの選手は天才だから」と諦めてしまうのはもったいない。一流選手の身体の使い方を、その一つの要素である、「関節の角度」という視点で捉えなおすだけで、そこには様々な飛躍のヒントを見出すことができます。

　例えば、ハイキックが得意な選手の軸足の足関節の角度に注目すると、ハイキックが最高点に達したとき、ほとんどの選手の軸足の足関節は底屈位をとっていま

す。底屈位とは、つま先が足の裏の方向に倒れ、ふくらはぎやアキレス腱が収縮する方向のことです。軸足の足関節が底屈位をとると、必然的に骨盤の位置が高くなります。このことから、「ハイキックの得意な選手は、骨盤の位置を高くできる選手ではないか？」という一つの方向性が見えてきます。股関節や体幹のストレッチはもちろん大切ですが、それだけでは蹴り足の高さは股関節や体幹の可動範囲にのみ依存してしまいます。事実、ハイキックが苦手な選手の動きを分析してみると、最高点の瞬間、「足関節が底屈していない」、あるいは「底屈していても角度が小さい」という傾向がみられます。（図1-4-14）

さらに、ハイキックが得意な選手は走るのが得意、または好きな選手が多い傾向があります。「歩く」よりも「走る」ほうが、足関節の可動域を大きく使います。当然、大きな底屈の角度をとります。逆に、「歩く」ばかり選手は、底屈の角度は小さくなります。普段の身体の使い方が違うため、ハイキックを蹴ったときの骨盤の高さに差が出てくるのではないか、と考えています。

ハイキックの蹴り足にも、一流選手に共通する特徴がみられます。蹴り足の股関節の屈曲が、正面からななめ45度の方向に向けられる点です。ハイキックが不得意な選手の一部は、股関節屈曲の方向を間違えています。

ひとつ実験してみましょう。膝蹴りをずっと真正面に行ったときと、まず正面に屈曲し、それから外転を加えて斜め45度方向に向けて行ったとき、どちらのほうが膝が高く上がるでしょうか？　答えは、後者です。これは、人間の骨盤の構造に由来します。骨盤の前面の水平断をみると、ななめ45

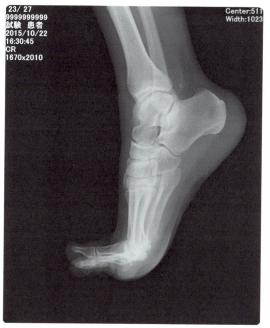

図1-4-14：足関節底屈の角度

度の面になっています。股関節を正面に屈曲してしまうと、構造上、大腿と骨盤がぶつかってしまうのです。屈曲から斜め45度方向に外転すると、ぶつかるものがなく足が高く上がりやすいのです。その実験結果が、レントゲン写真の(A)(屈曲のみ)と(B)(屈曲プラス外転)。膝のいちばん上のラインを脊柱の高さのレベルでみてみますと、(A)は12番目の胸椎の下側に位置しています。これに対し、(B)、すなわち屈曲に外転を加えた場合、膝のラインは第7胸椎に位置しています。(A)の動かし方よりも(B)の動かし方の方が、膝の最高点が胸椎5つ分高くなった、というわけです。(図1-4-15,16)

　ハイキックが得意な選手は、この方向に蹴り足の股関節を屈曲プラス外転しています。現状、このような身体の構造と技の関連を、理解してやっている選手より、知らずにできてしまっている選手のほうが多いと思われます。「身体が柔らかい➡ハイキックに向いている」「身体が硬い➡ハイキックをあきらめる」という従来の思い込みの図式から脱却し、関節角度を正しく知り、できる範囲において数値化を試みていくことで、一流選手だけができていた身体の使い方の秘密を、空間や時間を超えて共有できる可能性があります。(図1-4-17)

図1-4-15：膝の拳上と角度

(A) 屈曲のみ

(B) 屈曲＋外転

1-4 関節角度

図1-4-16：股関節の使い方 A 屈曲のみ、B 屈曲＋外転

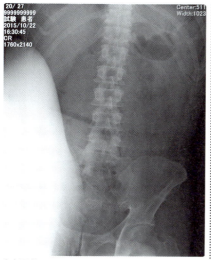

(A) 屈曲のみ

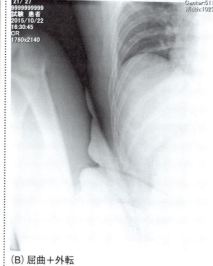

(B) 屈曲＋外転

図1-4-17：関節角度でハイキックが蹴れる

格闘技の運動学

1-5 伸張反射

一流選手が使う伸張反射とは？

☑ 筋肉・腱の監視システム

　物理学では異なる2点、例えば一方をA地点（出発点）、もう一方をB地点（終点）とした場合に、AからBに最も早く移動するための最短距離はその2点を直線で結ぶ形になります。最短距離を動くのが最も早く終点に到達する、というわけです。

　人間の身体は少し事情が違います。例えばパンチを打つときに、構えたときの拳の位置をA点、拳の到達点をB点としましょう。A点からB点まで、最短の直線距離で拳を移動させるパンチが到達までの時間がいちばん早いような気がしますが、実際はA点からほんの少し、A点からB点に向かう方向と真逆の方向に動かしてから、Bに至るコースで拳を動かすほうが早く到達しますし、その際のパンチの威力も大きくなります。

　人間の身体では、どうしてそのような現象がおきるのでしょうか？　その理由のひとつとして筋肉や腱を守る防御システムに秘密があります。筋肉や腱は、縮む（収縮する）のは得意な組織なのですが、伸ばされるのは非常に苦手な組織です。筋肉が本来の長さの限界を超えて引き伸ばされると、筋肉・腱自体が断裂してしまうで、それを防止するために筋肉には長さをモニタリングする高性能なセンサーが備わっています。そのセンサーは、筋紡錘・腱紡錘といい、感覚神経と連結して骨格筋や腱に存在します。急激に筋や腱が伸張されると、筋紡錘・腱紡錘が感知し、感覚神経（Ia群線維）を介して電気刺激が脊髄の後根という場所を通り、後角という部位に入ります。そこから、脊髄の前角にある運動性神経細胞（α細胞）を介してα運動線維に「収縮」の司令が伝わり、伸ばされた筋・腱を収縮させます。この一連の反応を伸張反射（stretch reflex）と呼びます。伸張反射のシステムが、「筋や腱が必要以上に伸ばされないように」、さらには「伸ばされて断裂してしまわないように」常に監視しています。このシステムはもともと人間に備わっており、意識しなくても飛び出すオートマティックなものです。一流のアスリートは、この伸張反射を上

手に引き出し、パフォーマンスにつなげています。（図1-5-1）

図1-5-1：筋肉とセンサー

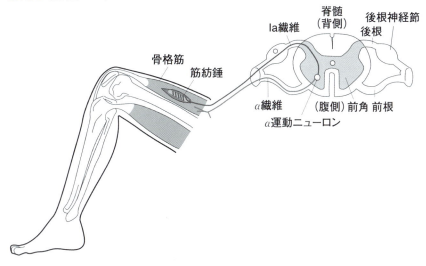

☑ 伸張反射とパンチ

　パンチをA点からB点を打つ場合、「力こぶ」にあたる上腕二頭筋は伸ばされますが、上腕二頭筋とその腱の立場からすると、できれば伸びるのは避けたいのです。ですから、ほんの少しAからA'まで引いてやると、上腕二頭筋は収縮するので、センサーは「あ、まだ伸びていい、余裕がある」と判断します。その直後にパンチを出すと上腕二頭筋はブレーキをかけないので、伸びやすくなります。力こぶの裏側、上腕三頭筋は、AからA'に引く過程で、いきなり引き伸ばされます。上腕三頭筋の立場からすると、急に引き伸ばされるのは困るので、ここで伸張反射が生じます。引き伸ばされた情報が脊髄に至ると、脊髄より、「すぐに収縮しなさい」という命令が発動されます。この命令は、脳を介しません。脳を経由することなく、ショートカットで収縮の命令を出すため、伝達にかかる時間が圧倒的に短いのです。ですから、パンチを出す際、AからA'の動きで上腕三頭筋群の伸張反射を誘発し、そこで生まれた伸張反射を利用したほうが、速いパンチとなる、というわけです。（図1-5-2）

図1-5-2：伸張反射とパンチの関係

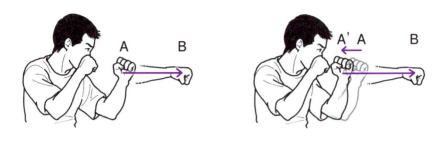

☑ 伸張反射と脳のイメージと言語

　脳の中でのイメージとしては、パンチを「出そう、出そう」「打とう、打とう」としないことがポイントです。出したければ、打ちたければ、その逆の運動である、「引く」を一瞬、最小限に行ってから「出す」の指令を行う。出したければ（少し）引いて出す。バックギアからいきなりトップギアに切り替えるようなイメージで「突然」切り替える。そうすると、伸張反射が生まれやすくなり、スピードが上がります。また脳での運動のイメージの想起の段階で、「出そう」と意識した途端、相手にそれが伝わってしまうことがあります。実際に選手としてレベルの高い相手ほど、こちらのイメージを読み取ることが上手です。ですので、脳のイメージと言語を「出そう」から「引いて出す」に変えていくと、動きも変わり、結果として相手に動きを読まれづらくなります。（図1-5-3）

図1-5-3：脳のイメージと言語を変える

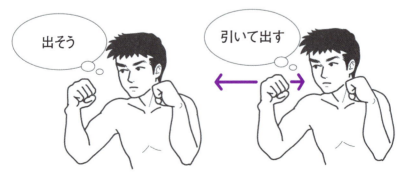

☑ 伸張反射と視覚情報

　さらに、拳を少し引くことで、相手に入力させる視覚情報にも影響を及ぼすことが可能です。A➡Bのコースでは、相手の眼の網膜に映る像は、小さいところから、大きくなります。相手が近づいてくる、パンチや蹴りや物が自分に向かって飛んでくる、という現象を、人間の眼は、「網膜に映る像が大きくなるか小さくなるか」という視覚情報を元に判断します。像が大きくなると、「近づいてくる」と判断しますから、いわゆる圧迫感を感じます。試合でいうところの、いわゆるプレッシャーの正体です。A➡Bコースでは、この圧迫感をまともに相手に与える形になるため、相手も反応しやすくなります。自動車が自分に向かって走ってくる――イメージとしてはそんな感じに近いでしょうか。

　これに対し、A➡A'➡Bのコースでは、相手選手からすると、一瞬、拳が遠ざかります。網膜に映る像は、一瞬、小さくなるのです。自動車が自分に向かって来れば怖いけれど、反対方向に走り去っていく分には、ふつう、特に怖さやプレッシャーはないものです。むしろ対象物が小さくなっていくことに安心感を覚えるのが人間です。ところが、これが、走り去っていく自動車がいきなり突然戻ってきたらどうでしょうか。想定していない場合、頭の中は一瞬、「真っ白」になるのではないでしょうか？　相手の脳の中を「？？？」状態にしておいて、反応できなくなる時間をつくりだし、有効に攻撃を仕掛ける。これが一流選手のテクニックのひとつです。特に、グローブを装着して戦うボクシングやキックボクシングでは、視覚情報をうまくコントロールすることで、KO率や有効打のヒット率が上がることがあります。わざと、A➡Bコースのジャブを打ち、相手に「避けやすい打撃」と認識させておいて、機が熟したときに反射を利用したコースに切り替える、という戦術を使う選手もいます。(図1-5-4)

　ここまではわかりやすいように、いわゆる「手打ち」――拳を起点として手関節や肘関節、肩関節など上肢の関節と筋群にフォーカスをあてて伸張反射を利用したパンチについて考えてみました。同じ手打ちのパンチでも、伸張反射を活用したパンチと、活用していないパンチでは、スピード、威力、出しやすさ、などに違いが生まれるかと思います。これをベースに、手打ちだけでなく股関節や脊椎など、パンチにかかわるあらゆる関節・筋を動員して伸張反射を利用した打撃を試してみてください。

図 1-5-4：伸張反射とパンチのコース

（A）伸張反射なし

（B）伸張反射あり

☑ 伸張反射と蹴り技

次に蹴りついて考えてみます。
2種類の前蹴りについて考えてみましょう。

（A）構えたところから、足部を最短距離のコースで蹴った場合
（B）構えたところから足部をいったん身体の背面側に動かして蹴った場合

（A）の方の蹴り足の股関節の動きは、「屈曲」になります。股関節を屈曲する筋のひとつに、大腰筋があります。そのまま蹴ると、大腰筋の長さは、構えた状態からさらに短くなるだけです。蹴り足を重力に逆らってあげますので、動きも遅くなります。

（B）の場合の股関節の動きは、「伸展➡屈曲」になります。一度、股関節の伸展が入るため、大腰筋は引き伸ばされます。このとき生じた伸張反射を上手く利用して股関節の屈曲を行うと、よりスピーディーに前蹴りを行うことができます。膝関節も同様で、膝関節を伸ばす（伸展する）動きだけよりも、曲げて伸ばす（屈曲➡伸展）の動きのほうが、伸張反射を使った動きになります。（図1-5-5）

図1-5-5：伸張反射を伴わない蹴り、伸張反射を利用した蹴り

（A）伸張反射を伴わない蹴り

（B）伸張反射を利用した蹴り

次は、後ろ回し蹴りについてです。

後ろ回し蹴りは、相手の顔面にカカトや足先をヒットさせる蹴り技ですが、大腿後面の筋群を意識的に強く収縮させて当てる場合と、逆に大腿後面の筋群の伸張反射を利用して当てる場合で大きな違いが出ます。後ろ回し蹴りが得意なトップ選手は、膝関節を屈曲する指令を脳から出すのではなく、逆に膝関節を伸展し、その時に生じた伸張反射を利用して膝関節が自然に屈曲するので、スピードが速く、威力もあります。膝関節を曲げたければ、その前に伸ばす。そうすると自動的に膝関節が屈曲する。この性質を蹴りに上手にとりこんでいるのです。他のパンチや蹴りを練習する際にも、どの部分の伸張反射を使えば威力やスピードが向上するか、実験していく作業はとても楽しい時間です。(図1-5-6)

図1-5-6：膝を伸展方向に使い、伸張反射を生み出す

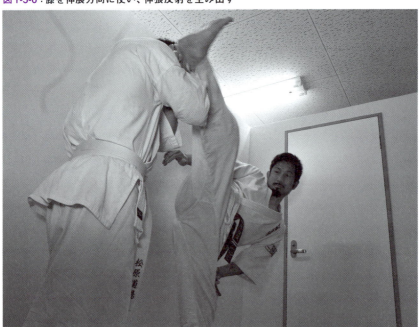

✓ グラップリングと伸張反射

　レスリングや総合格闘技、柔術など、相手を掴む格闘技でも伸張反射は随所に生かされます。相手の腕や足を掴むとき、手をパーの状態からグーの状態にした場合（屈曲のみ）と、パーとグーの中間ぐらいの状態から少しパーの方向に手指を伸展し（伸展）、それからグーの状態に握った場合（屈曲）を比較してみると、後者の方が速く、確実に掴めると思います。

　人間は2足歩行を獲得し、（前足）手を使って地面より高い位置にある木の実や果実を採取して食べてきました。「ものを掴む」は、人間の得意な動きだと言えるでしょう。その際、一度対象物の幅よりも大きく開いてから掴む、という伸張反射を使った動きのほうが、自然で確実というわけですね。組み技格闘技では、相手を一瞬で確実につかむ、抑える、という動きが必要になってきますので、伸張反射を伴ったグラップリングでパフォーマンスの向上が望めます。「いかに握るか」よりも、「いかに開いて握るか」というわけですね。（図1-5-7,8）

図1-5-7：伸張反射を使ったグラップ

図1-5-8：開いて➡握るレントゲン

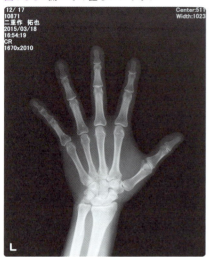
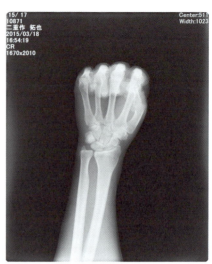

☑ 腕相撲と武道の極意

　今度は、腕相撲をやってみましょう。フォームや、やり方は普通の腕相撲で構いません。腕がある角度で動かなくなり、拮抗状態に突入したとき、そこからどうやって動きますか？　筋力をひたすら発揮しあって力比べに本格的に突入➡先に力尽きたほうが負ける、という光景がよく見られます。

　ここで伸張反射の出番です。拮抗状態になったら、わざと数秒その拮抗状態を維持します。次に、ほんの2～3センチでいいので、自分の腕を手の甲側に、自分が負けてしまう方向にほんの一瞬動かしてみてください。そしてその次の瞬間、掌側に動かすと、一気にひっくり返して勝てることがあります。また、勝てないにしても、少しでも挽回することができます。少し、相手に譲ってあげるところがポイントです。その時に、今まで収縮していた筋群が一瞬引き伸ばされますので、伸張反射が生じ、次の瞬間に再び強く収縮させることができるんですね。人間の筋肉は、1回収縮の命令を出した場合、収縮させた最初の瞬間がいちばん力が出る仕組みになっていて収縮させた状態で時間が経過するほど、右肩下がりで発揮できる筋力が落ちてくる。お互い落ちたタイミングで、弛緩させ伸張反射を味方につけて最大収縮を得る。これは、相手方にとっては、ある一定の関節角度において筋力を発揮していた

1-5 伸張反射

のに、突然角度が変わるため、その瞬間への対応が遅れてしまいます。一見、腕力の比べあいに見える腕相撲ですが、有利になる身体の使い方があるんですね。

　この伸張反射を活用した腕相撲での動き方、「相手に少し譲って動く」様々な場面での応用が可能です。相撲やレスリングでの差し合いでも、一流選手は相手に譲って押す、という技術を使います。柔道や総合の投げでも、「押したい場合は拮抗状態から少し引いてから押す」「引きたい場合は、逆に少し押してから引く」という身体の使い方が大きなスピードとパワーを生みます。こちらが腕十字で相手を攻める側の場合も、拮抗状態になったら、そのままパワーに任せて相手の腕を引き続けるのではなく、一瞬相手に数センチだけ譲ってあげると、その直後に相手の肘関節を伸展しやすくなります。1度でダメなら、2度、3度と断続的に行うだけで、相手選手はどの角度でどのくらいの力を入れていいのか、解らなくなります。もし伸張反射の仕組みを知らなければ、目的の動きを行う筋群がひたすら収縮する方向に動くば

図1-5-9：伸張反射を使えたかを評価する

かりですから、筋力もスタミナも無駄に消耗してしまいます。結果、非常に疲れてしまいます。(図1-5-9)

　合気道の達人として知られる塩田剛三師範は、「武道は一瞬であり、一生である」という言葉を残しています。これを私は、「一瞬をとるように、一生かけて追求しなさい」という風に格闘技医学的に解釈しています。格闘技・武道において、筋力を発揮し続ける時間を極力短くする、という方向性は非常に有効で理にかなっていると考えられます。(図1-5-10)

　格闘技・武道は、「動き」が勝負です（あえて動かない、を含む）。特に伸び悩んでいる選手、スランプにある選手は、ミットでいい音がした、スムーズに動けた、手ごたえがあった、という評価法だけでなく、「伸張反射が使えていたかどうか」の評価基準をインストールしてみてはいかがでしょうか？

図1-5-10：塩田剛三師範の言葉

格闘技の運動学

1-6 重力

地球を味方にするか、敵に回すか

☑ 重力をどう使うか？

　もしあなたの頭の上から、重さ10キロのお米の入った袋が落ちてきたらどうでしょうか？　これが50キロだったら？　70キロだったら？　100キロだったら？？　それが「ガンッ」と、あなたにまともぶつかっても「平気」でしょうか？　重力は、地球上で生活するすべての人間に与えられています。地球で生活する以上、体重に比例した重力の支配を受けます。ですから、「重力を味方につけるか？」それとも「重力に逆らうか？」で、格闘技・武道におけるパフォーマンスが大きく変わってきます。ここでは、重力という視点から格闘技・武道の動きを考察してみます。

☑ 重力に乗る基本の動き①──股関節から上を落とす

　では、まず基本として、重力を体感してみましょう。両足を肩幅くらいに広げて立ちます。この状態から、次の3つの動きを一瞬のうちに同時に行います。

（1）両股関節を屈曲（膝が前に出る方向の動き）
（2）両膝関節を屈曲（下腿が後ろに行く方向の動き）
（3）両足関節を背屈（つま先が上を向く方向の動き）

　ゆっくりやるのではなく、一瞬で、同時に。下肢のブレーキが同時に外れて、股関節から上の部分がストンと落ちるように。タイミングがつかめると、遊園地のフリーフォールで落ちるときのような感覚が得られると思います。（図1-6-1,2）

図1-6-1:股関節屈曲、膝関節屈曲、足関節背屈

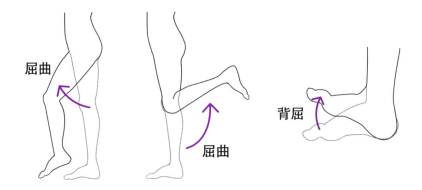

図1-6-2:基本の動き①

☑ 重力に乗る基本の動き②――両足底面を浮かせる

　これができたら、(4)両足底と地面に数センチの隙間ができるように、(1)、(2)、(3)を同時に実行してみましょう。立った状態から、「突然両足が短くなったように」下肢を使うようなイメージです。もしいきなり両足が、足底面から5センチ消えたら、身体全体が「ドンッ」と重力方向に落ちてしまいますね。身体全体が落ちながらも宙に浮くように、(1)、(2)、(3)を同時に一瞬で行い、足底面から身体全体がひとつの塊になって落ちる感覚を練習してみてください。(図1-6-3,4)

図1-6-3：突然両足が短くなったら……

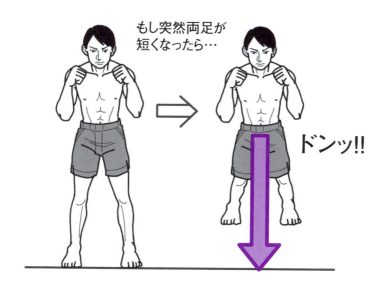

図1-6-4:基本の動き②

①

②

③

☑ 重力に乗る基本の動き③──片方の足底面を浮かせる

　重力に乗る基本の動き②を片足でやってみましょう。左の下肢だけ、もしくは右の下肢だけ、という具合です。両足を肩幅くらいで広げた状態でできたら、いわゆるファイティングスタイル(構えた状態)で、前足(左足前のオーソドックススタイルなら左足に、サウスポーなら右足に)に落ちる。また、構えた状態から後ろ足(左足前のオーソドックススタイルなら右足に、サウスポーなら左足)に落ちる。タップダンスの動きのように、「片方の足が突然、短くなってしまったように」イメージして動いてみてください。(図1-6-5)

1-6 重力

図1-6-5：構えた状態から前に落ちたところ、後ろに落ちたところ

①

②

(A) 前に落ちたところ

①

②

③

(B) 後ろに落ちたところ

☑ 重力に乗る基本の動き④──足の幅を広げる

　両足を肩幅くらいに広げて立ち、次の瞬間、両足をサッと左右に拡げます。最初の幅が50センチだとしたら、それを突然70センチとか80センチにするのです。そうすると、結果的に、骨盤や頭が重力方向に落ちてきます。同じ要領で、両足を前後や斜めなどいろんな方向に試してみてください。また最初の両足の幅を肩幅よりも狭くしてやってみてください。（図1-6-6）

図1-6-6：足の幅を変える

☑ 重力の反作用を使う動き

　今度は、重力の反作用を使ってみます。重力に乗る基本の動き②がわかりやすいので、これを例に解説します。最下点に落ちた時、足底面に大きな反作用が加わりますので、その反作用をそのまま使って上にジャンプしてみましょう。言葉で表すなら、「落ちる➡上がる」という動きです。「落ちる」の際には重力に乗り、最下点で足底に生まれた反作用（地面が足を押し返す力）を利用して上がる、というわけです。これは、バスケットボールを床に落とすのに似た動きです。ボールを落とせば、床で跳ね返って上に上がります。上がろうとする筋力だけを使うのではなく、落ちる反作用も使ってジャンプするのです。

　重力に乗って落ちた最下点では、股関節の伸展（膝が前から後ろに動くときの股関節の動き）に関わる大臀筋や膝関節の伸展（膝を伸ばす方向の動き）に関わる大

腿四頭筋、足関節の底屈（つま先が上から下に向かう動き）に関わる下腿三頭筋群が収縮しながら引き伸ばされています。このように「筋肉の長さが長くなりながら収縮する状態」を、「エキセントリックな収縮」と呼ぶのですが、エキセントリックな収縮は、筋肉の長さが短くなりながら収縮するコンセントリックな収縮よりも、速筋繊維が使われやすい、という報告があります。（図1-6-7）

　速筋繊維は、筋の収縮のスピードが速く、おまけに大きな力を瞬間的に発揮するのにすぐれた筋繊維で白筋繊維とも呼ばれます。タイやヒラメ、アンコウなどの白身の魚は、長い距離を泳ぐのは苦手ですが、エサをとるときの瞬間的スピードがメチャクチャ速いです。これに対し、カツオやマグロといった赤身の魚は、長距離を安定したスピードで泳ぐことが得意です。（図1-6-8）人間は、この両方の筋繊維をもっており、使い分けることができます。速筋繊維が使われやすい、ということはスピードや瞬発力に富んだ動きが実現しやすい、ということですね。これに伸張反射も生じますので、「下から上がる」よりも「落ちて上がる」のほうがより速く動ける、というわけですね。これで感覚を掴んだら、他の基本の動きでも重力の反作用を使うところまでトライしてみてください！　使う筋群や関節角度が異なるだけで、重力の反作用を活用するという原理は共通しています。

図1-6-7：大腿四頭筋のエキセントリックな収縮

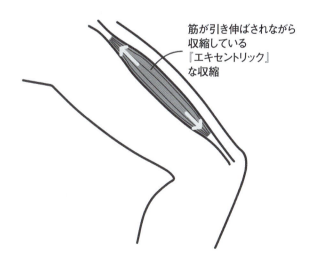

図1-6-8：ヒラメとマグロ

☑ イチローのバッティングと歩行の関係

　日本を代表する不世出のメジャーリーガー、イチロー選手のバッティング練習のスロー映像を視ていて、ある特徴に気がつきました。バットを後ろから前に振る際、頭と骨盤がいったん重力方向に落ち、最下点からまた上がっていく、という軌跡をたどっていたのです。たまたまネットで見つけた映像でしたので、その時期だけなのかも知れないのですが、その動きをみたときに、「これだ！」と納得しました。

　イチロー選手の動きを横からみた様子をアルファベットで表現するならば、Vの字またはUの字で動いていたのです。あえて表現するならば、重力に乗って下に落ちながら前側に進み、最下点からは重力の反作用を使って身体と共にボールを送り出す、といった感じでしょうか。イチロー選手自身の筋の出力だけで打つのではなく、重力に逆らうことなく、むしろ重力に乗り、結果生じた反作用に乗る。淀みなく流れるような美しいバッティングフォームでした。（図1-6-9）

　人間の正常の歩行も、足が開いたとき（右足と左足がいちばん離れたとき）に頭と骨盤が重力方向最下点に落ち、後ろ足が前足を追い越す瞬間（右足と左足がいちばん近づくとき）には頭と骨盤が元の高さに戻ります。歩幅を狭くして歩くと自覚しづらいのですが、少し大股で歩くと頭と骨盤が下がって上がるのがわかると思います。イチロー選手のバッティングと私たちの日常の歩行運動——これらに共通することは、前方に移動するという動きは、多かれ少なかれ上下方向の運動を伴う、ということです。

図1-6-9：Vの字ライン

☑ パンチと重力

では、これらを踏まえて、実際に格闘技・武道の動きをやってみましょう。

まず、構えた状態から前手のパンチを打ってみます。拳のコースは、地面と並行もしくはやや下向きになるように出してみてください。この時、重力に乗る基本の動き②の動きを前足だけでやってみます。オーソドックス（左前）で構えているとしたら、左の足底と床の間に隙間をつくるように股関節屈曲、膝関節屈曲、足関節背屈を同時に、しかも瞬時に行いながら左パンチを打つと、身体が左前に落ちる力と、腕が前に出る力が合わさった打撃になります（「重力に乗る基本の動き③──片方の足底面を浮かせる」の応用です）。重力で落ちる身体をそのままパンチに乗せる感覚です。重力に乗った左パンチ、と表現すればいいでしょうか。この打ち方は、相手が自分より小さい場合や胸やボディーなど肩と同じかそれよりも低い場所を打つときにフィットする方法です。（図1-6-10）

肩よりも上に打つ場合は、重力の反作用を使いたいところです。構えた状態から、左足底面と床の間の隙間をつくりその上に落ちる。その反作用を利用して上がりながら左パンチを打つと、重力の反作用を利用した左パンチになります。「落ちて上がる」の上がるときに出すパンチですから、動きとしては２挙動になります。（図1-6-11）

このように同じ左のパンチでも、重力の利用の仕方によって2種類の動きがあります（「上を打つのに身体が下に落ちる」「下を打つのに身体が上がる」では、力のベクトルが相反してしまいます）。ここで、2種類の前手のパンチをご紹介したのは、格闘技・武道の動きは、「重力をそのまま使うか」「重力の反作用を使うか」、この2つがある、ということを身体を使って理解し、重力を使いやすくするためです。

図1-6-10：重力を使ったパンチ

図1-6-11：重力の反作用を使ったパンチ

☑ 技術とは

　格闘技・武道の世界チャンピオンといえども、世界中の人間全員と闘うわけではありません。ワンマッチなら一戦一戦の対戦相手に、トーナメントでは勝ち上がってくる選手に確実に勝った人。それがチャンピオンです。

　シンプルに言えば、1対1の対応の積み重ねです。グレイシー一族の名を世界中に知らしめた伝説的武道家、ホイス・グレイシーは「技術とは引き出しである」という言葉を残しています。試合相手や様相、お互いの関係性に合わせてある技術を使ったり、逆に使わなかったり、ときに足し算をしたり、引き算で組み立てたり。そのような「引き出しの出し入れそのものが技術」であると、私はホイスの言葉を解釈しています。

自分の方がリーチや身長に勝る場合、落ちるジャブは極めて効果的です。少し上からゴンッと落ちるだけで、相手には届きにくい距離でヒットさせる確率も上がるでしょう。逆に、相手の方が勝る場合には、距離を縮めなければなりませんから、落ちるジャブだと当たりにくくなってしまいます。ジャブひとつとっても、その人の持っている体躯や対戦相手との相対的な関係で変わってきてしまうのです。もし自分の技術で苦手な方法があった場合、重力や身体の使い方を見直してみると解決することがあります。左ジャブ、でも、方法は一つではないのですから。

☑ 膝蹴りと重力

　次は膝蹴りです。オーソドックスに構えた状態で、右の膝蹴りを蹴るとします。構えた状態から、右の股関節を屈曲し、膝関節も屈曲し、足関節を底屈すると、膝蹴りの形になります。しかしながら、これは「右足を重力に逆らって上げる」という動きですから、右足は重いですし、威力も出ませんし、何よりもすぐに疲れてしまいますので試合が長引いた場合に、スタミナを消耗するため膝蹴りが出づらくなってしまいます。

　重力の反作用を利用した膝蹴りは、左足を構えより前の場所に置き、足幅を拡げる動きを入れます（「重力に乗る基本の動き④――足の幅を広げる」）。そうすると、骨盤は床の方向に落ちます。これがⅤの字の前半の動きです。骨盤が最下点に達したタイミングで、右の股関節は伸展、膝関節も伸展、足関節は背屈（つま先が上を向く動き）しています。その時に伸ばされた右下肢の筋群に伸張反射が生まれ、股関節屈曲、膝関節屈曲、足関節底屈の蹴り足となり、軸足である左足の股関節は最下点で屈曲していますので、次の瞬間は伸展しやすくなります。最下点から膝蹴りがヒットするまでが、Ⅴの字の後半の動きとなります。「右の膝を上げる」のと、「落ちて、上がる動きの中に右の膝が上がりやすい動きをミックスするか」の違いです。この身体の使い方を導入すると、「足を上げる」から、「足と身体全体が上がる」に変化することがあります。蹴りに参加する筋群も増えますので、威力も上がる、というわけですね。（図1-6-12）

　もちろん、膝蹴りを足の幅を広げずに蹴る方法もあります。「重力に乗る基本の動き③――片方の足底面を浮かせる」の動きを使って、左足の上に落ち、その反作用を用いて右の膝蹴りにつなぎます。左足の上に落ちる動きの前に、右足に体重を乗

図1-6-12：蹴り足を上げた膝蹴り、V字コースの膝蹴り

(A) 蹴り足を上げた膝蹴り　　(B) V字コースの膝蹴り

せておくと、荷重が右足➡左足と移動しますので、右膝が前に出やすくなります。

☑ 動きの客観的言語化

　このように、技を練習する時には「今、どっちの足にどのくらい体重が乗っているか？」をモニタリングできる能力が必要です。ですから私が選手と共に練習する場合、それをなるべく数値化や言語化するように心がけています。
「今、両足で立っているから50％、50％の荷重」
「前足を上げて頭が後ろ足に乗ったので、前足0％、後ろ足100％」
「反作用をつま先側で感じた」
「今のステップは伸張反射が働いたので身体が勝手に動いた」
といった具合で、選手自身が自分の動きや荷重を客観的にも把握しやすいようにしているのです。
　「動き」は流動的で止まっていませんから、非常に捉えどころがないです。相当意識的に、かつ客観的に観察しないと、つくっていくのが難しいです。フィギアスケートや新体操など、動きの精巧さを競う競技では、必ずコーチがいて、動きを観察します。動きの精巧さを競う場合において、自分の動いている感覚と、外から見た感覚を一致させる作業は、簡単ではないからです。そこで、見えない動きを少しでもとらえやすくするために、数値化・言語化を導入しました。その結果、選手が自分で自分の動きを把握し、トライ＆エラーを繰り返すようになりました。それまで、感覚や勘に頼っていた選手も、調子が悪いときは「どこがどう崩れているのか」が正しくわかれば、「どこをどう改善すればいいのか」が、わかります。ですから、身体や地面と会話しながら、探るようになってきました。
　お腹が痛いのが、食べ過ぎで痛いのか、ストレスで痛いのか、食中毒なのか、胃炎があるのか、原因がはっきりすれば、改善も上手くいく可能性が高いのと同じ。医学的な視点は、強くなる練習にもプラスになると考えています。

☑ ローキックと重力

　今度は、ローキック（下段廻し蹴り）と重力の関係をみてみましょう。（図1-6-13）
　オーソドックスの状態から、右足でローキックを相手の前足（左足）に蹴る場合

です。

　構えた状態から、まず軸足である左足を一度浮かせ、右足に100％荷重がかかるように予備動作を行います。その次の瞬間、左足を数センチ前に出しながら左下肢の股関節屈曲、膝関節屈曲、足関節背屈を同時に行いながら、左足から地面に着地します。この時、身体全部の体重が100％左足に乗るように動きます。「重力に乗る基本の動き③——片方の足底面を浮かせる」「重力に乗る基本の動き④——足の幅を広げる」、これら2種類の動き組み合わせです。

　構えた状態から➡後ろ足に100％荷重➡前足と後ろ足の感覚を少し広げながら➡前足に落ちるように100％荷重、という一連の動きで、50キロの方なら50キロ、90キロの方なら90キロが落ちる状態を生み出すことが可能になります。これに右足のローキックの動きを組み合わせることで、蹴りの当たる点に重力方向のパワーを加えることができます。通常のローキックは、ローキックのフォームをひとつの型として練習しますが、動きの原理を理解していない場合、「蹴り足をいかに当てるか、「蹴り足をいかに豪快に振り回すか」といった方向に行ってしまうことがあります。「自分が自分の体重分の鉄球となり、前足にガツンと落ちる」重力を利用した動きを身体と対話しながらつくっていくのは非常に面白い作業です。

図1-6-13：ローキック

☑ インローと重力

　内股への下段蹴り、インローキック(インローとも呼ばれる)は、重力の反作用を使うと蹴りやすく、相手に伝わるダメージも大きくなります。

　オーソドックスで構えた状態から、右足で相手の後ろ足(右足、奥足)の大腿内側を蹴る場合、右の股関節を屈曲しながら右足を上げて蹴っていくと、重力に逆らう動きとなってしまいますが、一流選手は重力の反作用を使ってインローを蹴ります。

　ローキックのところでの動き、構えた状態から➡後ろ足に100％荷重➡前足と後ろ足の感覚を少し広げながら➡前足に落ちるように100％荷重、この次の瞬間に落ちた前足に感じる反作用を使いながら、屈曲された股関節を伸展の方向に動かしながら、右のインローを蹴ってみてください。軸足の股関節は落ちる動きの屈曲で生み出された伸張反射が働き伸展しやすくなりますし、蹴り足である右の股関節には左足を前に出したときに伸展の動きが入りますので、股関節屈曲に関わる筋群が引き伸ばされ、屈曲がよりスムーズになります。このインローの動きを横から見ると、骨盤が落ちて、上がる。Vの字の軌跡になります。(図1-6-14)

1-6 重力

図1-6-14：足を上げるインロー、V字のインロー

（A）足を上げるインロー

（B）V字のインロー

☑ ハイキックと重力

　ハイキックといっても様々な蹴り方がありますが、ここでは後ろ足（奥足）での上段回し蹴りの動きを分析したいと思います。

　オーソドックスで構えた状態から、前足である左足を半歩から一歩くらい前に置きます（その時の左足と右足の間隔は、幅は自分がやりやすい幅で）。このとき、前足と後ろ足が離れますので、骨盤は地面に向かいます。イチローの動きの解説の場面のVの字の動きの最初の半分ですね。

　最下点に落ちたら、重力の反作用が生まれます。重力の反作用に乗って、身体全体が上に上がっていくのですが、この時に大切なのが、軸足（この場合左足、前足になります）の足関節の角度です。底屈（つま先が足の裏の面の方向に動く）の角度が大きいほど、骨盤の位置は高くなりますし、底屈の角度が小さい場合、骨盤の位置が低いため高い蹴りが出しづらくなります。ハイキックの名手たちの動きを観察していると、蹴り足がいちばん高い位置に来ている瞬間、足関節が底屈位をとっているケースが多いのです。骨盤の高さがなるべく高くなるように、その前の動きで骨盤を重力方向へ下げ、その次の瞬間の反作用で骨盤が上に上がる。「筋に命令して足関節を底屈する」のではなく「足関節の背屈から足関節底屈に伸張反射を活かしながら動かす」、「骨盤を上にあげる」のではなく「骨盤が上にあがる」状態をつくります。これがVの字の後半部分に相当します。

　また、前足が前に出たとき、右の股関節は伸展しています。伸展した股関節を次の動きで屈曲していくのですが、ここでは関節角度のところでも解説した、股関節の動くコースを意識しましょう。股関節を屈曲するだけだと、大腿骨（ふとももの骨）と骨盤前面がぶつかって関節がロックしてしまいますので、それを防ぐために屈曲の動きに外転と外旋を加えます。つま先を閉じて立った姿勢を基準にした時、骨盤を正面に向けたまま右の股関節を中心とし、右足全体が右方向に円を描く方向の股関節の動きを外転、右のつま先が外を向く方向の股関節の動きを外旋といいますが、屈曲しながら、少しだけ外旋方向および外転方向のコースをとると、結果として膝の高さの最高値が得られやすくなります。

　重力の反作用を使いながら、足が上がりやすいコース探していけばハイキックがハイキッ苦ではなくなる、というわけですね。（図1-6-15）

図1-6-15：ハイキックと骨盤の高さ

☑ 「足を上げる」から「足が上がる」へ

　格闘技専門のスポーツドクターというレアな（？）仕事をしていますと、「ハイキックが上手に蹴れないので動きをみてほしい」というリクエストをたくさんいただきます。道場で、ジムでよく耳にする、「もっと高く足を上げろ！！！」という指導は、今の私は運動学的には正しくないと思っています（今は、ですね。昔は、完全に間違っていました）。

　「足を上げろ」と言われると、人間は、足を上げるための筋群を収縮させる命令を脳から出そうとし、それが対象の筋群に伝わります。結果、重力に逆らって蹴り足を上げようとする方が実に多いのです。重力に逆らったら、疲れます。疲れたら、疲

れてない人に勝てません。自ら消耗戦に持ち込むならまだしも、消耗する動きに無自覚なのはもったいない気がします。

　ハイキックが上手な選手は、おそらく「足を上げる指令」だけを出しているわけではないと思います。まず身体全体を重力方向に使い、床と足底面で生み出された反作用（専門的には床反力と呼びます）を上手につかいつつ、足を上げるために必要な筋群の伸張反射を生み出し、その動きに乗ってハイキックにつなげているように見えます。ですから一流選手のハイキックは、「蹴ろうとして蹴ってる」感じがしません。「蹴りが相手の頭部に吸い込まれるように」映ることさえあります。「足を上げる」のではなく、「足が上がる前に、次の瞬間、（結果として）足が上がるような身体の動かし方を追求する」ということですね。（図1-6-16）

図1-6-16：脳からどんな司令を出すか

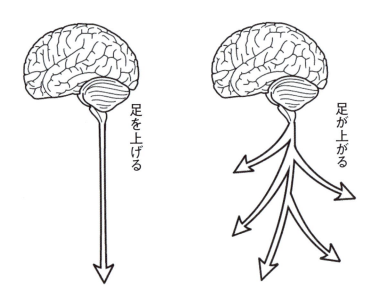

☑ 前足の蹴り技

　格闘技や武道の経験が全く無い方に、パンチやキックを出してもらうと、ほとんどが後ろの手や足をパンチやキックとして使います。前手のジャブや、前足からのハイキックを操る人は、少なからず経験があると思います。前手、前足を武器として使いこなすことは、一定の修練が必要ですし、選手や実践者の方々も、前足でのビシッと決まる蹴りに憧れる方も少なくないでしょう。

　構えた状態からの前足による蹴り技（前蹴りや上段回し蹴り、内廻し蹴り、踵落とし、横蹴りなど）は、「重力に乗る基本の動き③──片方の足底面を浮かせる」を使うことで、理解しやすく、また動きやすくなります。オーソドックスで構えた状態から、前足（左足）でチョンと床を蹴りながら後ろ足（右足）の股関節、膝関節を屈曲、足関節背屈、これらを同時に行って、後ろ足の足底面と床の間に一瞬、空間をつくります。次の瞬間、身体全体の体重が後ろ足に落ちますので、その時生じた重力の反作用を利用して前進します。前足で床を蹴って生まれた力と、後ろ足で生まれた力を使って前に進みながら、前足を使って蹴ります。この方法ですと、重力を利用した推進力が伴いますので、相手に蹴りがぶつかったときに蹴りによるパワーに、推進力によるパワーがプラスされるため強烈な蹴りになりますし、こちらも下がりにくくなります。

　ミットを持ったパートナーを相手に、中段前蹴りで実験してみましょう。

> （A）構えた状態から前足主動で蹴った場合
> （B）構えた状態から重力とその反作用で蹴った場合

　（A）は、①前足の股関節屈曲、②膝関節の伸展、③足関節の底屈、がメインになるため、相手が重い場合や前に出てきた場合、「蹴った反作用で自分が下がってしまう」動きになります。これに対し（B）は、身体全体が前に出る動きが加わりますので、重い相手やパワーがある相手、前に出てくる相手に対しても下がりにくくなります。（図1-6-17）

図1-6-17：前足からの前蹴りの比較

(A) 前足中心　　　　　　　　　　(B) 後屈立ち

☑ なぜその動きができるかを知る

「前に出る力が弱い」「試合で下がって負けてしまう」と悩んでいる選手の動きを拝見すると、本人が自ら無自覚に下がってしまっている傾向や、パンチや蹴りを出しているものの、身体自体は元の位置のまま出している傾向、表現を変えれば、「技の威力」で相手を後ろに下げようとしている傾向が見受けられます。

理科や物理で学習する「エネルギー保存の法則」に従うならば、相手を下げたい場合は、自分の体重が前に移動しなければなりません。パンチや蹴りは、自分の体重移動を相手に伝える「媒体」もしくは「ブリッジ」としても機能します。

この実験を通じて、(A)と(B)の違いが頭と身体で解ることが大切だと思います。

もちろん、最初から(B)ができている選手もいますが、そのタイプの選手の中には逆に(A)ができない方もたくさんいます。(A)ができない、ということは、(A)から(B)に至るまでの差やポイントが自覚できない、ということでもあります。2つとも掘り下げてできるようになることで、(A)を理解し、(B)を理解し、さらには(A)から見た(B)が理解でき、(B)から見た(A)がわかる。2つを知ることは、2の2乗を知ることにつながるのです。

自分がなぜその動きができるか、これをある程度わかっていないと、スランプに陥ってしまったときに立て直しがかなり難しくなります。人間の脳も、身体も、日々変化します。代謝も、消化機能も変化します。生活環境も変われば、体重も変わりますし、競技の練習やキャリアが重なるほどに、筋や関節などの運動器にもダメージも蓄積します。「それまでできていた動きができなくなった」「全盛期と別人のような動きになっている」というのはよくある話です。(A)と(B)の動きの違いをサーチしながら動くことにより、「ここをこのように動かせばこうなる」「こういうイメージだとこんな動きになる」といった、いくつかのチェックポイントが見つかるはずです。情報過多の時代、いろんなヒントがあふれていますが、あなた自身を強くする本当の答えは、回数を重ねながら行う試行錯誤の中にあると思います。

☑ マイク・タイソンの重力の使い方

ここまで、主に打撃と重力について述べて参りましたが、大切なのは「重力」という観点から動きを見直すことです。ボクシングの世界王者として今でも絶大なる人気と影響力を誇る、マイク・タイソンは、得意の左フックを放つまえに、右足荷重か

ら左足荷重になる際にまるでリングに沈み込むかのように下肢を屈曲しつつ全身も小さくします。その次の瞬間、小さな姿勢をとっていたマイク・タイソンが突然大きくジャンプしながら、ジャンプの流れで左フックを繰り出します。重力に乗る動きから、重力の反作用を使って必殺のKOパンチを生み出しているように映りました。実際、当時のマイク・タイソン選手のトレーニングメニューの映像を観てみると、「縄跳びしながら跳び高さを変える」というメニューを行っているんですね。通常の高さで跳びながら……突然両足を短くして（股関節・膝関節を屈曲、足関節を背屈）して、骨盤が落ちた高さで縄跳びをして、また元の高さに戻る、というトレーニングだったんですね。圧倒的な筋力やスピードや重さがある選手が、重力とその反作用を使って動いていたのですから、それはもう強いはずです。タイソンは、「地球を味方に」していた、というわけですね。

　皆さんには、フックに限らず、アッパー、ボディーブロー、前蹴り、踵落とし、後ろ蹴り、後ろ回し蹴り、横蹴り、内回し……どの種類の技であっても、「重力」をそのままつかう、もしくは、「重力」と「重力の反作用」を組み合わせてつかう、を感じながら試行錯誤してみて欲しいのです。落ちるパンチの練習がそのまま、落とすローキックの練習にもなったりします。多くの選手の脳の中で、「パンチとローキックは違う技」という記憶・認識をされていると思いますが、重力を感じて動くことで、パンチとローがリンクします。リンクすると、脳の中で別々だった神経回路が超強力に結びつきます！　複雑な別々のフォルダーのままだと、取り出すのか大変ですが、それらをまとめて、シンプルにしていけば、瞬時に取り出せるようになる。これも、見えない強さのひとつです。

☑ 押し合い

　2人組で向かい合い、押し合ってみましょう。この時、骨盤や頭部を地面に並行に動かすパターンと、重力方向に落ちてその反作用で前に出るパターンの両方を試してみましょう。押し合いの時に陥りがちなパターンは、自分が止まって下肢を踏ん張り、腕で押してしまう動きです。これですと、自分の筋力依存になってしまいますし、時間の経過と共に筋力が低下してしまうのでどんどん不利になります。

　組み合ったら、前足を進めながら骨盤と頭を重力方向に落とし、最下点から上がるように前に出ます。Vの字の軌跡の「落ちて上がる」ですね。差し合いの時のこの

動きを組み込むと、相手と地球の間に入ることができます。漢字の「入」という文字の短い方になることで、地球を味方にしながら、相手を斜め下から押すことができます。相手が強力な場合は、Vの字を小さくして、トントントン、と複数回アタックすると、相手を後ろに下げやすくなります。

　相手に押されそうになったら、バッと足を開いたり、短くすることで、重力方向に落ちましょう。そして次の瞬間、前に出てみてください。重力方向に動かずに前に出ようとすると、「相手の押す力」＋「こちらの押し返す力」が重なってしまい、かえって後ろに下がってしまうことがあります。（図1-6-18）

図1-6-18：押し合いと重力

(A) 地面と並行に押す　　(B) 重力と反作用を生かして押す

☑ 持ち上げる、投げる

　相手の体に腕を廻して投げる動きについて比較してみましょう。「いちどしゃがんで止まり、相手の胴体をもって持ち上げる。」これは、重力に逆らう動きになってしまいます。「重力に乗る基本の動き②──両足底面を浮かせる」を使って自ら重力方向に落ち、最下点で相手をグラップして重力の反作用にのって相手を持ち上げる動きをすると、あまり重さを感じずに一瞬で相手をリフトアップすることが可能になります。持ち上げられた側も、フワッと身体が浮くような感覚になりますので、2人組で試してみてください。

　バルセロナオリンピック優勝をはじめ、不世出の天才柔道家、「平成の三四郎」こ

と古賀稔彦氏。そのハイレベルな技術は、時代やジャンルを超えて影響を与えています。格闘技医学的に、古賀氏の映像は研究対象としても発見や気づきに満ちているのですが、特に一本背負いは「衝撃」でした。

　足底面と床を離して一瞬でサッと相手の下にもぐりこんだかと思った次の瞬間、相手だけでなく、古賀氏自身も宙に浮いています。また投げている最中も止まったり踏ん張ったりしていません。一時停止が全くないのです。常に体重移動を続けているので、相手が持ち上がった瞬間には、その下に古賀氏はもういない。そうなると相手は落下するしかないのです。それまで私自身、「持ち上げる、投げる」は、しっかりと下半身で踏ん張って安定させ、筋力を発揮する動きだと思い込んでいたのですが、古賀氏の一本背負いは、「一瞬で落ちて➡自分が相手と共に上がる」という表現がピッタリの動きなのです。

　「自分が止まっていて相手を動かす」は無い。「自分が動くエネルギーが相手に伝わる」という運動の本質。見た目は似ていても、世界最高峰の技術に大切なことを気づかせていただきました。

☑ マウントポジション

　総合格闘技や柔術で多用されるマウントポジション。仰向けに寝た相手に馬乗りになり、打撃で仕留めたり、関節技に持っていく、重要な技術です。下になった相手は、なんとかマウントから逃れようとしたり、ひっくり返したり、逆にマウントを利用して下からの攻撃をしたりします。マウントを取っている方は、下の人をコントロールしなければ優位に立てないのですが、これも重力と重力の反作用を上手につかうと上手くいくケースがあります。上になったら、数センチでいいので骨盤をピコピコと上下に動かします。ボールが小さなバウンドを繰り返すかのように、重力➡反作用➡重力、を続けるのです。そうすると、相手に返されにくくなります。相手がどんなに動いても、その局面、局面に対して、瞬間的に、かつ断続的に、上から下に加速を伴った重力がかかりますので、相手を制しやすくなるのです。

　昆虫標本の虫にピンを刺すようなイメージで、刺し続けると、自分の体重が加速に乗って何度も相手にかかりますし、相手も対応しづらくなります。これが、上から乗ったまま止まってしまうと、相手からすれば止まった相手を動かすだけなので、ひっくり返すのが容易になる、というわけです。

現在の総合格闘技および柔術の流れをつくった柔術一家、グレイシー一族は、「乗馬」を必須のトレーニングのひとつとして導入しています。馬と人間、どちらが力が強いかといえば、それは言うまでもなく馬です。馬の体重は400キロから550キロオーバーまで。格闘技の対戦相手でも、まず400キロの相手はいないでしょう。

　人間が馬に乗ったときに、馬をコントロールするためには「動き」が重要です。言語によるコミュニケーションが通じないわけですから、「止まってくれないかな？」「止まれ。」「止まらんかっ！！！」の差を動きで表現できなければ馬をコントロールできないそうです。なめられたり、無視されてもいけないけれど、敵と思われてもいけない。格闘技の競技が成り立つのも、ルールや条件をお互いが守る、というある種の信頼の中で、自分をコントロールし、相手をコントロールし、自分と相手の関係性をコントロールしていく、という側面があります。「馬をコントロールできるか？」それとも「馬に振り落とされるか？」の負荷の中で、マウントポジションに代表される格闘技の神経回路はもちろん、もっと大きな意味で、自分と相手を制する能力を養っているのでしょう。（図1-6-19）

　グレイシー一族のトレーニングは、山の中で走ったり、海や川の激流の中で体を動かしたり、と「自然」の中に身をおいてどのように処していくか、大きな比重を置いているのが特徴です。それらが、対人競技の場面に、どのようにフィードバックされるか、にも意識的だと考えられます。リング上での強さもさることながら、「乗馬」と「格闘技」という、一見、別ものとして認識されがちなテーマを強固にリンクさせるところも、格闘技の世界に歴史を刻む、グレイシー一族の凄さです。（図1-6-20）

図1-6-19：乗馬と格闘技

図1-6-20：マウントポジション

☑ 重力の効用

　地球上で生活する以上、重力は無視できません。重力から逃れることもできません。重力にあえて抵抗することで、強靭な身体を創ることができますし、重力を味方につけることで、動きを創ることができます。パンチ、蹴り、投げ、マウント、タックル、首相撲、フットワークやディフェンス……等、これらの格闘技の動きを「自分の筋力だけ」の意識で行うか、「自分プラス地球」の意識で行うか。この差は、非常に大きいです。

　普段なかなか意識できませんが、格闘技・武道の技は「場」に拘束されています。リングの上や畳、マットの上は、フラットな面でできています。骨が軋むような強烈なミドルキックも一撃必殺のパンチも豪快な投げ技も、フラットな面がある前提で成り立つものです。同じキックでも、マットの上とリングの上では変わってきますし、リングの硬さも団体によって様々です。もし水中での戦いになった場合、有効な技術は陸上のそれとは大きく異なってくるでしょう。地面がフラットではない山の斜面でも条件が変わってきます。その条件をどうやって生かすか、も強さの大

切な要素になってきます。

　今みなさんが構築されている技術も、地球上という「場」の前提のもとに成り立っています。重力に乗って、または重力の反作用を利用して動くことで、地球という「場」を味方にすることができるというわけです。これは自分の動きを客観化するのに、とても役立つ視点であり、脳内での運動のイメージもより大きく、強くなるでしょう。

　重力を感じられるようになると、動きを重力の観点からチェックできるようになります。「あ、今のパンチは重力をつかえた」「重力に逆らって足だけ挙げてしまった」「重力の反作用で相手を下げた」という自分との会話が生まれ、自己評価ができることです。また、今までできなかった技の構造を理解することも容易になります。例えば、「踵落とし」という技を習得する時に、「蹴り足を挙げて降ろす」のと「重力方向に身体を落としてその反作用で身体ごと蹴り足を挙げて、重力方向に落とす」の違いが明確に感じられるようになります。

　さらには、動きに共通の大きな部分をつくることができるようになるのも重力をインストールする大きなアドバンテージです。パンチの練習はパンチの練習、相撲の差し合いは相撲の練習、という脳内での別のフォルダーに記憶をしていくと脳のフォルダーの数がどんどん増えていってしまいます。Vの字を利用したパンチの動きと、Vの字を利用した相撲の差し合いは、重力に乗って、重力の反作用を使う、という観点から見ると、「共通の」動きになります。その共通項を見出し、意識できれば相撲の差し合いの練習がパンチや蹴りの練習にもなりえる、ということです。電車の中でつり革に捕まらずに少しバウンドさせながら立つ動きが、マウントポジションでのコントロールの練習にリンクする、ということもおきてきますし、膝蹴りと前蹴りを別々に練習していた選手が、蹴り足の動かし方以外は大きく変わらないことに気がつくと、距離によって使い分けができるようになります。

　「動きのいちばん太い共通の部分をさらに太くしていきながら、個々の技をつくっていく」「いろんな技や動きを練習しながら太い部分をさらに太くしていく」「ある技の練習が、違う技の練習にもなる」「他のスポーツの動きも理解しやすくなる」など、重力は飛躍のヒントをたくさん与えてくれます。（図1-6-21）

図1-6-21:地球を味方につける

格闘技の運動学

1-7 モーターユニットとインパルス

脳の使い方で筋のパワーが変わる

☑ 太ければ、強い？

「筋力は筋肉の長さと断面積に比例する」という実験結果があります。同じ長さならば、筋肉の断面積が大きいほうが、より大きな筋力を発揮できる、というわけです。筋肉を鍛えて断面積が大きくなれば、発揮できる筋力が大きくなるのは、身体を鍛えたことのある方なら、実感されることでしょう。

ここから、もう一歩ミクロな世界に踏み込んでみましょう。筋肉を構成している筋繊維は、筋原線維と筋形質から成り立っています。筋原線維は、主にアクチンフィラメントとミオシンフィラメントと呼ばれるタンパク質が束になって構成されています。そしてミオシンには、クロスブリッジと呼ばれる突起がたくさん生えています。「収縮」の命令が神経を通じて筋肉に届くと、筋小胞体からカルシウムが放出され、アクチン、ミオシンが活性化し、クロスブリッジがアクチンにくっつきます。ミオシンの中央に向かって、アクチンを引き寄せる形で収縮を起こすシステムになっています。

筋原線維が増えれば、増えるほど、アクチンとミオシンの重なりは大きくなりますので、筋の収縮力は大きくなります。筋原線維が増えて太くなれば、筋力が大きくなります。

一方で、筋形質も大きくなります。しかしながら、筋形質は、力の発揮には直接関係がないと言われています。筋肉が太い、または筋肉が太くなった、といっても、その中身によって違う、というわけですね。筋原線維を増やすには高重量低回数の負荷が、筋形質を増やすには低重量高回数の負荷が効果的と言われています（もちろん重なる部分もあります）。(図1-7-1)

格闘技・武道においては、両方の側面が必要です。瞬間的な圧倒的なパワーも必要ですし、打たれ強さ、頑丈さという意味では、筋そのものの大きさがあるほうが

111

有利なケースもあります。実践している競技のルールによって、競技者のタイプや戦術によって、同じ選手でも年齢によって、適切な割合は変わってくるでしょう。

図1-7-1：筋肉の構造

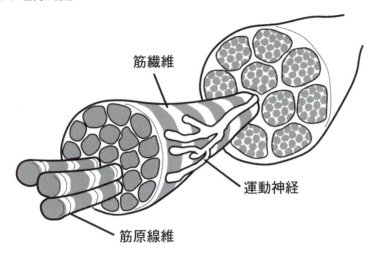

☑ モーターユニット（運動単位）

大脳皮質の運動野と脊髄前角には運動神経細胞があります。

1個の運動神経細胞から、運動神経が枝分かれして筋繊維につながっており、収縮の司令を受け取って、筋繊維に伝達します。その数は、数本から数千本と差があり、1個の運動細胞とそれが支配する何本もの筋繊維をまとめてモーターユニット（運動単位）と呼びます。運動神経細胞には小さなものから大きなものまであり、小さな運動神経細胞には細い運動神経が、大きな運動神経細胞には太い運動神経がセットになっています。

サイズの小さなモーターユニットは、持久力に富みますが、発揮できるスピードは遅く、と力が弱い。サイズの大きなモーターユニットは、持久力に乏しいものの、スピードは速く、発揮できる力が強いのが特徴です。

筋繊維には、Ⅰ、Ⅰc、Ⅱc、Ⅱac、Ⅱa、Ⅱax、Ⅱxの7種類があり、タイプⅠは遅筋、タイプⅡは速筋に分類されます。あとになればなるほど、サイズは大きくなります

ので、Ⅰはいちばん最初に動員されるモーターユニットの筋繊維、Ⅱxはもっとも動員されにくい、しかしながらいったん動員されれば爆発的なスピードとパワーを発揮するモーターユニットの筋繊維といっていいでしょう。(図1-7-2)

図1-7-2：筋繊維には7つの種類がある

☑ サイズの原理

　運動するとき、全てのモーターユニットが使われているわけではありません。
　力を発揮する際、動員されるモーターユニットには「登場する順番」があるのです。最初はいちばん小さなモーターユニットⅠが登場し、手に負えない場合、次のサイズ、そしてその次のサイズ、と大きくなっていきます。「大物は最後に登場する！」人間社会でもよくみられる現象が、神経と筋にも起きているのです。小さいモーターユニットはすぐに動員されるのに、大物は動員されにくい。「超大物」に至っては、なかなか登場さえしてくれません。

このように発揮する力の大きさに合わせて動員されるモーターユニットの順番が、その大きさと対応して決まっていることを「サイズの原理」といいます。まずは、フットワークの軽い小さな兵隊が出動し、大物は必要のある時だけ登場する、というわけですね。(図1-7-3)

図1-7-3：大物は最後に登場する

☑ サイズの原理の例外

　しかしながら、最近の研究でサイズの原理にどうも「例外」があるらしいことがわかりました。いきなりⅡxを含むモーターユニットが使われているのではないか、という可能性が示唆されているのです。

①身体を守る際の危険回避
　緊急性の高い場面では、大きな力を一瞬で素早く発揮しなければなりません。
「車に轢かれそうになった人を自分でも信じられないようなスピードで助けた」
「火事の際、高齢者の方が普段信じられないような筋力を発揮して荷物を運び出した」

というようなエピソードを耳にしたことがあるかと思います。いわゆる、「火事場の馬鹿力」という状態です。このような特殊な心理状態になると、普段あまり使われなかったモーターユニットを使えるように、ブレーキが解除される可能性があるのです。

　格闘技・武道の練習やトレーニングの場面でも、「自分より圧倒的に強い相手」や「何をやってくるかわからない相手」と練習する意味の本質がここにあります。何もしてこないことが初めからわかっている相手に対し、技をかけたり、デモンストレーションを行うのは簡単ですが、戦闘モードにある相手に技をしかけるのは大変です。ですから練習においても、「どうにもならない相手に何をするか？」「未知の相手にどうやって動くか？」という状況を積極的つくる必要があるのです。よく、「練習では動けるのに試合では動けない」という話を聞きます。私もそのひとりでした。「練習の動きが試合で出れば勝てるのに……」そう思っていた時期がありました。その後、試合で結果を出す選手たちから学ばせていただいたのは、条件設定の方法です。彼らは、練習やトレーニングの段階から、
「最初の5秒以内にカウンターを取れなければその時点で自分の負け」
「後ろ回し蹴りを2分のスパーリング中に10回以上必ず使う」
「50メートルダッシュの記録を必ず更新する」
「20秒以内にハイキックを必ずヒットさせる」
といった条件を自ら設定をして、大きなプレッシャーをかけている点が特徴的です。試合で結果を出す選手は「練習のほうが大変、試合のほうがよっぽど楽」な状況をつくっているというわけですね。練習のための練習をしない。練習は試合よりも大変なハードルだらけ。試合は自由に動ける。このあたりの意識の持ち方が、結果を出す選手や指導者の特徴なのだと感じます。（図1-7-4）

　大学の頃、借りていたアパートの一室にベンチプレスのセットを置いていたのですが、ひとりで当時のマックスに挑戦したところ、持ち上がらなくてつぶれてしまったことがあります。バーが頸部のすぐ近くまで迫っており、あと数センチで頸がしまってしまう状態に陥りました。「ヤバい！　死ぬ！」と思い、渾身の力を振り絞ってバーベルの片方を床につけ、反対側挙げて、ピンチを乗り切った経験があります。ひとりで安全性を確保せずに、そのような馬鹿なことをやっちゃいけないので、読者の方には絶対に真似しないで欲しいのですが、その時には普段の力以上が出たかと思います。

これは悪しき例（恥ずべき例？）ですが、どのような条件を設定すれば、自分にとって「緊急性の高い状態」になるのか？　これを自問し、安全性を確保した中で具体化していく作業が「サイズの原理の例外」を使えるようになる可能性を高めると思います。

図1-7-4：練習の方が大変、の状況をつくる

②エキセントリックな収縮
　筋の長さが長くなりながら、筋が収縮する状態を、エキセントリックな収縮といいます。
　例えば高いところから飛び降りたとき、そのまま勢いに任せて股関節や膝関節を屈曲してしまうと、しりもちをついてしまいます。場合によっては尾骨骨折や、腰椎骨折にもつながりかねないですから、飛び降りたときに多くの場合、下肢でブレーキをかけます。また転んだときにサッと上肢を出して顔から落ちるのを防ぎます。このようにブレーキの際に働く筋群は、エキセントリックな収縮をしていますが、この時にサイズの原理の例外が起きているのではないか、と考えられています。

③気合やかけ声

筋力を発揮する際に、気合やかけ声を発すると最大筋力が大きくなる、という実験結果があります。瞬間的な筋力発揮には「ハッ」「ウッ」「アッ」といった短い音で、持続的な筋力発揮には「アー」「ウー」などの語尾を伸ばす音で、最大筋力の増大傾向にあること、また、無声音より有声音のほうが最大筋力が大きくなることがわかっています。

普段から大きな声を出して筋力発揮したり、筋力の発揮時間に合わせて出す声の長さや種類を試してみたり、という習慣は、サイズの原理の例外として大きなパワーを発揮できる可能性があります。

④暗示

暗示で最大筋力が増大した、という研究結果もあります。

ウエイトトレーニングで今まで経験していない重量にトライする直前、「なんとなく今日は挙がる気がする」とかトーナメントで戦う前にウォーミングアップの段階で「今日は優勝できる気がする」という気分になり、実際に達成されたことのある方も多いと思います。

良い準備を積み重ねてきてその時を迎えると、「自然な形」で自己暗示がかかり、脳でのイメージが鮮明になり動きにプラスをもたらすと考えられるのです。

「自然な形」というのがポイントで、普段70キロのバーベルしかあがらないのに、「今日は100キロ挙がる気がする」というのはどう考えても「無理」があります。そこに理が無いわけですから、まず上手くいきません。普段の練習や日々の生活で、「今までできたこと＋α」を意識して、70キロから71.25キロにトライして、次は72.5キロにトライする、といった「少しずつ超えていく作業の積み重ね」を行いながら、自然な暗示➡達成➡自信のループをつくっていきましょう。

☑ 渾身の力でサイズの原理を超える

　ある伝統武術の師範と「ベンチプレスは是か非か」という話題になりました。その師範曰く、「ベンチプレスの動きと、突きに必要な動きは全く違うものだから、ベンチプレスの動きは突きのジャマをする」からデメリットが大きいという主張でした。確かに、その主張は、運動のメカニズムを「物理的な」側面から見ればそうかも知れません。身体全体を前に移動させながら打つ突きと、背中側が固定されているベンチプレスの動きは、似て非なる動きと申せましょう。しかしながら、無差別で活躍する競技選手は、ウエイトトレーニングや筋力トレーニングを徹底的にやり込んで結果を出す人が少なくないのです。

　「頑丈な身体をつくるため？」「打ち負けないため？」「みんなやっているから？」──ウエイトトレーニングをやり込む理由を格闘技医学会でも追求してきたのですが、「サイズの原理の例外を使うルートをつくるため」なのではないかと現在は考えています。（図1-7-5）

　もちろん、「ベンチの動きを直接的に突きに生かそう」というのは運動としてのギャップがあります。そこで、ベンチプレスを通じて、全身の力を一気に使って、いきなり爆発的なパワーを出せるような脳と身体にしておく。そして、突きの練習を行う。

　私自身も経験があるのですが、ベンチやスクワットといった高重量のウエイトを扱えるようになると、なぜか自信になるのです。「相手にどんなにやられても一発ゴツンとやっちゃえば、ひっくり返せるんじゃない？」というような自信です。実際はひっくり返せなかったとしても、「自信が持てる」というところに意味があるのです。いわゆる「自信」のメカニズムが完全に解明されたわけではありませんが、脳に新しい回路がほとんど形成されずに自信だけがついていくというのは、ちょっと考えにくい。新しい回路がより拡大し、かつ強固になっていくことと、自信が持てることは静かなるリンクを形成しているように思います。（図1-7-6）

　「持てる力を全部使って、渾身の力を発揮する」という経験を毎日しないでもすむ便利（？）な時代だからこそ、その回路をつくっておく必要も同時に感じます。もちろん、ウエイトトレーニングだけを推奨しているわけではありません。どんなトレーニングにしても、それはあくまでも「方法のひとつ」に過ぎず、より効果的な方法はどんどん生まれていくからです。「自分より大きな相手」や、「実力的に数段上の相手」にあえて向かっていかなければ絶対に得られない強さがあるのです。さら

には、大きな相手に全力で抵抗しても相手に押し切られるそのときにエキセントリックな収縮が起き、戦いで本当に使える筋力と神経回路が強化されています。練習で大切なのは負け方です。「全力を出して押し切られて負ける」ことが強くなるためには極めて重要なのです。2時間なら2時間の練習の中で、そのような時間をどうやって生み出すか、そこに飛躍のヒントが隠されていると思います。「渾身の力を発揮しなければならない機会」を積極的に設けて、「サイズの原理」を超えていきましょう。(図1-7-7,8)

図1-7-5：脳のために筋力トレーニングを行う

図1-7-6：強い回路をつくる

図1-7-7：大きな相手、勝てない相手に向かっていく

図1-7-8：サイズの原理を超える

☑ インパルスの発生頻度を上げる

　筋力を最大限発揮するには、モーターユニットの動員数を増やすことが大切であることを述べましたが、動員されたモーターユニットに対するインパルスの発生頻度も関わってきます。インパルスとは、神経線維の中を伝わっていく電気信号の活動電位のことです。

　ここで実験をしてみましょう。鉄アレーでもいいですし、フタの開いていない缶コーヒーやペットボトルでも構いませんので、手に持てるサイズのある程度硬いものを片手に持って握ってみてください。

　「5、4、3、2、1」と1秒間隔でカウントダウンしていって、ゼロ！のタイミングで思いっきり握りこみます。この時の握りこんだ感触を覚えておいてください。

　次に、5、4、3、2、1、と同じく1秒間隔でカウントダウンして、ゼロ！のタイミングで握り込んだら、そこからさらに、ゼロ！ゼロ！ゼロ！ゼロ！という感じで、全部で5回分、さらに握りこむように力を入れてみてください。このとき、握り込んだ手や指の関節の角度が元に戻らないようにしましょう。「握って戻して」ではなく、「握って、さらに握って、さらに握って……」とゼロ！のタイミングごとに脳から司令を出すようにするのです。

図1-7-9：インパルスの発生頻度で筋力は変わる

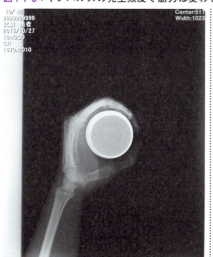 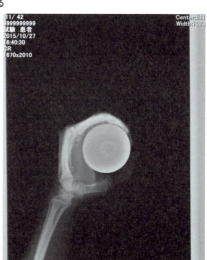

(A) インパルス1回　　　　　　　　　　　(B) インパルス複数回

握ったときに発揮される筋力はどうなったでしょうか？ ゼロ！が1回の時よりも、複数回の司令を出したとき方が強く握れるのを感じると思います。（図1-7-9）脳からのインパルスの発生頻度が多ければ多いほど、発揮される筋力が大きくなる、というわけですね。

もうひとパターン実験してみましょう。5、4、3、2、1の時に、実際は強く握らないけれど、強く握るイメージをして、ゼロ！の時に思いっ切り握ってみてください。いきなり握るよりも、強く握れませんか？ 脳からのインパルスをあらかじめ複数回発生させておき、目的の動きに移行することでも、発揮筋力の増大を実感できると思います。一人でのグリップの実験で感覚をつかんだら、パートナーに協力してもらって腕相撲などでも試してみてください。発生頻度に比例して力が入りやすくなるのが実感できると思います。これらの差を、実際にコーヒー缶をもってレントゲンを照射して実験してみました。インパルスを頻回に出したほうが、指の骨と空き缶との距離が小さくなっているのが画像からわかるかと思います。

☑ インパルスの発生頻度と技

次に一発のパンチをミットに打ってみましょう。

> (A) パンチを1回だけ打つイメージをしながら、イメージングと同時進行で1回打つパターン
> (B) パンチを何回か打つイメージをする中で、1回パンチを打つパターン

(A) では、脳でのイメージングの回数は1回、筋での出力も1回です。
(B) では、脳でのイメージングは複数回、筋での出力は1回です。
(B) は (A) に比べて、パンチに必要なインパルスの発信頻度が多く、結果として強く速いパンチになります。脳の前頭前野で想起される運動のイメージを強く、頻回につくりだすことによって、インパルスが多く発生する可能性があるのです。ここではわかりやすいように、グリップやパンチを例に説明いたしましたが、これをベースに、他の技や運動などで「インパルスの発生頻度を上げる」練習を、ぜひ試してみてください。（図1-7-10）

図1-7-10：イメージの回数とパンチ

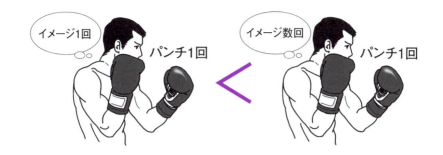

☑ 一撃必殺と現代の達人

　カラテや武道には、「一撃必殺」という概念があります。一撃の技で、相手を倒す、相手を制する、戦闘不能な状態にする。多くの実践者の憧れでもあります。一撃必殺の理想に向かって修練を重ねていく。一生をかける目標として、とても素敵でロマンを感じます。そして競技の場面において、「一撃必殺」を成し遂げる選手もいます。「騙し討ち」や「戦闘態勢にない相手」「自分より弱い相手」という条件下ではなく、決められた日に、衆人環視の下、順守すべきルールがあり、スタートの合図で始まり、技術や時間の制約の範囲内で、自分を倒しに来る決して弱くはない相手を、一撃でKOしてしまう。

　これはもう、メチャメチャ凄いことです！！！　ゴルフで言えば一発目のホールインワン、野球で言えば1打目でホームラン、それ以上の神技レベルかも知れません。競技の制約の中で一撃必殺を体現してしまう競技者こそ、「現代の達人」だと思います。

　競技で一撃必殺を体現した選手に共通する特徴は、「連打ができる」という点にあります。そして連打の練習もしっかりやり込んでいる選手が、一撃必殺を成し遂げている。衝撃的な一撃KOを実現してきた、ボクシングのマイク・タイソンにしても、ナジーム・ハメドにしても、極真カラテのフランシスコ・フィリォにしても、速い連打もできるし、その練習もしています。（図1-7-11）

　一見、矛盾しているような気がしますが、「連打の練習をする」ということは、その分、「短い時間に頻回のインパルスを発生させている」わけですから、連打ができ

る選手が、その際のインパルスを一発の打撃に込めた場合、インパルスの発生頻度を上げた状態での一発を打つことが可能になるわけです。ときどき、一撃を強く打つために、一発、一発の練習しかしない方がいます。その一撃が急所に命中すれば、現実に一撃必殺が実現する、と信じているのです。もちろん、信じることは大切です。しかしながら、その方向性ではおそらくインパルスが1回しか発生しません（一回のインパルスを大きくする練習、という意識であれば問題ないのですが……）。「一撃必殺」を競技で体現してきた「現代の達人」たちは、一撃だけを練習してきたわけではないということです。

　歩行時の一歩は、歩行全体の一部であるように、運動としては、一発は、連打の一部です。圧倒的な基礎体力、そして圧倒的な運動量をベースに、連打のインパルスを一撃に込める。一撃で相手が倒れなかったら次の瞬間、躊躇なく次の一撃につなげる。(図1-7-12)

　自分より格上の相手の前に立ち、緊急性の高い場面の中で何とかする能力を磨きつづける。自分ができる範囲の少し上の負荷を設定し、「渾身の力」を総動員して「サイズの原理」の壁を超える。このような途方もない回り道こそ、一撃必殺への王道なのではないでしょうか？

図1-7-11：現代の達人と一撃必殺

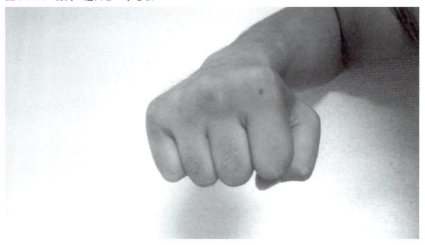

図1-7-12：圧倒的な運動量を一撃に込める

格闘技の運動学

1-8 肩甲骨と上肢

体重移動をリードする最強の方法

☑ 肩甲骨・上肢の発達

　まずはこの図をご覧ください。(図1-8-1)これはペンフィールドというカナダの脳外科医が記した「ホムンクルスの図」と呼ばれるものです。電気刺激実験で、大脳皮質のどこで身体のどの部分を司っているか、の割合を模式的に表した図なのですが、手や唇、下に関する領域が非常に大きいのがわかると思います。現代人の脳における脳細胞の役割を見てみると、上肢を動かす際に活性化する領域はとても広範囲にわたります。ですから運動において、手とそれに連なる上肢を動かすことは、多くの脳細胞を動員することにつながるのです。

　現代人の感覚からすると、移動には下半身が主に使用されるため、上肢が移動にかかわることが自覚されにくくなっていますが（それも人類の特徴のひとつです）、海の中から陸上に上がった生物から人類に至る進化の過程において、上肢は、運動や移動における重要な役割を担ってきました。さらには、食べものを掴む、ちぎる、つぶす、押す、投げる、など「生存」の根幹である「食べる」に関わる行為、そして「種の保存」すなわち生殖行為にも密接にリンクしながら発達を遂げてきたのです。

　格闘技・武道の運動においても、肩甲骨と上肢の使い方は、パフォーマンスに影響を及ぼします。ここでは肩甲骨や上肢の使い方という観点から、格闘技の運動を眺めて参りましょう。

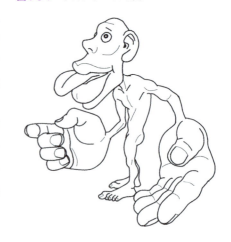

図1-8-1：ホムンクルスの図

☑ 前手のパンチ

2人組でパートナーにミットをもってもらい、前手でパンチを打ってみます。オーソドックス（左前、右後）で記しますので、サウスポーの方は左右を入れ替えて読んでみてください。

> （A）構えた状態から前手をメインに動かして左パンチを打ってみましょう。
> 　　続いて、
> （B）右上肢の肘を、構えた状態から5センチ～15センチほど前の場所に置いてから、次の瞬間、左パンチを打ってみてください。この時、肩甲骨ごと前に置くようにして、なおかつ、後ろの上肢の肘（右肘）の場所を固定して、身体の残りの部分をその位置に合わせるようにして左のパンチを出すように動いてみてください。
>
> （図1-8-2）

図1-8-2：Aのパンチ、Bのパンチ

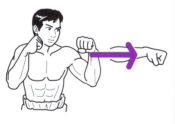

(A) Aのパンチ

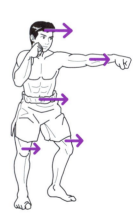

(B) Bのパンチ

☑ 後ろ手のパンチ

次に、後ろのパンチを試してみましょう。

> (A) 構えた状態から、右の拳を前に出すように右ストレートを打った場合
> (B) 構えた状態から、肩甲骨ごと左肘を5～15センチくらい前にシフトさせ、その位置に残りのパーツすべてを合わせるように右ストレートを打った場合
>
> （図1-8-3）

　スピードや威力、出しやすさなどは、いかがでしたか？　(A)の場合、脳からは拳を前に出すための筋群に司令が出ます。ですからパンチに参加する筋群は、右の拳を前に出す筋群がメインになります。(B)の場合、脳からはまず反対側の上肢に司令が出て、次いで、残りの各部位（体幹骨盤、下肢、パンチを打つ側の上肢など）に司令が出ます。結果として、「反対側の肩甲骨を先行する動き」＋「残りの部分が前に出る動き」＋「拳が前に出る動き」が合わさったものになります。「拳が前に出る動き」と記したのは、「拳を前に出す動き」と「拳が前に出る動き」は、外見上はよく似ているけれど違うものだからです。運動としては違うものだからです。技が上達するにつれて、(A)のような局所的な筋力発揮から、(B)のような運動連鎖を伴っ

図1-8-3：Aのパンチ、Bのパンチ

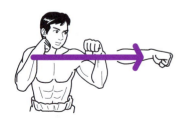

(A) Aのパンチ

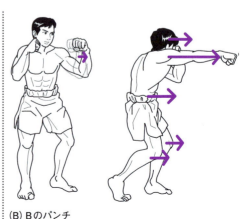

(B) Bのパンチ

た全体的な筋力発揮に変わって来ます。脳で想起される運動のイメージも、(A)よりも(B)のほうが大きくなります。(図1-8-4)

(A)の動きがパンチだと認識している実践者と、(B)の動きがパンチであり、(A)はその過程の一部と認識している実践者に、差が生まれます。また(B)のほうが運動として大きく、参加する筋群も多いため、(B)をやる実践者の(A)のパンチは、実際には動かなかったとしても、より広範囲の脳細胞がパンチの動きに参加し、より大きな運動のイメージが想起されるため、パンチに参加する筋群が多くなる、というわけです。

図1-8-4：Aのパンチ、Bのパンチ

(A) Aのパンチ

(B) Bのパンチ

☑ 受けて返す

もうひとつ、実験をしてみましょう(図1-8-5)。

2人組で胡坐をかいて向かい合い、左で相手の胸部にパンチを軽く打ってみます。子供は心臓震盪の危険がありますので、この実験ふくめ胸部に打撃を加えるメニューは、20歳以上の方限定でお願いします。

> (A) まずは、構えた状態から左パンチを打った場合
> (B) 次に、右の上肢でカラテの基本の防御である外受けや内受けをしてから左パンチを打った場合
>
> (図1-8-5)

この実験では臀部を床に接地することで、下肢で生み出された力を上半身に伝えられないようにあえて制限しています。(B)の動きを導入すると、右の肩甲骨の位置が変わるため、その位置に合わせた左パンチが出るのが実感できると思います。

　伝統的に伝わるカラテの型などにも、「反対側の肩甲骨を先行させる動き」が数多く見受けられます。カラテ諸流派で習う大極やピンアンといった型の最初の動きも、進行方向を視野におさめ➡右の上肢で行く方向を定め肩甲骨を先行してシフトさせてから➡目的の左下段払いにつなぎます。下段払いからも、次の追い突きに移る過程でも、受けた左上肢で方向を定め、肩甲骨ごとシフトしてから、追い突きの動きにつなぎます。また引手と呼ばれる「拳を体幹部につける動き」も、型の中では「拳を身体の方に引き付ける」だけではなく、「拳の位置まで拳以外の部分を動かす」になっています。

　「左で受ける前に、先に右を動かすと上手くいく（その逆も）」「移動時には、肩甲骨ごと先に先行させると動きやすい」「引手になる位置まで身体を動かす」という隠れたメッセージが込められているわけですね。格闘技・武道の競技にも「構え」や「ファイティングポーズ」があります。心構え、という言葉があるように、構え自体がすでに動きのスタートなのです。

　一流選手は、受けや構えの使い方も巧みです。「相手が攻撃してきたときだけ、受けの動きをする」では、実はペースは相手側にあります。「相手がグーを出してくるから、パーを出す」「相手がチョキを出してくるからグーを出す」これは相手からスタートしてしまっていますから、こちらは対応しているように見えて、実はペースはあちら側なのです。相手が攻撃してこないときにも、構えを動かしてみたり、あえて構えない状態をつくってみたり、受け技を一瞬織り交ぜてみたり、ガードで安全な状態を保ったまま距離を変えてみたり、そのような「自分からの仕掛け」が流れをスタートさせるのです。

　ムエタイでは、両手でしっかりと構えたまま、カウンターを取られにくい状態、相手の攻撃が構えに引っかかりやすい状態をつくって距離を詰め、次の瞬間を獲ることがあります。しっかりとディフェンスしたまま前に出ることが攻撃の糸口になりえるわけです。攻撃的防御、積極的防御を駆使するというわけですね。競技で上まで行く選手は、このような「変化」を自分から仕掛けることができます。こちらからアクションを起こしながら、相手を動かすために受けや防御を活かすのです。(図1-8-6)

- 受けや構えを相手の攻撃時だけに使うのか？
- それとも、受けや構えを「次の瞬間」のために積極的に使うのか？

　この意識の差は、とても大きな差になります。様々な武術の影響を受けながら沖縄で発展した唐手を全国、そして海外にまで普及。世界の空手、KARATEにまで発展させた最大の功労者と言われる、船越義珍氏は、「空手に先手なし」という言葉を残しています。「空手は心を鍛え、身を守る術である、だからこちらから攻撃してはならない」という戒めの言葉としての解釈が一般的ですが、伝わる型を運動学的な視点から見つめなおしたとき、「受けて返す」身体の使い方の効用が、もう一つの真実として隠されているような気がしてなりません。（図1-8-7）

図1-8-5：そのまま打った場合、受けてから打った場合

(A) そのまま打つ

(B) 受けてから打つ

図1-8-6：防御を攻撃として使う

図1-8-7：型は、受けて返す

☑ パリーと外受け

　ボクシングやキックで練習するパリー。相手のパンチに対して上肢を外から内側に動かして、相手のパンチのコースを変えたり、パンチを止めたりする防御法です。オーソドックスで構えた状態で相手が右ストレートを打ってきた場合、左の上肢を使って防御するように指導される場合が多く、実際にそのように受ける選手も少なくありません。

　一方、カラテにも伝統的に伝わる防御の技として、外受けがあります。相手の攻撃に対し外側から内側に外力を加える、その部分は同じなのですが、外受けにはその前の動きがあります。左の前腕で防御する場合、まず右の上肢を相手の方に向けてシフトさせます。この時、右の上肢がすでに相手のパンチコースの障壁となっており、相手にとって想定の距離に狂いが生じます。次の瞬間、右の上肢を引き込みながら左の前腕で相手のパンチを防ぎます。これらの動きに伴い、左の股関節は伸展方向に、右の股関節は屈曲方向に動きます。カラテの外受けは、肩甲骨の先行の動きを伴い、かつ、両方の上肢を使い、下肢や体幹も含めた「全身運動として」の

受け技であることを型や基本の中で、静かに伝えています。外受けの場合、受けない側の右の上肢や下半身もフル稼働させた全身運動になりますので、そこで伸張反射もおきやすくなり、また重力や重力の反作用も使いやすくなるため、受けの直後の反撃が非常にスピーディーに行えます。(図1-8-8)

　もちろん、キックやボクシング、総合でも全身運動としてのパリーを実践している選手も数多くいますし、カラテ選手でも上肢だけの司令で防御している選手もいます。中には、基本や型を全く練習しないでスパーリングやミットばかり、という方針のカラテの道場もあるようです。

　視機能のところでも述べましたが、カラテの型は、非常に大きな動きで「使えないように」見えてしまいます。そして、それはある意味正解です。誰もが見てわかってしまったら、敵にどんな鍛錬をしているのか、バレてしまいます。「一見、使えないように」つくってあるからこそ、「解る人には解る」ヒントがちりばめられています。

　ピッチャーがキャッチャーに向かってボールを投げる時、キャッチャーの後ろのバックネットめがけて投げるそうです。キャッチャーをめがけて投げるとスピードも落ちて、打たれやすくなる。これと同じ原理で、普段から大きな動きを通じて脳―神経―筋肉に巨大な神経回路をつくっておくのは効果的です。動きにくさの負荷の中で、大きなイメージで大きな動きを練習しておき、大きなインパルスを発生させながら、実際の場面では小さな動きにそれを集約する、という隠された法則性。伝統的に伝わる型の動きの中に込められた本質を、戦いを通じて解明しながら、現在進行形の「競技」にインストールしていく作業、また、競技の動きの中に伝統的な型との共通点を見出していく作業は、とても奥深く、過去と現在がリンクする温故知新のタイムトリップです。

　もともと型は、戦っている人たちがつくったものです。型があって戦いがあるのではなく、戦いがあって型が残されました。命がけの戦いの中で培われた強さの秘密や、命のリスクを減らす法則を型の中に閉じ込めたものです。運動という動きのあるものを型の中で「形として」可視化して伝えている部分もあります。型は、足の幅はどのくらいで、目線はどこで、方向はどうで、骨盤の高さはどのくらいで、拳の位置はどこで……という風に、決まりごとだらけのため、習得過程では不自由でしょうがないのですが、「不自由さの中で守るべきポイントを守っていくと、自由に動ける」という可能性を秘めています。ピアノの鍵盤を、基礎もなしにめちゃくちゃ

1-8 肩甲骨と上肢

図1-8-8：パリーと外受けの違い

(A) パリー　　(B) 外受け

(C) パリー

(D) 外受け

に叩くのと、基礎の指使いや音階、メロディーやリズムを体得して自由自在に弾きこなすのは全く次元が違うように、戦いの中で自由に動くというのは好き勝手に動くのではなく、いくつもの基礎のパターンを組み合わせたり、引いたり、かけ合わせたりしながら的確に取捨選択しながら動くということです。(図1-8-9)

現代の戦いである競技をしっかりやりながら、型をやった時にそこで何に気がつくか、どう解釈するか、さらにどのように自分の強さにフィードバックするかは、幾通りもの正解があります。伝統芸として型を伝承するにとどまらず、競技に生きる優れたギアとしての型の発展がこれからますます期待されます。

図1-8-9：自由に動けるのは、基礎の組み合わせや取捨選択の結果

☑ パンチの反作用をどう受けるか

強いパンチの秘密をどうしても知りたくて、レントゲン撮影を行いました。

（A）肩甲骨のポジションを変えずに打った場合
（B）肩甲骨を外転させて打った場合
（図1-8-10）

図1-8-10：肩甲骨がそのままのパンチ。肩甲骨の外転を伴うパンチ

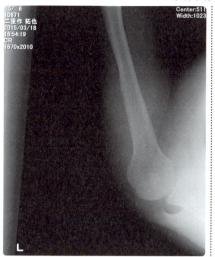

(A) 肩甲骨がそのまま　　(B) 肩甲骨の外転

　上方から鉛直方向に放射線を浴びせて撮影した写真。もちろん、被験者は私自身です（笑）。二の腕の骨である上腕骨と肩甲骨の関連性をみてみると、(B) は肩甲骨の関節面で上腕骨を受け止めているのが画像上わかると思います。軟骨を挟んで骨と骨の連結がみられる、というわけですね。これに比べて、(A) は上腕骨での反作用を、関節面ではないところで受け止めてしまっています。解剖学的には、靭帯や関節包などを含む、軟部組織と呼ばれる部位でパンチの反作用を受け止めてしまっている。パンチの強い選手は、反作用を強度の高い肩甲骨でしっかりと受け止め、肩を壊す選手は、パンチの度に強度の弱い軟部組織で受けてしまっています。(A) のフォームの選手は打てば打つほど靭帯などに不必要な負荷がかかる、というわけですね。

　カラテの型では、拳の引き手を肋骨部や側腹部につけます。ボクシングやキック、総合、そしてカラテの競技でも拳を体幹から離して構えるのに、「何故、拳や前腕を体幹にくっつける動きがわざわざ含まれているのか？」長年疑問でした。（図1-8-11）格闘技医学的な視点から解明、研究をしていく中で、ある可能性が浮かびました。それは、突きを出すときに、一瞬で構わないので、上肢を体幹に引き寄せる動き（肩関節を内転方向に動かす動き）を組み込むことで、肩甲骨が外転しやすくなり、

骨と骨で反作用を受けられる形になる、というものです。型の際の拳が体幹と接している理由、また上肢と体幹が摩擦を起こすように突きが繰り出される理由は、肩甲骨と上肢の位置関係を示唆していたのではないでしょうか？

　肩甲骨が上肢をしっかり受け止めたとき、筋力の発揮は非常に大きいものになります。仰向けに寝て、肩甲骨を外転せずに両方の上肢を伸展させた場合と、肩甲骨の外転を伴って上肢を伸展させた場合、後者は、人ひとりの体重を支えられるくらい大きな筋力発揮ができます。また、逆立ち、逆立ち歩行が得意なのも人間の肩甲骨周囲の筋力と可動の大きさがなせる業です。(図1-8-12,13)

　格闘技・武道でのパフォーマンスの向上を求めれば、怪我や故障のリスクが減る可能性があります。逆もまた然り。「反作用をどこでどのように受けるか」という方向性を追求すると、「技術追求」と「リスク回避」は両立に向かい始めるのです。

図1-8-11：拳が接する

図1-8-12：拳が離れたパターン、拳が接したパターン

(A) 拳が離れたパターン

(B) 拳が接したパターン

図1-8-13：上肢でパートナーを支える

☑ 蹴り

 蹴りの動きのとき、肩甲骨や上肢はどのように生きるでしょうか？ オーソドックスで右の中段廻し蹴り（ミドルキック）での肩甲骨と上肢の動きをみてみましょう。構えた状態から、

> **(A) 両肩甲骨を固定して右の中段廻し蹴りを蹴った場合**
> **(B) まず左肩甲骨ごと前方に置き、次の瞬間、右の肩甲骨も前方に置き、右の中段廻し蹴りを蹴った場合**
> （図1-8-14）

 (B)では左、右の上肢が、次の瞬間の蹴りに必要な筋群を伸張させるため、よりスピーディーで威力のある蹴りが実現やすくなります。蹴りの最中、ガードをする場合も同様です。腕だけでガードするのではなく、肩甲骨の位置を前方にシフトしながら蹴りにつなげると、蹴りが自然に出やすい身体の動きが生まれます。蹴りの練習、となると、つい、下肢に意識が行きがちなのですが、肩甲骨含めた上肢の使い方を見直してみると、それだけで威力やスピードが上がることがあります。蹴り

1-8 肩甲骨と上肢

図1-8-14：肩甲骨を固定した蹴り、肩甲骨をシフトした蹴り

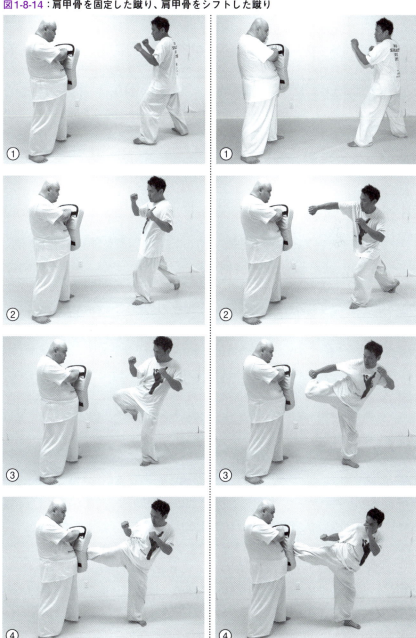

(A) 肩甲骨を固定した蹴り　　(B) 肩甲骨をシフトした蹴り

の上手な選手の動きを解析すると、上肢、特に肩甲骨を十分に動かして、流れるような蹴りにつないでいます。左、右と上肢を動かす際に、蹴りの軌道を予めイメージながら上肢を動かせば（蹴りのコースを上肢で描くようにトレースしておけば）、蹴りに必要な筋群へのインパルスを生む動きのイメージを想起して、蹴りにつなげることも可能になります。1回の蹴りのイメージで1回の蹴り、から「左➡右➡蹴り」と3回のイメージ、さらには「眼➡頚椎➡左➡右➡蹴り」と各部位を動かすたびに5回のイメージ想起、というようにイメージを複数回つくって1回の蹴りを行うことで威力やスピードに変化が起きるでしょう。

☑ 進化と発達

　テナガザルやチンパンジーなど、主に木の上で生活する霊長類は、枝などを強く握る能力にたけ、下肢よりもむしろ上肢を使って「ウンテイ」のように空中をスイングしながら移動します。(図1-8-15)上肢を使って移動するわけですね。これらの木の上で生活する霊長類の解剖学的特徴的は、背骨が地面に対して直立に近いことです。肩甲骨を動かす筋群の相対的な筋量は、人類は腕渡りする樹上生活する種類の霊長類に次いで多く、4つ足歩行の霊長類よりも多いと言われています。(図1-8-16)我々の肩甲骨に関わる筋群は強い！　これは使わなければ勿体ないですね！人類が2足歩行で移動できるようになった背景には、その前段階として、上肢を使って移動する過程で肩甲骨含めた上肢の運動の自由と筋力、そして体幹と骨盤の直立性を獲得があった。その後、下肢中心の2足歩行を獲得したのではないかと言われています。

　その名残として、歩くとき、走るとき、腕を振りますね。運動会の徒競走で「よーいドン」の「よーい」のとき、肩甲骨ごと腕を先に前に出してから走り出すほうが運動として効率的なのも、肩甲骨と上肢が移動をリードしている証拠です。

　また赤ちゃんが「おすわり」ができるようになると、次に「ハイハイ」で4つ足歩行が完成し、「つかまり立ち」の期間を経て、「つかまり歩行」、そして「2足歩行」が可能になるという発達の過程をみても、肩甲骨と上肢は、「体重を支える」➡「つかまって引き上げる」➡「上肢で支える」➡「フリーになる」というステップを踏みます。(図1-8-17)このように、上肢、そして肩甲骨は人間の進化や発達においても、重要な役割を果たしてきました。

運動の際、脳の運動野から「動け」の司令が出て、動くまでの時間は、上肢のほうが下肢よりも短いため、上肢のほうが下肢よりも早く動き出します。前述のホムンクルスの絵でわかるように、脳の神経細胞の量をみると、上肢、特に手に関係した神経細胞の数が非常に多いです。手や指を使えば使うほど、指先の神経細胞と脳が連動して、脳の神経細胞がたくさん働くことになります。手を動かす、上肢を動かすことで、脳がさらに活動し、目的の動きを実現しやすくなる可能性があります。試合中動きが止まりそうになったとき、つい、「足を止めないように」意識してしまいがちですが、上肢をしっかり動かせば、下肢は動きやすくなる。体重移動が楽になります。緊張のあまり、肩に力が入ってしまって肩甲骨があまり動かなくなった状態は、全身の体重移動を阻害する因子となり得るため、「危険」というわけです。「試合中、動けていないと思ったら、とにかく上肢と肩甲骨を動かしてみる」という方法は、使える公式のひとつです。

グローブを着用するボクシングやキックでも、グローブの中でグーとパーしか使わないのであれば、それは非常にもったいない話です。グローブに運動制限されてしまっているからです。グローブという制約の中でどれだけ手や指を動かせるか？を追求していくと、確実に動きが変わってきます。一流選手は、グローブに自由を拘束されるのではなく、戦いでの有効な武器として自由に使いこなしています。柔道や柔術、総合格闘技などでも、肩甲骨を動かして運動連鎖を生み出す、より良い掴み方、握り方を探す、手指の伸張反射を生かす、関節角度をフィットさせていく、抑え込みの際に相手の肩甲骨を動かないようにする、などなど、肩甲骨と上肢の動きを追求していけば、さらなる飛躍のヒントが見つかると思います。(図1-8-18)

図1-8-15：2手で移動するテナガザル

図1-8-16：肩甲骨とその周囲

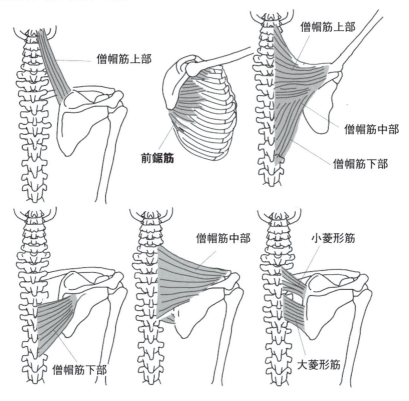

図1-8-17：赤ちゃんの発達の段階

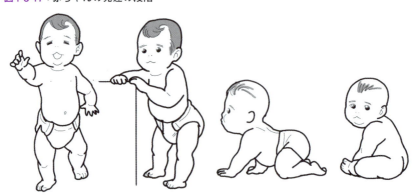

図1-8-18：グローブ内でも手や指を動かす

格闘技の運動学

1-9 支持基底面と動き

支持基底面の意識で動きが変わる

☑ 「動く」とは？

「動く」って、どういうことでしょうか？ パンチや蹴りをたくさん出すこと？ タックルをガンガン決めること？ フットワークを使うこと？ 寝技で相手をコントロールすること？

各競技に、そして各個人に「動く」があると思います。「動く」は多様であり、それぞれがそれぞれに正解です。例え睡眠中であっても、心臓も眼も、筋肉だって動いているのですから、それも「動く」の範疇のひとつです。

では、格闘技・武道の場面で求められる「動く」とはどのようなものでしょうか？ もちろんルールや条件によって変わってきますから、一概にこれがいい、ということは言えません。しかしながら、「意識できると動きが変わる可能性がある概念」があります。そのひとつが、支持基底面です。（図1-9-1）

図1-9-1：動くとはどういうこと？

☑ 支持基底面とは

　支持基底面とは、リハビリ医学や運動学などで使われる言葉です。床に接している面を囲んだ範囲のことで、身体を支える面のエリアと理解するとわかりやすいかも知れません。2本足で立った場合、両足底を含んだ外側をつないだ範囲が支持基底面です。片足で立った場合、片足の足底の接地面が支持基底面となります。2本足で立ち、なおかつ1本杖を持った場合、両足底の外側と杖で形成される範囲が、支持基底面となります。体操座りをすれば、臀部と足底の接地面の外側をつないだ範囲が、仰向けに床に寝ころんだら、背中側の接地面の外側をつないだ範囲が、4つ足で立てば、両上肢と両下肢の接地面の外側をつないだエリアが支持基底面となります。(図1-9-2)

　支持基底面が広いほど安定します。走っている時のよりも両足で踏ん張っている時の方が、それよりも座っている方が、バランスを崩して転倒するリスクは小さくなります。

　逆に言えば、「小さな支持基底面でも安定して動ける」ということは、運動として高度であること、運動能力が高いことに通じます。

　サッカー選手がシュートを決める際、軸足で地面を捉えるとき支持基底面は軸足の接地面積の一部です。フィギュアスケートの選手が片足で高速回転しているとき、支持基底面はほんの小さな点です。「杖を使わないと歩けない」のと、「杖を使わなくても歩ける」は明らかに後者のほうが「動ける」状態であるように、「支持基底面を小さくしながら安定して動く」方向性は、パフォーマンス向上につながります。

　支持基底面という視点から捉えなおすと、歩く、走る、といった動きは、ほとんど片足接地で行われます。歩いている人が立ち止ると、両足が設置し、支持基底面は大きくなり、そこで座ると支持基底面はさらに大きくなり、横になるともっとも大きくなります。

　一流選手の動きを良く観察してみると、対戦中、両足でずっと立っている、というシーンがほとんどありません。常に少なくともどちらかの足が地面から離れており、しかも瞬間、瞬間、支持基底面が変化しています。また総合格闘技や柔術、柔道などの強い選手をみると、止まっていません。寝技の状態でも接地面を頻繁に変えながら、動き続けています。格闘技や武道の場面においての「動く」という事象を、「支持基底面を変化させ続ける」という風に捉えなおすと、動けているか否かが見えてきます。(図1-9-3)

図1-9-2：支持基底面とは

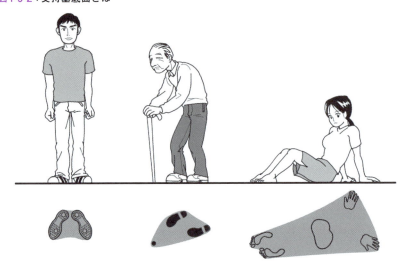

図1-9-3：支持基底面を変化させる

✅ 手数・連打と試行錯誤

　支持基底面を変化させることで動きが改善されるケースをご紹介します。ボクシングやカラテでは、KOで勝負がつかなかった場合、攻勢点が判定に加味されることが多いです。どちらが積極的に攻めたか、というところが判定で評価されるわけですね。その際、手数を出せるかどうか、は重要なファクターになってきます。

　私も現役の時、手数を出す練習をするために、両足で踏ん張って両手には重たい鉄アレーをもって、ひたすら数を出すトレーニングを繰り返しました。筋肉の持久力とスピードをつければ、手数が出るようになる、そう思ってやったのです。その結果、スタミナがあるときの手数は出るようになりました。しかしながら、延長戦、再延長戦に突入すると、あまり変わりませんでした

　手数を出せる、連打が利く選手になるためには、支持基底面を変化させるテクニックが非常に有効になってきます。オーソドックスにしっかり構えた状態から、後ろ足、前足、と交互に地面に接地するように動いてみましょう。そうすると、前足を地面から離したときには右の拳が、後ろ足を地面から離したときには左の拳が、ほんのわずかながら前に変位するのがわかるでしょうか？　支持基底面を前後に変化させるだけで、拳の位置が元の場所と変わるのです。

　連打ができる選手は、この方法をパンチに応用しています。両足を踏ん張って拳を動かそうとすると、拳を動かすための筋群が疲労してしまいますが、両足で踏ん張ることをやめ、片足、片足で立つことで拳が元の位置から動く。その変位をそのまま利用し手数につなげているのです。この動きは、その場でダッシュする時に見られる、支持基底面と上肢の位置関係とも共通していて、無理なく動きやすいのです。(図1-9-4)

　私がかつて行っていた練習メニューは、足を踏ん張って手を出す、というものでした。

　その過程で、無理のない動きに自分で気がつき、改善できれよかったのですが、支持基底面の変化に伴う連打の方法に気がついたのは、それよりもずっとあとのこと、ある天才ボクサーの動画を視たときでした。

　そのボクサーとは、マニー・パッキャオ。メジャー世界タイトル6階級制覇王者の輝かしい戦績はもちろん、現役選手にしてフィリピンの国会議員であり俳優の顔を持つ、アジアが産んだ世界の英雄です。彼のシャドーのトレーニングは常に下肢を含めた全身が動いていて、足を止めて拳だけ出す、という動きではありませんでした。パンチの回転数と支持基底面の変化が、見事なまでに一致した、流れるよう

なシャドーの映像に、超ハイレベルの手数の秘密の一端を見つけたとき、支持基底面の変化で手数をコントロールできることを知り、感動しました。

　私は、結果として、「間違ったトレーニング」「無駄なトレーニング」をやっていたとも言えなくもないのですが、最初から正しいトレーニングを誰かに習うのと、自分でこうじゃないかと仮説を立ててやってみるのは、同じではないと思います。間違ったトレーニングの蓄積がなければ、そこに発見も感動もないわけですし、「！！！」とビックリマークが点灯した瞬間に、脳内の神経細胞が活性化すると言われています。そもそも、人間の身体も脳も、どんどん変化していきます。ですから、必要なトレーニングも変わってきます。ドラゴンクエストやファイナルファンタジーといったロールプレイングゲームのように、選択肢、優先順位、必要な時期、強くなる道程は、人それぞれ。その「試行錯誤」こそが、強くなる本質だと思います。「間違い」「無駄」を極力避けて、効率を求めることが必要な時もあれば、「間違い」「無駄」の海に飛び込んで、その中からより優れた動きを求めるのが必要な時もあるのだと思います。強くなる山の登り方は一つではない。登り方にこそ個性が出ます。大切なのは、試行➡検証➡改善➡試行のサイクル。自分の身体に聴いてみることが大切だと思います。(図1-9-5)

図1-9-4：腕を出すパターン、支持基底面の変化を使うパターン

(A) 腕を出す

(B) 支持基底面を変化させる

ただし、選手生命や指導者生命を脅かすような、必要のない重症の怪我や取り返しのつかない事故、眼や脳などの不可逆的な損傷は、極力避けるべきです。軽い怪我は「何かを変えなければいけないサイン」でもありますし、せっかくの「試行錯誤」自体ができなくなってしまうのは悲しいですからね。

図1-9-5：山の登り方は一つではない

☑ 自分の動きを知るテスト

「ミットやサンドバッグは得意なのに、試合やスパーリングで思うように動けない」という選手の動きを解析すると、「支持基底面が両足になったまま技を出す習慣」がついてしまっている場合が多く見受けられます。せっかくのフットワークや足運びでポジションをとっていても、技を出すときに両足接地にて立ち止まってしまい、そこからパンチを打ったり、蹴ったり、タックルにいったり、投げたりする習慣に本人が気づいていないため、そこで動きの流れが一度ストップしてしまうのです。

これを改善する目的で、支持基底面のコントロールするための練習メニューに片足スパーリングがあります。軽いタッチ程度の安全性の高いスパーリングを、片足接地だけで行うのです。「右、左、どちらでも、片足だけ接地してOK、両足の同時接地は禁止」という条件下で行います。この条件を設定してテストすると、「支持基底

面が一度両足にならないと技が出ない」習慣のある方は、動きにくさを感じるでしょう。その時の技なり、ステップなりの支持基底面の適正化をはかっていくことで、「小さな支持基底面でも動ける能力」「支持基底面のコントロールを使ったディフェンス能力」「もらった時のダメージの逃がし方」など様々な身体の使い方のヒントが得られることでしょう。(図1-9-6)

「道場やジムで、しっかりバランスをとって両足で安定して立って、そこから技を出しましょう」という指導をされることあります。もちろん、それも大切な練習です。しかしながら、そこからさらに上を目指すには、支持基底面をコントロールする方向性が動きのレベルアップにつながると思います。そもそも人間の歩行は、バランスを崩しながら歩いています。前進する場合、片方の足が前に出ます。その足が床に接地し、ブレーキをかけ、軸足として機能します。次の瞬間、反対側の足が前に出るから、歩行が成り立つのであり、反対の足を前に出さなければ、転んでしまいます。人間の歩行は、陸上に住む動物の中で、最もエネルギー効率に優れていて疲れにくく、長距離を移動する能力は、他の動物に比べてもダントツです。その歩行能力の高さの秘密が、「バランスを崩しながら歩く」という技なのです。ですから、「両足で安定したバランスを保って技を出す」「バランスを崩しながらも、次の一歩をどこに置くかを大切にして技を出し安定化をはかる」は、一見同じに見えても大きく違う動きといえるでしょう。(図1-9-7)

図1-9-6：片足スパーリング

片足接地で動ける人は、両足接地でも問題なく動けますし、相手に外力を加えられた場合、片足➡両足、や、足幅を広げる、寝技であれば手をつく、などの動きで、「支持基底面を一瞬で広くする」という技術を用いて、安定化をはかること可能になります。

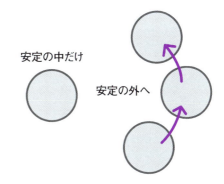

図1-9-7：安定の外へ

安定の中だけ　安定の外へ

☑ 人類の「動く」宿命

「動」という文字は、「重力」が合わさった文字です。重力を移して初めて、「移動」になりますし、重力を上手に運ぶのが「運動」。重力を活かすのが、「活動」ですね。

重力を支える面が支持基底面であるとすれば、支持基底面を変え続ける＝移動し続けることにつながります。人類の歴史は、移動の歴史でもあります。アフリカ大陸に誕生した人類の祖先は、5万kmも離れた南アメリカ大陸の南端まで移動したとされる説もあるくらいです。ひとつの場所に定住するのではなく、移動してより良い環境を求めてきた人類。近代や現代においては、交通網を発達させ、陸地の移動はもちろん、海、空、そして宇宙空間にまでその移動の範囲を広げています。

なぜそこまで人類は活動の範囲を拡げてきたのでしょうか？

その理由のひとつが、脳の特性です。脳は、新しい刺激と共に、発達してきました。移動すると環境が変わり、見るもの、聞くもの、触るもの、感じるもの、生活の空間、そこから生まれるイメージ……、全てが新しい刺激となります。赤ちゃんにできることはとても少ないのに、新しい情報に対して大きく眼を開き、感覚入力に対してオープン。決して閉じていません。成長して、三輪車に乗れるようになるころには、自分で操作して移動する快感を覚え、自転車で自分の意志で遠くに移動できるようになったころには、情報入力と共に「自由」を感じることもできます。逆に、刑務所での独房がいちばんつらいと言われるのは、新しい情報が一切遮断されるためです。脳は、刺激がないことに耐えられません。ですから、幻聴や幻視をつくりだ

し、脳を助けます。

「移動する」➡「新しい刺激が入力される」➡「記憶を元により進んだイメージがつくられる」➡「さらに移動して新しい刺激に向かう」

このようなループで、脳と身体が相互に作用しあいながら成長していくわけですね。保守的で閉じた人、よりも、オープンマインドでどんどん進んでいく人や、環境をつくりだして動いている人がキラキラと輝いて魅力的にみえるのも、人類が、「動く」を宿命づけられた存在だからかも知れません。

格闘技や武道の競技は、「動けるかどうか」の戦いです。同時に、「相手を動けないようにする戦い」でもあります。KO決着は、その最たる例ですし、柔道の抑え込みも、「動けなくなったほうが負け」です。相手に投げられるということは、重力を味方にできず、自分にダメージを与えてしまうことであり、関節技が極まってしまうのは、動きを止めた瞬間です（技をかけられても、動き続ければ極められることはないとも言えます）。「動かない」には意味がありますが、「動けない」では勝てません。格闘技や武道の競技は、人類の特性である「動く」を対人の中で突き詰めている側面があります。（図1-9-8）

図1-9-8：動ける人は強い

私が高校生の時、所属していた実戦空手・養秀会の創始者である山元勝王会長に、「整列の号令でいちばん最初に並ぶ人、ミットをいちばんに取りに行く人、掃除のとき最初にバケツに水を汲もうとする人が、強くなる人です」というご指導をいただきました。

　その時は若さゆえ、「いちばんを獲ることが大事だ」と勝手に解釈していたのですが、人として年数を重ねていく中で、格闘技・武道ではもちろん、様々な場面・局面において、「動く」大切さを実感する毎日です。そして「身体を動かす」ことを通じて、自ら動ける人になれたら素敵だな、と思います。

　格闘技・武道の動きは流動的ですから、それを客観的に評価するのは簡単ではありませんが、支持基底面という「新しい物差し」の導入で練習の場面でも、可視化やイメージ化の一助になれば幸いです。

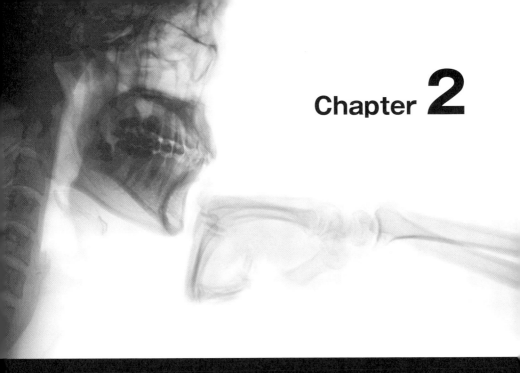

Chapter 2

脳と運動

運動はなぜ生じるのでしょうか？ 上達とはどういうことでしょうか？ 一流選手はなぜ勉強家なのでしょうか？身体を酷使せずに強くなる方法はあるのでしょうか？ 脳を知れば、強さの可能性が広がります。

脳と運動

2-1 運動イメージと格闘技

運動はどのように生じるのか？

☑ ハイパフォーマンスの源

　ロープ際に追い詰められ、怒涛のラッシュに防戦一方の状態から一撃で逆転KOするボクサー。完全膠着状態、わずかな隙間をスルスルッと手がヘビのように滑り込み、一瞬でチョークを決める柔術家。130キロを優に超える豪速球を目の覚めるような場外ホームランで打ち返すプロ野球選手。時速300キロ越えはザラ、超ハイスピードな攻防をくり返すバドミントン選手。次々にタックルをしかけてくる猛攻をギリギリで躱し、華麗に逃げ切ってトライを決めるラガーマン。ごくわずかな接地面積で氷の上を舞い、華麗かつ力強く3回転、4回転のジャンプを決めるフィギュアスケーター……。

　アスリートたちの人間技とは思えないハイパフォーマンスは、一体どのように生み出されるのでしょうか？　その秘密は「脳」にあります。どんな天才の技も、持って生まれた才能を生かしつつ「本人が後天的に身につけたスキル」による部分が大きく、運動は脳から発生し、脳に運動の記憶が保存されるからです。

　本章では「脳と運動」について考察しながら、パフォーマンス向上のヒントを探してみたいと思います。

☑ 人体の小宇宙

　脳とは、いったいどのような器官なのでしょうか？　成人の場合、重さは1.2キロから1.6キロ。体重の約2.5％を占めています。脳は約1,000億のニューロン（神経細胞）で構成されており、それぞれのニューロンは他のニューロンと1,000から10,000と連結してネットワークをつくっています。その組み合わせの数の合計は、それこそ天文学的数字となり、宇宙に存在する素粒子の数を超えるとも言われま

2-1 運動イメージと格闘技

図2-1-1：ハイパフォーマンスの源

す。一説によれば、その容量は100万ギガバイト。テレビ番組に換算すれば、300万番組を録画・保存可能であると言われており、人間の寿命のうちにすべて使い切るのは現実的には不可能と考えられます。

図2-1-2：MRI画像

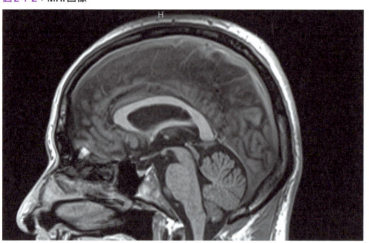

　ネットワーク内の情報伝達は電気信号で行われ、その情報伝達のスピードは最速で1秒間に120メートルに達すると言われています。これは時速約430キロメートルに相当し、新幹線の最高速度である時速340キロを上回るスピードです。脳の血管を全部伸ばして並べると10万マイル（約16万キロ）で、地球4周分にあたります。私たち人間は、その頭蓋骨の中に膨大なネットワークを有する「小宇宙」を持っており、その中で凄まじいスピードの電気信号が飛び交いながら、絶えず情報交換をくり返しているというわけです。

　現在、高度な科学技術の進歩に伴い、脳の研究がどんどん進んでいます。1990年代にfMRI（機能的磁気共鳴画像）の登場により、被験者を傷つけることなく「脳のどの部分が活性化しているか」を動画や画像でリアルタイムに把握できるようになりました（図2-1-4、5）。これまで「なんとなく体験的にわかっていたようなこと」が科学的に証明されたり、逆に広く信じられていたことが「どうやらそうではないらしい」と判明したり。そんなことが、あらゆる領域で起きています。

　例えば、少し前までは「成人脳においてニューロンが新しく生まれることはない」と信じられていましたが、記憶と学習に重要な海馬をはじめ、いくつかの部位ではニューロンが日常的に新生していることがわかっています。また、「ぼーっとしている時間」は、脳は活動していないのではなく、デフォルト・モード・ネットワークと呼ばれるシステムで、脳にとって重要な処理を行っていることがわかっています。

図2-1-3：脳とは？

　今後、脳機能解明の流れは、さらなる科学技術の発達に伴って、加速度的に勢いを増していくことでしょう。それでも「脳に関しては解らないことが圧倒的に多いことが解っている」と言われるほど、未知の領域であり、未知ゆえに大きな可能性を有しています。

物理的には有限である脳で、私たちは無限について考えることができる。実際に現代人が全く経験していないジュラ紀や白亜紀の恐竜時代に想像を巡らせることができる。月に行く計画を立て、たくさんの集合知と試行錯誤の果てに実現してしまう。脳は、まさに人類が有する最強の武器なのです。そしてラッキーなことに、脳のポテンシャルには大きな差はなく、正常であれば、私たちはほぼ同等のスペックをもっています。つまり「生まれつきどんな脳をもっているか？」ではなく、「どのように脳を使いこなすか？」で結果が変わるということです。

図 2-1-4：fMRI 検査機器

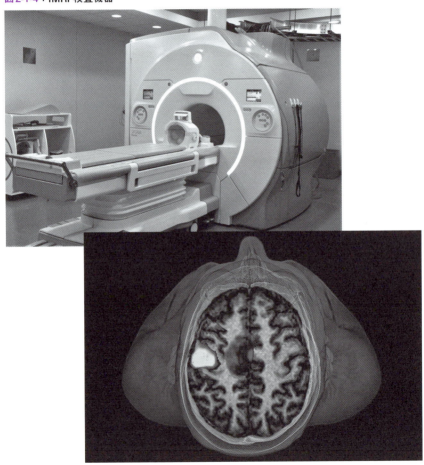

図 2-1-5：fMRI 画像イメージ

☑ 脳と運動の関係を知る実験

ここである実験をしてみたいと思います（図2-1-6）。右腕だけ「小さく前になら
え」をして、手のひらを天井側に、手の甲を床側に向けてみてください（肘関節90

図2-1-6：手の上には何がある？

度屈曲位、回外位)。今、右手の上には何も載っていません。そこで「重さ5キロのダンベルが載った」とイメージしてみてください。次にその重さが、10キロ、15キロ、と重量が増えていき、20キロの重さを支えているところをイメージしてみてください。どんなに重量が増えても、手の位置を変えないように。「1ミリでも手が下がった時点で、ダンベルは足の上にガツンと落ちてくる」くらいのつもりで、しっかりと同じ高さをキープするようにしてください。おそらく右の腕の力こぶにあたる筋肉、上腕二頭筋をはじめ、前腕や肩の筋群の収縮を感じられるかと思います。そして重さが増えていくにつれ、筋の収縮は強くなったと思います。

　次に、5キロのダンベルではなく、一つ目をミカンでスタートしてみましょう。ミカンがリンゴに変わり、次にリンゴがメロンに変わり、最後にメロンが大きなスイカに変わっていく様子をイメージしてみてください。さて、腕の筋肉はどうなりますか？　ダンベルのときと同様に、対象が大きく重くなればなるほど、筋の収縮は強くなったと思います。実際にはダンベルもフルーツも持っていないのに、「それを持って支えている」と明確にイメージすると、筋群の収縮が見られるというわけです。

☑ 運動イメージから運動指令へ

　これらの運動は、どこでどのように生じたのでしょうか？　脳に関する研究から、意図的な運動は「脳の前頭前野で想起された運動イメージ」からスタートすることがわかっています。「意図的な」と記したのは、例えば熱いストーブに触れてしまい瞬間的に手を引っ込める運動などは、脳を介さずに脊髄レベルで起きる反射だからです。ここでは、運動＝意図的な運動と解釈してください。

　大脳皮質の前側には前頭葉があり、前頭葉のいちばん前、おでこのすぐ後ろには前頭前野という部位があります（図2-1-7）。前頭前野は、記憶、思考、判断、行動、応用、感情のコントロールといった非常に高度な知的活動、理性的活動を担う部位であり、司令塔の中の司令塔、あるいはコンピューターの中のコンピューターとも形容されるエリアです。前頭前野は、身体の外部、また身体の内部、そして脳全体から様々な情報を集積し、それらの情報を元に認知し、目標を定め、「今からこんな運動をする」という運動イメージをつくります。

　運動イメージの情報は、前頭前野の後ろにある運動前野、補足運動野、帯状皮質運動野などから構成される、高次運動野という場所に送られます。高次運動野に達

した情報は、その後ろ側にある一次運動野と呼ばれる領域に到達します。これらの過程で、大脳基底核や小脳との情報のやりとりを行いながら「運動の最適化」がなされます。

図2-1-7：前頭前野

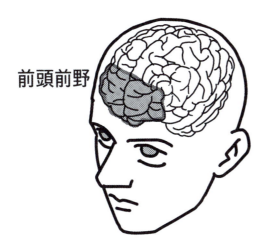

　大脳基底核は、姿勢の保持や調整、筋緊張のコントロール、運動のオン・オフ、表情の調整、直感の具現化などに関与しています。「背筋を伸ばした状態をキープする」「潜在意識下に危険や利益を計算して行動を決める」「次に行う運動の候補を絞り込む」などに関与していると言われています。例えば、今からジャブを打とうとするときに、「髪の毛を洗おうとする動き」が同時に出現してしまうと困るわけですが、大脳基底核は「意図しない運動を抑制する役割」も担っているわけですね。流れるようなスムーズな動きの実現も、大脳基底核からのフィードバックであり、状況に合わせて情報を取捨選択しながら、運動の正確性を高める役割を果たしています。

図2-1-8：大脳基底核

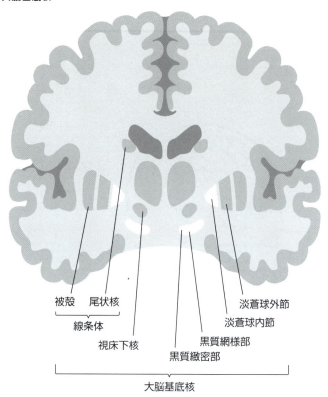

小脳は「小さい脳」という名前がついており、体積は脳全体の10％ほどですが、実は大脳よりも神経細胞の数は圧倒的に多く、700億個以上存在するとも言われます。小脳は、平衡や姿勢を保つために筋出力の調整や、身体が脳の司令どおりに動いているかどうかの確認や微調整を行っています。いわゆる「身体で覚える」運動能力に関わる部位で、意識を潜在化したまま運動を学習します。

図2-1-9：小脳

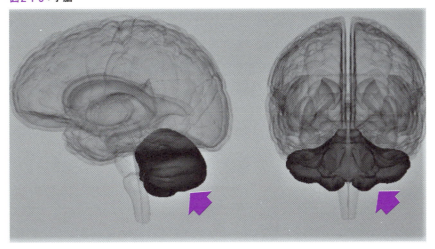

　このような最適化を経て、最終的な「運動指令」が一次運動野から脊髄を下降する運動ニューロンに伝達され、必要な筋肉群が収縮し、その結果、意図した運動が遂行される。これが運動が生じるシステムだと考えられています（図2-1-10）。先ほどの実験では、「10キロのダンベル」「ミカン」「スイカ」などを「手に載せた場面」がイメージされました。重さ、質感、温度、手触り、その時の筋や腱のテンション、シチュエーションなどの「記憶」は、神経細胞（ニューロン）がネットワークを構成した形で保存されており、情報入力をきっかけにネットワークが脳内で検出されると考えられています。

　これらの記憶、身体の状況、周囲の情報など集積して、その運動を遂行する場合に「運動イメージ」がつくられます。もちろん、この文章を読まれたシチュエーションが授業中であったとか、通勤電車の中だったとか、他のことをやっていて手が使えない状況だったとか、試してみたくない気分であれば、前頭前野は運動のOKを出さないでしょう。前頭前野が運動をOKした状態で、10キロのダンベルを持ったところをイメージすると、「10キロに抵抗して元の姿勢を保持しようとする運動イメージ」を元に、運動計画が立案され、最適化して、その運動を遂行するのに必要な筋群に向かって一次運動野から運動指令が出ます。その結果、上腕二頭筋や前腕の屈筋群、三角筋前部などの筋の収縮が起きるというわけです。

　私たちが歩いているとき、歩くスピードをどんなに上げても、自然に「走る」には

なりません。ギアをガコンと切り替えるように、「歩く」から「走る」運動イメージに切り替える瞬間が必ずあるはずです（図2-1-11）。「歩く」から「スキップする」なんかも同様です。このことからも、やろうと思って行う「意図的な運動」は、運動イメージが重要な起点となって生じていることがわかるかと思います。

図2-1-10：運動が生じるシステム

図2-1-11：運動イメージの切り替え

☑ 判断と運動の決定

　格闘技の場面での運動を考えてみましょう。ここでは「相手選手の前蹴りが飛んできそうになった瞬間」を想定することにします。

　左右、距離、角度、高さ、速さ、軌道、強弱、立ち位置、リーチなどのほか、フェイント目的なのか、ダメージを与えにきているのか、そもそも本当に前蹴りなのか、途中で変化するのか、前に出ながら蹴ってくるのか、下がりながら蹴ってくるかなどの「①相手と技の情報」。その瞬間の体勢や姿勢、荷重のバランス、構えの形、打たれ強さ、リングでの立ち位置、セコンドの指示、応援の声、この状況で自分にできる運動の記憶といった「②自分自身と周囲に関する情報」。自分と相手の位置関係をベースとして、前蹴りが到達するであろう場所、時間的なタイミング、当たった時のダメージ、試合全体の流れなどの「③予測されうる情報」。これらが主な状況判断の材料になると考えられます。もちろん、脳が情報を①②③のように区分けしているというわけではなく、ここではわかりやすくするために便宜上3つに分けています。

　情報を集積して状況判断を行った前頭前野は、次にとるべき行動を決定します。「相手の蹴りを足でブロックする」「上肢を使って捌く」「ステップで外す」「斜めに動いてカウンターを合わせる」「前蹴りの引きと同時にタックルに行く」「わざとボディに喰らって油断を誘う」などを決定して、「遂行する運動イメージ」を想起します。運動の途中でも「前蹴りから上段廻し蹴りに軌道が変化した」「前蹴りがフェイントでタックルが来た」「前蹴りのタイミング通常のタイミングとズレていた」といった変化があれば、新たな情報を元に次なる運動イメージを想起して、次の運動が遂行されるというわけです。このように、対人の戦いは、脳機能の面から見ても、かなり高度な判断と決定の積み重ねの連続だということがわかります。

図2-1-12:前蹴りに対して

☑ 記憶と運動イメージ

　運動イメージをつくるには、運動に関する記憶をストックする必要があります。見たことも聞いたこともない技は、「できない」以前に「やろうと想えない」、つまり「前頭前野で運動イメージを想起できない」わけです。

　私たち人間には、他の人の動きを見たときに、自分はその動きを実際にはやっていないにも関わらず、活性化する神経細胞があります。それらは「行動を鏡のようにうつす神経細胞」という意味で、ミラーニューロンと名付けられました。「学ぶ」は「真似ぶ」から来たというのはよく言われる話ですが、ミラーニューロンの発見は、この表現を裏付ける科学的根拠だと考えられます。家族や友人と一緒にいるとき、「誰かがあくびをしたら、つられて思わず自分もあくびをしてしまう」ことがありますが、誰かのあくびを見るだけで、ミラーニューロンもあくびをしているというわけですね。ダンスを見れば脳もダンスをするし、ジャンプを目にすれば脳もジャンプをする。まさに「真似る細胞」ですが、私たち人間は、他人の動きや表情を自分の

ミラーニューロンでも再現して、他人の感情を読み取ったり、行動を理解したりすると考えられています。

　新しい技術を修得する際には、まずは「とにかく視ること」が大切です。可能な限り思い込みやバイアスを排して、何度も何度も無心で視て、運動イメージの材料である記憶を脳にストックするのです。徹底的に見て視覚情報として記憶に焼き付けたら、今度は動画を見ずに、頭の中でその動きを再生してみましょう。イメージの中でハッキリと再生できるようになったら、いよいよ「その動きを自分がやっている運動イメージ」をつくります。カメラのアングルを切り替えるように「客観」から「主観」に切り替えて、でもまだ身体は動かさずに、脳内だけでその動きをやってみるのです。

　この「身体は動かさずに」というところが重要なポイントです。前の世代のスポーツ指導の多くは「とにかく数をやる」が推奨されていました。しかし「身体を動かさずに動いたイメージを行う」ことで、一次運動野（＝脳から筋肉に運動指令を出す領域）以外の運動に関わる領域が、実際に身体を動かしたときよりも活性化するのです。つまり、「動かさないけれど脳は動かす」ことで、運動イメージをさらに強化できる可能性があるのです。

　意図的な運動とは「運動イメージの具現化」ですから、「運動イメージをつくる」のは、脳の中に「理想のお手本」あるいは「運動のナビゲーションシステム」を存在させるようなものです。一流選手は「やった回数」が多いのはもちろんですが、彼らの「視た回数」、さらには「イメージした回数」がクローズアップされることはあまりありません。ですが、どのジャンルの一流選手も優れた動きへの感度が高く、「動きを視る達人」であり、「動きを自分のものにする達人」でもあります。ここでは「視る」は「動く」の基礎となることを、今一度強調しておきたいと思います。

図2-1-13：とにかく視る

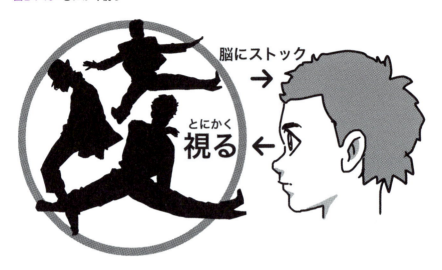

☑ コースの情報を脳に入力する

　運動イメージができたら、身体を実際に動かしてみます。「新しい技や動きの導入に自信がない」「技が狙ったところになかなか当たらない」といった方々にぜひ試していただきたい方法があります。それは「眼でコースをトレースする」方法です。

　さっそく実験してみましょう。普通に立った状態から「なるべく高く両足で垂直ジャンプする」というシンプルな運動を、次の2つの方法で行います。

> **（A）** 最初から最後まで上を見たままジャンプする
> **（B）** 一度地面（フロア）に視点を落としてから、視点を上にあげつつジャンプする
> （図2-1-14）

　（A）よりも（B）のほうがスムーズに、より高くジャンプできると思います。身体全体の運動のコースとしては、（A）も（B）も、立った状態から股関節や膝関節を一度屈曲してから（お尻を地面方向に沈めてから）垂直に飛び上がる形になります。

図2-1-14：眼とジャンプ

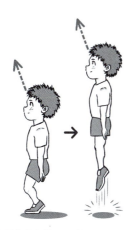

(A) 上を見たままジャンプ

(B) 視点を落としてからジャンプ

(A)はずっとゴールを見ているので、眼が上を向いたままですから、眼球は上転、頸椎も伸展（後頭部が背中側に動く方向の運動）したままジャンプすることになります。(B)は眼球が動いて「先行するコースの情報」が脳に入力されるため、より正確な運動イメージが想起しやすくなる可能性があります。眼球、頸椎、胸椎、腰椎も運動に加わるため、運動連鎖が起きやすく、スムーズな動きが生まれます。これと同様の原理で、蹴りを練習するときも、まずは眼で蹴りのコースを先にトレースすると、脳に眼球運動の情報が先にインプットされているので、残りの身体のパーツがそれに沿って動きやすくなります。

　さらに「今から蹴るコースを上肢でトレースし、蹴る場所を先に手で触る」という技術もかなり有効です。狙う場所に触れるだけで、人間の脳はその場所の方向や位置、その場所までの距離などを自動的に算出します。触った場所の情報と身体の関係が、脳にインプットされるわけですね。ですから「触った場所」は「次の瞬間、蹴りが当てやすい場所」になりますし、眼のコース同様、上肢のコースを上肢以下が追いかけることになります。これが「構えたまま蹴る」つまり「上肢を固定して蹴る」であれば、「視覚情報での目測」＋「蹴り」になるので、足で目測の結果を追うことになります。しかし、「眼でコースをトレースする」「上肢でコースをトレースする／蹴る場所を手で触る」を途中に入れると、それだけで「視覚情報での目測」＋「眼球運

動を通じたコースの情報」「固有感覚を通じたコースの情報」＋「蹴り」となり、蹴り技の正確性が飛躍的に上がります。「狙ったところがなかなか蹴れない」「蹴りの命中率が低い」という方は、「手で触れる」「上肢でコースをトレースする」にトライしてみてください。

☑ 運動イメージを変えてみる

　次は、この実験をやってみましょう。中身の入った500〜600mlのペットボトルを一つ用意してください。そしてオーソドックスの構え（左足が前）なら右手に、サウスポーの構え（右足が前）なら左手にペットボトルをしっかり持ってください。この状態で構えて、右ストレート／左ストレートを打ってみます。そのとき、次の2つのイメージを試してみてください。

> **（A）** 手に持ったペットボトルを前に突き出すイメージでストレートを打つ
> **（B）** 約5メートル先に大きな木があり、強力なゴムバンドの端にペットボトルが連結してある状態。それをググッと引っ張ってきて、今、ペットボトルを持って構えている。ゴムバンドの張力がマックスの状態を全身で感じながら、引っ張っている筋群の収縮を一気に解放して、ペットボトルが勢いよくふっ飛んでいくようなイメージでストレートを打つ

（図2-1-15）

　Bは少し長かったですが、いかがでしたか？　（A）と（B）でストレートの違いを感じられたのではないでしょうか？　ここで中身入りのペットボトルを用意していただいたのは、「突きだす感覚」と「ふっ飛んでいく感覚」の違いをわかりやすく感じていただくためです。
　この解説動画を私のツイッターで紹介したところ、「勢いや威力が全く違う」「イメージでこんなに変わるものなんだ」「他の競技でも応用してみたい」といったリアクションをいただきました。この差が生じる原因は……もう、おわかりですね？「前頭前野で想起される運動イメージが違う」からです。（A）のストレートの運動の

2-1 運動イメージと 格闘技

図2-1-15：ペットボトル・パンチ

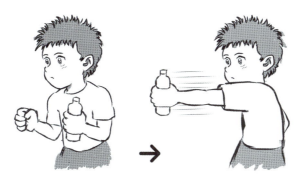

（A）ペットボトルを前に突き出すイメージ

（B）ペットボトルがふっ飛ぶイメージ

イメージは、拳を数十センチ前に押し出す運動イメージです。一方、(B)のストレートは、5メートル先に木がイメージされ、そこから引いたゴムバンドが勢いよく縮まる運動イメージのため、運動イメージのスケールも(A)よりも断然大きくなります。ストレートを打つ際に動員される筋群も「(A)押し出すのに使う筋群」「(B)全身が解放される際に収縮する筋群」の差になるわけですから、スピードも威力も全身の連動も(B)が優れるというわけです。

　実際にゴムチューブを使って(B)の動きを体感してみると、その記憶が脳に定着

しやすくなるはずです。張力を感じることで、筋肉や腱はもちろん、骨や関節、靭帯、軟部組織等から受け取った圧、テンション、角度といった情報も脳に入力されます。さらに、ゴムチューブの張力を借りて(B)のようなストレートを打つと、「いつも出しているスピードの限界を超える経験」ができます。スプリンターやマラソン選手が下り坂を走る、バイクに引っ張ってもらいながら走る、といったトレーニングがありますが、これは脳に「より速い情報」をインプットし、「より速く動ける自分の状態」を先に脳に記憶させておいて、「より優れた運動イメージ」を脳内で構築する狙いがあります。運動イメージをより速くして、フィジカルのスピードの向上を導くわけです。

　このようにしてつくった運動の記憶を脳にしっかりと定着させ、その記憶を脳内再生しながらシャドーをしたり、ミット打ち等の技術練習やスパーリングをやったりすると、スピードも威力も向上する可能性が高まり、記憶としての再現性が出てくるわけですね。

　この実験でもう一つ着目したいのは、(A)と(B)は似て非なる運動であるにも関わらず、どちらも「ストレート」という言葉で表現されている点です。「ストレートを打ってみてください」と言ったときに、(A)の運動イメージの人、(B)の運動イメージの人、それ以外の人、いろいろいろいるわけです。(A)の運動イメージの人は、「拳を、グローブを思いっ切り相手にぶつける」＝「強いストレート」という概念の枠を出ることがないので、「とにかく筋肉つけ、パワーつけ、ひたすら回数をやり込む」方向でしかストレートの威力が上がっていきません。運動イメージがそのままなら、あるいは言葉から浮かぶ運動イメージが固定されているならば、パフォーマンスの向上にも限界があるということですね。これに対し、「(A)ではないストレートがある」と知っている人は、ストレートを打つ際の「より良い運動イメージは何か？」と探しながら練習することができます。運動イメージに関する小さな違いは、やがて大きな差になるはずです。

　いままでAの運動イメージだった人は、(B)を試してみてください。さらに(B)の想定を5メートルから500メートルにしてみたり（リアリティに欠ける数字だと逆にイメージしにくくなるはずです）、(B)ではない「(C)身体全体が相手に吸い込まれていくイメージ」で試して考えてみたり、(B)と(C)のストレートを打てるようになってから(A)に戻ってみたらどうなるかを実験してみたり、後ろからいきなり

突き飛ばされるイメージで「(D)倒れ込むストレート」を試してみたり……。どんな運動イメージが、その技を高めるかを探してみましょう。

☑ 身体と身体の外をつなぐ

今度は、二人組で腕相撲の体勢を組んでみましょう。プレイヤーとパートナーに分かれ、パートナー側は受け手として、プレイヤーの力を感じながら、受ける力の違いを言葉にして伝えてください。

> (A) 相手（パートナー）の手の甲をフロアにつけるイメージで行った場合
> (B) 自分（プレイヤー）の手のひら方向、腕相撲の場所から約50センチくらい離れた場所に、ペットボトルなどで目印を置きます。スタートの時の自分の手の場所をX、目印のペットボトルの場所をYとして直線XYで結び、その直線XYの距離が短くなるようなイメージで行った場合

(図2-1-16)

プレイヤー側は(A)(B)それぞれのイメージで行い、パートナー側はプレイヤーの力を評価してみてください。おそらく(B)のほうが強く感じられると思います。(A)の運動イメージは、自分の手と、自分が勝った場合に相手の手の甲が接するであろうフロアまでの小さな範囲に収まります。一方、(B)の運動イメージでは、自分の身体を超えてもっと広い範囲になります。しかも、Yという明確な目標があるため、運動イメージはより具体的となり、筋力を発揮するベクトルの方向も変わります。腕相撲は身体的に見れば「自分の肘を支点として相手の手をマットにつける運動」ではありますが、運動イメージまでそれに縛られる必要はありません。

これは私自身も経験があるのですが、格闘技や武道の選手の武器が主に「自分の身体」であるがゆえ、例えば「股関節を上手く動かす」とか「肩甲骨をどのように使う」といった身体の使い方を探求するあまり、運動イメージが自分の身体の範囲に収まってしまっていることに気づかないことがあります。

図 2-1-16：外とつなぐ腕相撲

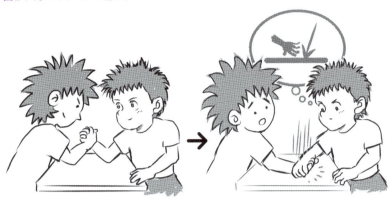

(A) フロアにつける

(B) XとYを近づける

　例えば、相撲で相手と組み合ったときに、「自分の身体を動かして、何とか相手を動かそうとする」ようなことですね。相手が自分より20キロ重い場合、自分が支点となる限りは、「自分の体重＋20キロの相手を動かす」ことになります。ですが、相手と組み合ったときに、相手の背中なら背中の1点、肩なら肩の1点（X）と空間上の1点（Y）を瞬間的にイメージの中でつなぎ、直線XYを短くする、あるいは弧XYを短くするようなイメージで動かしてみると、思いのほか大きな力を使わずに動かせることがあります。

　このときに興味深いのが、「自分が相手を動かす」場合、脳は自分と相手を「別々

として」認識していますが、「XYを近づける」イメージの場合は、自分と相手を「一つの塊として、つまり一体として」認識する点です。格闘技は基本的に身体接触が前提となりますが、「自分と相手の境界線」を感じる方がよい場面と、感じない方がよい場面がありますので、そのような視点から対人の場面でのイメージを見直してみるのも面白いかもしれません。

　この「身体と身体の外をつなぐ」の応用として、「外に支点や中心点を置く」という方法があります。例えば、蹴りの練習をするときに、壁際に立って構え、両手の手のひらが先に壁に軽く触れるように動かしてから、残りの体幹や下半身を動かして蹴る方法です。手のひらと壁の接点が支点になるように蹴りのフォームをつくっておいて、実際は壁が無いところでも「一瞬そこに壁があるとイメージして」蹴っていけば、支点が身体の外にある分、身体全体がダイナミックに移動する蹴りになります。

　また、前の手で左フック（サウスポーなら右）を打つ場合も、構えた状態から右斜め45度方向の約1メートル先に中心点を置き、その点から「円を描いてできた弧の上を身体全体が移動するようなコース」をイメージして、左フックを打ってみるのもおすすめの方法です。脳内でより広い空間を捉えた運動イメージが想起されますし、左フックに身体全体が弧の上を体重移動する際に生まれたパワーがプラスされるため、その場で打つよりもかなり強力な左フックとなります。

　腕十字で相手の腕を取って引く際も、自分の身体を前に丸めた状態から「自分の身体を後ろに反るイメージ」よりも、「自分の後頭部とマットの間が短くなるイメージ」のほうがより大きな運動イメージとなるため、出力されるパワーも変化するでしょう。

☑ 身体のパーツを延長する

同じく腕相撲の体勢をとって、次のイメージを試してみましょう。

> （A）相手（パートナー）の手の甲をフロアにつけるイメージで行った場合
> （B）自分（プレイヤー）の前腕の長さを3倍ほど長く延長した点をXとし（視点も最初はXに置いて）、Xがバタンとマットに倒れ込むイメージで行った場合
>
> （図2-1-17）

図 2-1-17：リーチが伸びる腕相撲

(A) フロアにつける

(B) リーチが伸びる

　これも (A) よりも (B) のほうが強く感じられると思います。現実の腕の長さは変わりませんが、「イメージ上のリーチ」を延長することで、より長い地点を動かす運動イメージとなります。人間が他のほとんどの動物と大きく異なる特徴の一つに、「道具を使う」がありますが、人間が道具を使うと、その道具を含めた領域すべてが脳にマッピングされます。脳が「道具の情報をまるで身体の一部のように認識する」というわけですね。
　例えば、長年愛用の野球バットだったり、大好きなカバンだったり、いつも剣道

の練習で使っている竹刀だったりを持っているときに、それらを誰かに蹴られたり、小突かれたりしたら、「まるで自分の身体を殴られたように」感じることはないでしょうか？　また自分の車を運転しているときに、ガード下をくぐるときにヒョイと頭を下げることはないでしょうか？　頭を下げても車高の変化はないにも関わらず、ガードにぶつからないように、つい身体が反応してしまうのです。これも自動車という物体全体が（その大きさも含めて）自分の脳に記憶されており、「車全体を自分の身体の一部あるいは延長のように脳が認識している」ということなのです。

　野球選手は手にバットを持っていなくても、「まるでバットを持っているかのように」「バットの質感や重量感の記憶を再生しながら」「ボールを真芯で捉えた瞬間の感覚を想い出して」スイング動作をすることができます。また、剣道家は竹刀をもっていなくても、「竹刀をもっているとイメージして振りかぶる」ことができます。どちらも素手の格闘技術ではないけれど、それらの動きによる衝撃は決して小さくはないはずです（ちなみに彼らに新たにパンチを教えるよりも、それらの動きを再現してもらうほうが神経回路が強固に出来上がっている分、威力としては強い可能性も十分ありえるでしょう）。もちろん、格闘技において「自分のリーチを知る」ことは重要です。私たちの身体はそれぞれオリジナルですし、どんなに努力しても「別のボディ、違うリーチ」を持つことはできいなからです。ですが、これらの実験から動きをつくる際、「自分のリーチ把握しつつ、それを超える運動イメージ」が有効であることがわかるかと思います。

　ここではわかりやすいように上肢、前腕のリーチを超える例を示しましたが、足や蹴りへの応用はもちろん、「仮想点を動かす運動イメージ」としても応用可能です。例えば、オーソドックスで右ストレートを打つ場合、右膝の位置から、右水平方向、真横に向かって50センチほどの仮想点Aをつくります。この仮想点Aを真上から見て「扇状」に、または「楕円の一部のように」に動かすように右ストレートを打つと、全身運動としての右ストレートが体感しやすくなり、「ほとんど上半身だけの手打ちの選手」への処方せんとなります。

☑ 運動イメージを止めない

　究極的に言えば、格闘技は「止まったら負け」の競技です。関節技をかけられたとしても、動き続ける限り極められてはいませんし、打撃を喰らったとしても、動き

続ける限りチャンスは巡ってきます。何度も何度もタイトルを防衛するような王者、ジャンルを代表するような超一流選手のシャドーは、ひとりで動いているにも関わらず、見ている側にまで対戦相手の映像が浮かんでくるような、圧倒的な臨場感とリアリティがあります。まさに「試合にしか見えないシャドー」を、練習で何ラウンドも継続することができるのです。彼らに動けるスタミナがあるのはもちろんですが、あらゆるシーンを「想定し続けられる」からこそ、その想定に即して「動き続けられる」わけです。少しだけ普段のシャドーを振り返ってみてください。

- 攻撃ばかりに偏り、防御、外す、見切りが無い
- ほとんどその場でやっていてポジションが変わらない
- 得意技に偏りがち
- リズムがずっと一定である
- 視点が固定されている
- 対戦相手や試合会場がイメージの中にいない
- シャドートレーニングがつまらない

図2-1-18：対人の記憶をシャドーに変換するストラッサー起一選手

2-1 運動イメージと 格闘技

　もし当てはまるものがあれば、あなたはもっと強くなれる「伸びしろ」を手にしています。「シャドーのためのシャドー」「汗かき運動としてのシャドー」から「試合にしか見えないシャドー」への橋渡しが「問いかけ」なのです。

- 今、どの選手が対戦相手？
- 相手が前に出てきた、どうする？
- 20キロ重い相手だったら何をする？
- 足が止まった瞬間、相手はタックルを狙っている！
- 相手は左の前蹴りから入ってくる。3、2、1、来た！
- 残り10秒、ラストチャンス。さあ、どうする？
- 客席には誰が応援に来てる？
- ロープ際まで相手を追い詰めた。何に気をつける？
- 今のパンチで相手のボディーが効いた！
- ヤバい、スタミナ切れそう。どうやって誤魔化してリカバーする？
- もし「あの○○選手（目標や憧れの選手）」ならこの場面どうするかな？
- 右の足首をぶつけて腫れた。右の蹴り無しでどうやって勝つ？
- 判定で「キミが勝ってる」ことを会場のいちばん後ろの人に知らせるにはどうすればいい？

　運動が生じるしくみを脳から理解すれば、シャドーは「想定する能力」と「運動イメージ」を同時に磨き上げる、最高かつ最適な練習であることがわかると思います。試合で起こりうる想定外に対応するには、想定の範囲を確実に広げていくしかありません。ですから「練習の段階で、どれだけの手かせ足かせを自分で自分に課すことができるか」が問われます（練習でやたら強い人が試合で勝てないのは、練習段階で適切なイメージ上の負荷をかけられていないからです）。試合で強い選手の「勝利を決定づける瞬間」は、練習段階で何度も何度もつくった「運動イメージの再生」でもあります。シャドーは格闘技選手の身分証明書。これからの世代の選手たちには、「運動イメージを止めず」に「試合の場面を具体的に想定する」練習としてのシャドーを提案したいと思います。

183

脳と運動

2-2 脳からみた運動学習

「上達」のカギは「修正」にある

☑ 上達の鍵、運動学習

　格闘技やスポーツを練習する上で、上達していく感覚は大きなモチベーションとなります。「できなかったことができるようになる」「できることのレベルが上がっていく」は、困難に向かうからこそ得られる能力の獲得であり、「強くなっている自分」を自覚できる瞬間でもあります。

　ひと昔前までは、技術の上達は「とにかく回数をこなす」という方法が主流でした。その方法を否定するわけではありませんが、とにかく回数をこなせる選手は「もともと身体が頑丈だった」とか、「競技特性と身体的特徴がたまたま合致していた」という可能性も内包してしまいます。人口も増え続けていた時代、その競技の人気が上がっている時期は、ハードなメニューを課すことが指導の最適解であり、「ふるい分け」に生き残ったフィジカルエリートが「才能ある選手」と認められてきました。

　もちろん、「動き続けるスタミナを獲得する」とか、「地味な継続により精神力を鍛える」といった側面もありますので、そのような目的の場合は（身体を壊さない限りは）有意義な方法ではあります。私も「効率的な方法ばかり探しているような選手」に対しては、「まずやってみましょう」と話をします。なぜなら、やらないとわからないことはたくさんあるし、「より良い方法」とは、「ある程度やった人にとってより良い方法」という場合がよくあるからです。とはいえ、同じ回数、同じ時間練習したとしても、上達のスピード、上達の到達点に差が生じるのも確かです。

　そこで脳機能の面から、上達のカギである「運動学習」について考察してみたいと思います。脳における運動学習のしくみがわかれば、もっと上達できる可能性が拡がるからです。（図2-2-1）

図2-2-1：上達とは

☑ 2つの学習システム

　学習には、言語化可能な学習と、言語化できない学習、2つのシステムがあると考えられています。運動学習を理解する上でも、この両方を押さえておきましょう。

①言語化可能な学習

　勉強や語学の習得といった「言語化可能な学習」には、当然ですが「言葉の理解」が重要になります。例えば、数学において「Y＝AX²＋BX＋C」という2次方程式があるとして、この式を理解しようとする場合、「いきなりこれだけ理解しようとし

ても理解できない」ようになっています。なぜなら2次方程式は、「＝」や「＋」の意味、「X、Y」で表される変数、「ABC」で表される定数、足し算、掛け算、二乗の意味、方程式、数字、10進法……それら「一つひとつの約束事」が前提となって成り立っているからです。「古文を読めるようになる」「英語の長文を理解する」「運転免許取得のため交通ルールを覚える」「心理学をマスターする」などの学習も同様に、ベーシックな知識や基本なしに、いきなり高度なレベルを理解するのは困難です。

このような「言葉で説明できる学習」は、脳では「長期保存」と呼ばれるシステムが働いていると考えられており、正しい記憶の積み重ねで学習が進んでいきます。またこれらの学習は、記憶時には顕在意識で行われます。「ある日、気がついたら難しい文章が読めるようになっていた」ということはなく、どこかの時点で能動的に「覚える」「マスターする」といった過程を踏んでいるはずです。

図2-2-2：言語化可能な学習

②言語化できない学習

「スマホやPC操作のスピードが上がっていた」「新しい車をいつの間にか違和感なく運転していた」といった経験はないでしょうか？　歩く、走る、泳ぐ、跳ぶといった人間の基本的な動きから、スポーツの技、運転技術、演奏技術といった高度で複雑な動きまで、運動学習に代表される言語化できない学習は、「ふと気がついたらできるようになっていた」というようなことが実に多いのです。その理由は「運動学習は潜在意識化で進むため、顕在意識で捉えにくい」という性質があるからです。

では、運動はどのように学習されるのでしょうか？「補助輪の無い自転車に初めて乗ったとき」のことを思い出してみてください。最初は全身ガチガチに緊張した状態で、運動に必要のない余計な筋肉群が収縮しまくり、お世辞にもスムーズとは言い難い動きだったと思います。しかしながら、その運動をくり返しトライしていくと、気がつかない間に無駄な力が抜けていたり、スピードが速くなっていたり、省エネでこげたりしたと思います。

このような運動学習において、重要な役割を果たすのが小脳です。小脳は「(A)小脳に直接入力された運動計画の情報」と「(B)実際に遂行された運動の情報」の「誤差」を感知して、間違った動きをした筋肉への運動指令を出した神経の働きを抑制する と考えられています。前頭前野で想起された運動イメージはパーフェクトであっても、実際に筋に出力してみると、転倒したり、ふらついたり、ブレたり、軌道がズレたりするわけです。その際に(A)と(B)を比較して、「運動の遂行をジャマしている余計な筋への出力を抑え込む」ことで、運動の精度を上げていくと考えられています。言語化可能な学習が、正しい記憶を積み上げる長期保存というシステムで行われるのに対し、運動学習のような学習は、間違った運動指令を抑え込む「長期抑制」というシステムで行われることがわかっています。言語化できない学習は、「失敗ありき」で修得されるというわけですね。

図2-2-3：言語化できない学習

☑ 運動学習と修正

　シュートを50本練習した、フォークボールを100回投げた、サーブを120本打った、ハイキックを200本蹴った――。「じゃあ、修正したのは何回？」の問いこそ、運動学習において必要な視点です。そこで脳機能の面から、「修正にフォーカスしたメニュー」をいくつかご紹介します。

① 14秒待つ

　技のフォームをつくる際、20回なら20回を連続して行わず、「技を1回出した後に、少しポジション変えて14秒以上待つ」という方法です。アメリカのジョンズ・ホプキンス大学のシャドメア博士たちは、「目標に向かって腕を伸ばすときにジャマする力が加わっても、動きを修正して腕を伸ばす」という運動のズレを修正する実験を行いました。その際、「4秒の休み」を入れた場合と、「14秒の休み」を入れた場合とでは、14秒の群のほうが早く上達した、という実験結果が得られたのです。これは14秒がベストという意味ではなく、4秒より14秒のほうが効果的だったという意味ですから、「何秒くらいの休みがベストか」は、これからの研究や実験によってさらにわかってくると思います。（図2-2-4）

　ただ、技をとにかく連続で繰り出してしまうと、小脳が動きの誤差を把握し、修正する時間がほとんどないままに、次の運動をやることになってしまいます。小脳

図2-2-4：14秒待つ

は「運動イメージからの情報と、実際に動いた身体からの情報を比較して、誤差を修正する」ことをお伝えしましたが、この比較→修正には少々時間がかかるのです。ですから、より精度の高い技術の修得を目指す場合は、「修正に十分な時間を小脳に与える」意識での練習をおすすめします。もちろん、試合では「止まる」「動かずに待つ」は相手からの反撃のリスクが高く危険ですので、「出し終わって、同じ場所に留まらずにポジションを変える」ところまでを技と捉えましょう。

②イメージだけ、を混ぜる

次の2つのパターンを比較してみましょう。

> **(A) 技を20回連続で練習する**
> **(B) 奇数回めは身体を動かして技を遂行する。偶数回めは身体は動かさずにイメージだけで、合計20回やってみる**
> (図2-2-5)

図2-2-5：イメージだけ、を混ぜる

(A) 20回行う

(B) イメージを混ぜる

　(A) および (B) の奇数回は、一次運動野から動かす筋肉群に運動指令が出て、その技に必要な筋群が必要な割合だけ収縮します。これに対し (B) の偶数回は、「身

体を動かさない」ことで「一次運動野からの運動指令が抑制される」ため、筋群が収縮しない、もしくは収縮がかなり抑制されます。このような場合、「一次運動野以外の運動に関するエリアが強く活性化する」ことがわかっています。つまり「身体を動かさないようにブレーキをかけた状態で、まるでその技をやったかのようにイメージする」を混ぜることで、運動イメージの強化ができ、さらに実際に身体を動かしたときとの比較もできるわけです。

③マルチアングルで技をつくる

技術の修得において、「自分の技が相手からどう見えるか（どう見えないか）？」は重要です。自分にとって「打ちやすいパンチ」「蹴りやすい蹴り」が、相手にとって「対応しやすい攻撃」であれば、決定打にはなりづらいからです。KO目的の技であればなおのこと、事前に軌道やタイミングを相手に悟られてしまっては、技として成立しなくなってしまいます。

そこで、自分の技を相手目線やジャッジ目線、観客目線などで動画撮影し、主観と客観のギャップを極力小さくしておくことが大切です（意外と「外から見たらこんな感じだろう」という自分なりの感触と、外から見た実像はズレているものです）。脳内でマルチアングルで運動イメージをつくれるため、技の精度が格段に向上する可能性がありますし、いろんな方向に自分の技のチェックポイントを設定することで、修正のポイントが見つけやすくなります。（図2-2-6）

図2-2-6：あらゆる角度から自分を視る

☑ 小脳は予測する

　自分で自分をくすぐっても、あまりくすぐったくないのはなぜでしょうか？「いまからくすぐるぞ」という際、今から行う運動の力、手の位置、速度などを含めた運動イメージがつくられ、運動の指令の情報は小脳にコピーされます。小脳はこのコピーを元に、「その運動によって起きうる結果」を同時に予測します。小脳は「(A) コピーされた運動の情報に基づいて予測される感覚情報」と、「(B) その運動によって実際に得られた感覚情報」を比較します。(A) と (B) の感覚情報が同じであるとき、「その運動を行ったのは自分である」と判断し、小脳は活動を抑制する信号を送り、「その感覚を取り消す、もしくは弱める」方向に働きます。

　自分で自分をくすぐる場合、運動の指令の情報によって起きうる「くすぐったい感覚」、実際の運動の情報によって起きる「くすぐったい感覚」が同じなので、「その運動は自分でやっている」と判断し、くすぐったい感覚が大幅に抑えられるというわけですね。これが他人からくすぐられる場合、「くすぐるという運動の指令を出しているのは自分ではなく他人」ですから、「くすぐる運動イメージ」は自分の脳には生じていません。ですから、「起きうる結果の情報」も予測外の刺激になるため、くすぐったいと感じるのです。(図2-2-7)

図2-2-7：小脳は予測する

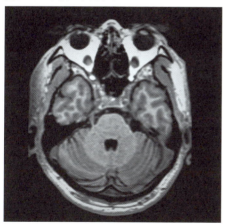

　小脳は起きうる結果を予測する——。このシステムの理解は、格闘技においてもとても役立ちます。ボクシング6階級制覇の金字塔を打ち立てた不世出のボクシン

グ王者、マニー・パッキャオ選手は、「相手のパンチの食らい方」が非常に巧みです。トップレベルどうしの試合では、よっぽどの実力差がない限り「相手の攻撃を全く喰らわない」ことは不可能に近いわけですが、パッキャオ選手は相手のパンチが自分の顔面に到達する瞬間に、自分から先に頸椎及び頭部を動かして、「相手のパンチで脳を回転させられる割合を最小限にするスキル」を有しています。動画をスローで再生すると、彼の「パンチのもらい方」が確認できると思います。

　自分で頭部を動かす分には、「その運動の指令に対して起きうる結果」を脳は予測しますから、どんなに脳を高速回転させたところで、自分で自分の意識を消失させることはできません。むしろ、ダメージを最小限にする防御反応を働かせると考えられます。パンチの軌道の延長上に、自分から能動的に先んじて脳を動かせば、相手のパンチを喰らったとしても「70％は自分で動かした、最後の30％は相手のパンチで動かされた」というような状況を人為的につくることができますから、KO率ならぬ「KOされる率」を下げることができるのです。（図2-2-8）

　このようなスキルを体得するには、相手を「視界内に収める」ことが重要です。少なくとも相手の打撃を視界に収めていれば、つまり視覚情報として入力しておけば、たとえその攻撃を喰らったとしても、相手の攻撃は「予測の範囲内」になるため、防御反応が起きやすくなります。相手が「くすぐりにきた」のがわかるだけで、対応しやすくなるのと同じですね。

図2-2-8：パッキャオの倒されない技術

✓ コピーと運動モデル

　大脳皮質の前頭前野における運動イメージからスタートした意図的な運動は、回数を重ねることにより、シンプルに、滑らかに、巧みに、スムーズになっていきます。そして完成した運動のプログラムを「運動モデル」として、小脳にコピーされると考えられています。いったん運動モデルがコピーされると、「ここをこうやって、そこはこう動かして」といった身体の動きや手順を意識せずに、「気がついたら身体が勝手に動いていた」「何も考えずに出した技で相手が倒れていた」といった感じで、潜在意識下で運動を遂行できるようになります。一度自転車に乗れるようになったら、何年も乗っていなくても自転車を運転できるように、小脳にコピーされた運動モデルは、長期間にわたって保存されます。(図2-2-9)

　このレベルに至った運動モデルの遂行を「運動の自動化」と呼びますが、スポーツや格闘技の試合で本当に使えるのは「運動の自動化に至ったレベル」の技術です。なぜなら、試合中に「どこをどう動かしてタックルしようか」「あの技はどうやるんだっけ」と考えている暇はないからです。もちろん試合で「初

図2-2-9：コピーと運動モデル

めての動き」が飛び出して自分でも驚くようなこともありますが、それらも基本的には「できる動き」と「できる動き」の組み合わせだったりします。ですから練習の目的は、運動の自動化が起きるような「運動モデル」の構築にあるわけです。

　最新の研究では、小脳は運動モデルのコピーだけではなく、思考モデルを写し取る可能性も示唆されています。運動をくり返すと、洗練された「運動モデル」が小脳にコピーされ、すぐ潜在意識下で取り出せるようになります。同じように、思考もくり返すと、「思考モデル」がコピーされ、咄嗟の判断や予測に使われると考えられています。格闘技はあらゆるスポーツの中で、もっとも短時間で攻守が激しく交差する真剣勝負であり、予想通りにも予定通りにもいきません。そんな不確定要素満載の状況の中で、即時対応できる運動モデル、思考モデルの構築が重要だと考えます。（図2-2-10）

図2-2-10：即時対応の競技

2-3 脳と運動
強さのつくり方
強くなるメカニズムを探る

☑ 強くなる回路、報酬系

　できることばかりやっていては、強くなれません。相手の攻撃が怖いならば、防御やポジショニングを学んで対応できるようになる。スタミナが心配ならば、動き続けられる時間を増やしていく。パワーが足りないならば、適切に負荷をかけて確実にパワーを向上させていく。このように強くなるとは、「できない」に向かって自分の限界を突破する作業と言えるでしょう。

　私たち人間の脳には、「できない」を「できる」に変換していくシステム（＝報酬系回路）が存在します。自分の欲求が満たされたとき、あるいは欲求の実現が予想されたとき、中脳にある腹側被蓋野にあるドーパミン作動性ニューロンにてドーパミンという神経伝達物質がつくられ、これが前頭前野や前帯状皮質に放出されると「快感」が生まれ、ドーパミンが側坐核という部分に放出されると、「快感を感じたときの行動」を克明に記憶し、ことあるごとにその記憶を再現しようと行動が強化されるのです。

　報酬系はもともと、美味しいものを食べる、狩りや移動での運動、猛獣からの逃走、種の保存としての性行為など、人間が生命を維持するための行動を促すシステムとして発達してきました。「生きる」に直接的につながる行動に「快感」を感じるプログラムは、人間の文化的生活の浸透と共に、「他者と共感・交流したとき」「誰かに認められたとき」「目標を達成したとき」「自分の成長を実感したとき」など、より高次な経験に対しても報酬系が活性化するようになったと考えられます。どんどん強くなっていく人、会うたびに実力が高まっている人は、この報酬系の回路を活用するのが上手です。単に漠然と練習するのではなく、ドーパミンが出やすい状況を設定して、脳を喜ばせることができれば、自然とやる気にあふれ、自分を成長させていくことに快感を感じるようになるからです。（図2-3-1）

図2-3-1：報酬系

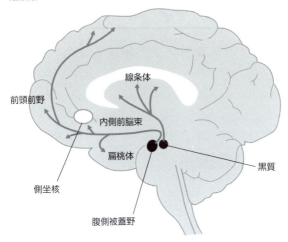

　極端な例えですが、無人島に漂流したとしましょう。食料は一切手元になく、探すしかありません。行動して見つかれば生き延びることができるけれど、行動しなければ、あるいは見つからなければ、餓死するしかないという厳しい二択の状況です。空腹状態の中、必死で何時間も森の中を探し続け、ようやく食べられる果実のなった木を見つけました。「うぉーー！　やった！　遂に見つけた！！」。この瞬間、脳内でドーパミンが大量に放出されまくり、報酬系が活性化します。脳は森で果実のなった木を探せば、食事にありつけることを学習し、また同じような行動をとろうとするでしょう。（図2-3-2）

　この事象を一つの「型」として捉えてみると、「①生存に関わる欲求があり（栄養が必要である）」「②困難やプレッシャーといった負荷を感じながら（このままでは餓死してしまう）」「③欲求を満たすべく適正な行動をして（森の中を歩き回って探す）」「④行動の結果、願った状態、あるいはそれ以上の状態になった（果実のなった木を見つけた）」とき、脳は「行動の報酬」として幸福感を感じるというわけです。漂流した時点で保存可能な食料が大量にあれば欲求は起きなかったはずですし、欲求はあってもすぐに手に入る確実性があればプレッシャーは感じなかったでしょうし、負荷の中での行動がなければ報酬も快感なかったわけです。つまり、脳の報酬系がうまく機能するには、「欲求→負荷と行動→報酬→次なる欲求」のサイクルを上手に回していく必要があるというわけですね。

図2-3-2：無人島と学習

☑ できないを「できる化」する

　では、この型を「試合に勝つための腕立て伏せ」をテストケースとして応用してみましょう。まずは自分の欲求を正直に真摯に見つめたいところです。試合に勝ちたいのはなぜか？　どんな自分になりたいのか？　試合に勝つことはなりたい自分に近づくのか？　試合に勝つためのトレーニングとして「腕立て伏せ」が必要なのか？といった問いで、自分の中にある欲求を、「大きく抽象的な夢や願望」から「小さく具体的な行動やメニュー」に落とし込む作業を行いましょう。試合で勝つためには、「勝利するためには何をすべきか／負ける要素をどれだけ減らせるか」という地点から発想して、練習やトレーニングを組み立てる必要があります。ゴールから発想するとは、未来から発想するということですから、「腕立て伏せのための腕立て伏せ」に終始することなく、「試合で勝つ」の地点から発想した「腕立て伏せ」を意識してみてください。

　次に、目標の設定と最適化を行います。腕立て伏せの連続50回が現時点の最高回数だと仮定すると、その回数を伸ばす具体的な目標を決めねばなりません。「1年がかりで51回を目指す」ではあまりにイージーですし、「3日で1500回できるようになる」のも現実的とはいえません。では「1週間後に60回できるようになる」はどうでしょう？　もし「ちょっと難しそうだが、やれないことはないかも」という感覚ならば、それは「目標が最適化された」と考えていいと思います。そこから逆算して

「今日は53回を必ず達成する」と決めたとしましょう。このときに大切なのは自発性です。ドーパミンは、「自らそれをやると選択したとき」に放出されやすいと言われています。「言われてやる練習」「仕方なくやる練習」「やらされる練習」であまり上達しない理由は、自分から「上手くいかないかもしれない」「できないかもしれない」に向かっていないため、自ら「できる／できないの境界」を設定する作業を飛ばしてしまっているからです。これは非常に勿体ないので、脳機能の面からも「自分で決めて自分でやる」部分を大切にして欲しいと思います。

　さて、目標が設定できたら、今度は目標に意味づけをします。「1週間後に60回を達成できなければ、選手生活はそこで終了」のような、自分なりに絶対に実現しなければマズい理由をくっつけてみましょう。もう一つ「これを達成すれば試合の勝利が近づく」「歴史に残る王者になる夢が現実になる」などの達成後のイメージの付加もお忘れなく。「腕立て伏せくらいでそんなオーバーな」と思われるかもしれませんが、「試合の日だけ真剣勝負をやろうとしても上手くいかない」ことを、私は痛いくらい経験済みです。安全な練習の中で、「勝てば天国、負ければ地獄」のようなプレッシャーをかけて「安全なメニューを試合化するスキル」を磨きましょう。この積み重ねが勝負強さの核になるはずです。

図2-3-3：迷ったら安全圏で動く

「できないこと」に向かうわけですから、途中、苦しくなったり、腕の筋肉が痛くなったりして、「やめようかな」「できないかも」などの「弱気の声」が聞こえてくると思います。ここで、弱気な自分が顔を出すこと自体を否定したり、根性が無いと考えたりする人がいますが、「できない」に向かっているわけですから、弱気な声が出てくるのは当然です。逆に、あっさりできてしまうようなら、それは目標設定が低すぎる証拠。できる範囲のことをやっただけ、つまり「強くはなっていない練習」ということになります。ですので、限界突破の過程で「弱気の声が聞こえてきた」を「できる化のチャンス」と捉えてみましょう。では、できるかどうか脳が疑い始めたら、どうすればいいのでしょうか？　ここが強くなるポイントであり、強くなれるチャンス到来の瞬間です。

①さらに身体を動かす

　非常にシンプルですが、「迷いが出たら→身体を動かす」という方法は理にかなっています。スマホをやりながら歩いたり、考えごとをしながら歩いていると、歩くスピードが落ちることが経験されますが（さらにスピードの低下にも気づかないことがありますが）、思考と運動を同時に行おうとすると、運動にマイナスの影響が出てしまいます。これは試合中にも起きうることで、危険な距離や危険な場面で「この展開をどうしよう？」と迷いだすと、気づかないうちにスピードもパフォーマンスも低下し、相手に攻撃やカウンターのチャンスを与えることになります。ですので「迷い出したら→動いて安全圏で考える」「思考しだしたら→運動に変換する」という公式で、動きの向上に再集中してみましょう。（図2-3-3）

②言葉を打ち消す

　格闘家やアスリートは限界が近づくと、大きな気合を発してその場面の乗り切ろうとすることがあります。「ハッ」「おりゃー」「ヤー」「セィ」「ギャー」などの言語の成立以前の原始的な声を思いっ切り発することで、言葉による思考モードから、運動による発声モードに脳と身体が切り替わり、運動に再び集中する契機となります。

　また、浮かんできた言葉を、違う言葉で打ち消す作業も効果的です。人間は複数の言葉を同時に想起できないため、「苦しいな」と感じたら「超える！」「来た！」「勝つ！」「楽しむ！」「GO！」などの達成を後押しする言葉に変換するのも効果的な方法です。言葉を換えることで、捉え方自体も変わりますから、その後の行動も「やめ

る→やる」に変わってきます。

　同じような原理で、他者からの応援の言葉や愛する人の声援にもプラスの作用があります。マラソンや駅伝の選手が「いちばん苦しいときに、みなさんの声援が後押ししてくれた」といった発言をすることがありますが、応援は「元気づける言葉」で、内なる「弱気の言葉」の想起を弱め可能性があるからです。実際の試合の場では、「弱気を打ち消すパワーワード」をあらかじめセコンドと打ち合わせしておくと面白いかもしれません（逆にセコンドの致命的なヒトコトで失速する場合もありますので要注意……）。

＜あなたのパワーワードを書いてみよう＞

③カウントする数字を変える

　数字を数えながらやっている場合は、「きつくなったときに『1』『1』『1』と数字を1にして数回行う」「終わりに近づくと『5』『4』『3』『2』『1』とカウントダウンする」「最初の数回、例えば3回をカウント無しで行い、4回目から1カウント目をスタートして50カウント行う」等も効果的です。

　人間は数字を設定すると、それに動きを自動的に合わせてしまい、潜在意識下で省エネの方法を勝手に選んでしまいます。ミットやサンドバッグの打ち込みでも、「10回思いっ切り蹴る」と設定すると、10回蹴れるような強度に自動調整してしまうんですね。ですから、数字に引っ張られやすい場合は、数字を変える、第三者に数字をカウントしてもらう、という方法もあります。（図2-3-4）

図2-3-4：数字を変える（バンゲリングベイ・新田代表）

④表情筋をコントロールする

　試合中、不利な場面に陥った選手や相手の攻撃を喰らった選手が、「フフッ」と笑みを浮かべることがあります。報酬系回路の側坐核は、主に表情筋群を支配している顔面神経とも連絡しており、嬉しいことがあったり、快感が期待されたときに、「思わず笑みを浮かべてしまう」わけですが、意図的であっても「笑顔をつくる」ことでドーパミンが放出されることがわかっています。

　試合中でも、腕立て伏せのような地味系鍛錬でも、限界に近づけば近づくほど、表情も苦しく、険しくなりがちですが、そういうときにあえて笑顔をつくってみる。笑顔をつくるとは、「表情筋を意図的に動かしてコントロールする」ということですから、その動きをきっかけに身体全体をリードできる可能性があります。（図2-3-5）

⑤一瞬だけ憧れに変身する

　苦しい場面で「苦しい」、限界を迎えた場面で「もう動けない」と思っているのは誰でしょうか？　そう思っているのは、間違いなく自分自身です。ですが、そうい

図2-3-5：表情筋をコントロールする

う場面が来たときに「一瞬だけ自分のヒーローになる」イメージは、動き自体を向上させる効果があります。

　ボクシング界はもちろん、社会的にも強い影響を与えた英雄、モハメド・アリは「蝶のように舞い、ハチのように刺す」という有名な名言を残していますが、これはまさに運動イメージの想起の根幹に関連した本質的な話です。私たち人間は蝶にもハチにもなれませんが、「〜のように動くことができる」唯一の生き物だからです。私たちは身体を「石のように硬くして」外力から守ることもできれば、「羽毛のように軟らかく」誰かに触れることもできます。これらと同じように、パフォーマンスの中で、「モハメド・アリのように軽やかに動く」「ブルース・リーのように高速で動く」のように、憧れのヒーローを自分の中に内在させます。そして、苦しい場面やここぞという場面で、「数秒間だけその人になりきる」ことで、まるでヒーローが憑依したかのように動けることがあります。自分ではない存在が自分を引き上げる、というわけですね。(図2-3-6)

　このほかにも、運動イメージを変える、視点を変えてみる、苦しい瞬間だけに想い出す景色を決めておく、支えてくれてる人やチームの顔を思い出すなどなど、「できない」を「できる」に変換する方法は皆さんのアイディアの数だけありますので、ぜひ試してみてください。

ここでは腕立て伏せを例にとりましたが、報酬系サイクルによる強化はいろんな場面で応用可能です。脳は危機的状況に陥ったときにこそ、最大のポテンシャルを発揮する非常に頼もしい武器でもあります。試合中にも「うわ！　もらったらヤバいな」「右ロー効いた！」「ここ我慢したら勝てる」「あせるな、落ち着け」「チャンスくるまで待とう」といった感じで、ふと気がつけば、自分自身との会話が行われているものです。そんな中で、勝てる見込みがほとんどない状態からの逆転した技や戦術、パニック状態から冷静さを取り戻したトリガーとなる出来事、無我夢中で戦って掴んだ勝ちパターン等は、記憶に強く定着することが経験されますが、これも脳

図2-3-6：憧れに変身する

の特性ゆえです。思い出してください、私たちホモ・サピエンスの歴史は、逆転に次ぐ逆転の歴史です。危険な火を味方につけ、命を狙う猛獣を支配下に置き、食糧難に対して農耕や保存を発明し、細菌やウイルスによる疫病に対策をして、弱さを克服してきた生き物です。(図2-3-7)

　せっかく今よりも強くなった自分を目指して、苦しい練習、厳しいトレーニングに向かうのですから、「できない→才能がない」「できない→努力が足りない」と結論づけてしまうのは、非常に勿体なく思います。私たち全員がすでに手にしている「できない→できるに変換するシステム」を理解し、積極的かつ能動的に使い倒しましょう。

図2-3-7：逆転の歴史 COVID19

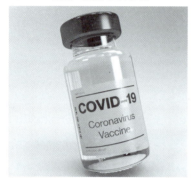

☑ 感情VS理性

　試合中「思いっ切り顔面にパンチをもらった」としましょう。そのときに「どんな気持ちになるか？」について考えてみたいと思います。例えば、「こんなやつともう戦いたくない」という諦めであったり、「テメー、オレの顔を殴りやがって」という怒りであったり、「どうやって凌げばいいんだろう」という不安であったり、「何が起きたのかわからない」パニック状態であったり。逆に「絶対に勝てないと思っていた相手のパンチに耐えた」なんて場合は、「あ、いけるかも」って思うかもしれないですよね。このように「試合中どんな感情が思い浮かぶか」は人それぞれであり、シチュエーションや相手にもよりますし、その情況をどのように捉えていたかの影響も受けることでしょう。

顔面パンチをもらった直後の「感情」が思い浮かぶのは、人間として当然のことです。ですが、試合の場面では、「感情に行動が引っ張られ続けること」は、逆にリスクとなります。例えば、試合中に「怒りの感情」が湧いてきたとしましょう。怒りに任せて相手をボコボコにして勝てるケースももちろんありますが、それはあくまで勢いに相手が飲まれた場合に限ります。もちろんそういう場面もあるので、「感情」も使い方次第で多いなる武器となりえるわけですが、相手が手強い場合、「感情にまかせた勢い」が逆に相手のカウンターの機会を与えてしまうことにもなりかねません。さらに、カウンターとは力の相互作用ですから、こちらの勢いがそのまま自分へのダメージになるというわけですね。

　ですから、格闘技においては「感情」と、感情を上手く取り扱う「理性」の両方が重要になります。「感情」が大きければ大きいほど、それを制御する「理性」も強くしていかねばならないし、そのせめぎ合いを学ぶ実践型ツールとして、あるいは教育的文化として、（安全な範囲において）格闘技は非常に有意義だと感じています。

　「感情」には、脳の大脳辺縁系と呼ばれる場所が深く関与しています。大脳辺縁系は、脳弓、扁桃体、海馬、海馬傍回、帯状回などの部位から構成されており、生命維持や本能行動、情動行動などを司る場所で、動物として生きていくのに欠かせない原始的な脳なのです。「理性」には新しく進化した「大脳新皮質」という部位が関与します。言語の理解、計算、随意運動、思考、推理といった高度な精神活動を司っていて、その中でも特に前頭葉は「人間が人間らしくあるための機能」を担う場所になります。（図2-3-8）

図2-3-8：大脳辺縁系と大脳新皮質

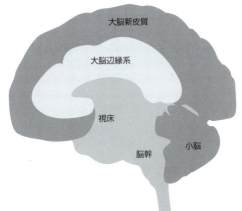

これら大脳辺縁系と大脳新皮質は、お互いに情報をやり取りしたり、せめぎ合ったりしていると考えられています。例えば、相手の思いっ切りパンチを喰らって「怒りの感情」が沸き上がって大脳基底核が活性化したとしても、大脳新皮質の理性が発動して焦りの感情を抑制する、といった具合です。このときに、大脳基底核が活性化してから、前頭葉がそれを抑制するまでに「数秒（4秒から6秒程度）のタイムラグが存在する」という可能性が示唆されています。

　感情にまかせたケンカでは、「殴られたら殴り返す」「蹴られたら蹴り返す」がパターンになっている気がしますが、格闘技においては、トップクラス同士の戦いになればなるほど、「冷静さの奪い合い」の要素が大きくなります。「思いっ切りくらっても6秒間やり過ごして冷静になる」「想定外のことが起きたら、とりあえずディフェンスとフットワークに徹する」「距離を変えて安全な時間をつくる」などの方法で、興奮した大脳辺縁系をクールダウンし、前頭葉に主導権をもたせる戦略が大切になります。（図2-3-9）

図2-3-9：クールダウン

☑ 不安を強さに変換する

　試合が決まり、練習期間中から試合直前まで、選手は「不安」とも戦うことになります。真剣勝負ですから、結果が保障されたものではありません。努力すればする

ほど勝てるという単純な図式ではないですし、どんなに準備万端であっても、当日にどんなアクシデントが起きるかわかりません。その後を左右するような大事な試合であればあるほど、そして試合に向けて綿密に準備すればするほど、不安も大きくなるものです。よく「不安になる自分を否定する選手」がいますが、少なくとも私が接してきた一騎当千の強者たちは、豪胆なリング上でのパフォーマンスとは裏腹に、非常に繊細で、緻密で、心配性な方ばかりでした。言葉を換えれば、「不安を練習に向かうエネルギーに変換するスキル」を有していたとも言えます。

そもそも、不安は人間の行動原理の一つです。食料が無くなるのが不安だから食料を保存する方法を考えたり、生の食材ばかり食べていると食中毒や感染症の不安があるから火を使って加熱する方法を考えたり、というのは、私たち人類が古代からやってきたことでもあります。不安があるから、危険を予知、察知できる。いわば人間に備わった「人間としての本能」と言うべきものでしょう。そういう意味では、選手が不安になるのは、勝ちたい気持ちの裏返しでもあり、負ける可能性のあるリスクを直視して、それらに向き合っていく作業が試合に勝つための練習ということになります。「結果はわからない、でもできる限りのベストを尽くそう」という開き直りに、どこかの時点でシフトせねばならないのは、世界王者でもデビュー戦の新人選手でも同じなんだと思います。

あまり良くないのは、不安に完全に捕まってしまうことです。そうなると開き直りの状態に移行できなくなり、試合のパフォーマンス以前に、練習の段階で「勝つためにできる準備をする」ではなく、「負けるのが怖くて何もできない」という負の思考停止に突入してしまうからです。そうならないためにも、不安を客観視する必要があります。その方法の一つが、「不安があったら紙に書きだす」という作業です。自分のスタミナが不安なのか？　相手のタックルが怖いのか？　接近戦に持ち込まれたくないのか？　試合中冷静さを失うのが心配なのか？　自分の手数に不安があるのか？　相手のフットワークの速さに戦いが成り立たないことが心配なのか？……。不安はどこにいるかといえば、私たちの脳の中にいるわけですから、それを書くという運動を通じて外に出してやるわけですね。そうすると、「漠然とした不安の正体」が明らかになりますし、脳内にあった不安を、今度は「脳の外にある文字情報として視覚で捉え直す」ことができるというわけですね。

2011年のScience誌によると、シカゴ大学のラミレスらは、大学生たちに予備テストを受けさせて、その後にプレッシャーをかけて本試験を受けさせる実験を行

いました。本試験の10分前に、大学生たちを「①何もせずに試験を待つグループ」「②テストについての自分の感情を書きだすグループ」「③テストや気持ちとは関係ないことを書きだすグループ」の3つに分けて、予備テストと本テストの成績を比較しました。すると、①と③のグループは正答率が低下したものの、②のグループは正答率が4%アップしたとのことです。不安なときには大脳辺縁系が活性化していますが、これを「書きだす」行為は、大脳新皮質が活性化します。不安に関して思考したり、分析する行為そのものが、感情に対して理性が優位に働く可能性があるのです。(図2-3-10)

　もう一つ、「不安と感謝の気持ちを、同時に感じることはできない」という事実も、不安やプレッシャーを乗り切る、あるいは上手く利用するために役立つ知識かもしれません。脳の血流の総量はある程度一定に保たれていますが、活性化する部位に血流が多く使われることがわかっています。不安な気持ちが強いときは、大脳辺縁系の扁桃体という部分に多くの血液が分布しているわけですが、感謝を感じているときは脳のvm-PFC（前頭前皮質腹内側部）という部分が活性化すると考えられています。アスリートやアーティストが、折に触れ家族や支えてくれた仲間、ファンへの「感謝の気持ち」を言葉にすることが多いのも、「人間の脳は不安と感謝は同時に感じられない」ことを経験的に理解しているからでしょう。

　人間らしい感情である不安を否定せず、むしろ不安を徹底的に明確化して、対応にフォーカスしながら勝つ可能性を高めていく。感情の制御と身体のコントロールを通じて理性を磨き、感謝を武器に不安を乗り越えていく。それこそが「弱さを強さに変換する本当の強さ」なのかもしれません。

図2-3-10：不安は書き出す

脳と運動

2-4 静かなる強化

限りない人間の可能性

☑ 強化に見えない強化

　強くなるためには、ハードな練習以外の部分も重要です。ライバルの3倍のスピード、5倍の破壊力を持つのは難しくとも（それも諦めずに求めるものだとして）、私たちの脳のポテンシャルに限界はありません。強さを理解し、理解を強さに生かす部分において、10倍、20倍、それ以上の差をつけることも可能だからです。例えば同じルールでも、ルールの捉え方によって「技術や戦術のあり方」は変わってきますし、今まで「さぼっている」「怠けている」と考えられてきた「練習しない時間」も、脳機能の面から非常に大切であることがわかってきました。ここでは練習やトレーニングなどの「アクティヴな強化」とは異なったアプローチである「静かなる強化」について考察してみたいと思います。（図2-4-1）

図2-4-1：静かなる強化

☑ 競技／ルールの理解

　スポーツや格闘技の競技は、「ある一定のルールや条件の下に行われる運動」です。人間の運動学習は「言語化できない学習」にあたることを述べましたが、これが競技となると、言語化できる学習の要素も入ってきます。なぜなら、競技は人々の言語的な約束事の上に成り立つ競い合いだからです。単なる殴り合いではない、お互いに技術と体力を高めた同士の戦いである以上、前提となる理解は重要です。まずは「競技の理解」「ルールの理解」について考えてみましょう。（図2-4-2）

　競技の理解とは、「その競技の本質とは何か？」という捉え方のことです。例えばボクシングについて考えてみると、一般層向け、視聴者向けには「男がグローブをつけて一対一で殴りあう真剣勝負」として捉えられる場合も多いように思います。もちろんそんな一面もありますが、一流のボクサーはみんな「相手の有効打をもらわない技術」を有しています。相手のパンチを外す、タイミングをずらす、距離感を把握する、最小限の動きで角度を変える、リズムを変える、相手の連打の流れを切る、試合展開をつくる……。このような水面下の氷山の上に、衝撃KOが成り立つというわけですね。観る側からやる側となり、上を目指す中で、上手くいかずに悩んだり、考えを巡らせたり、ヒントを見つけたりしながら、「こういうものだと思っていたけど、違っていたことに気づく」という経験を重ねて、競技への理解が深まっていくと思われます。

図2-4-2：競技／ルールの理解

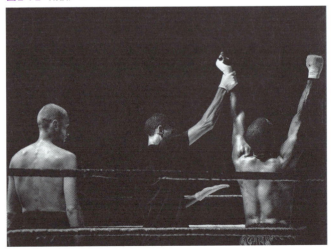

2-4 静かなる強化

　ルールの理解とは、ルールブックを読んで「ルールを守ること」とは少し意味が違います。なぜなら、上まで行く選手は「なぜそのようなルールなのか？」「そのルールの中で何をやっていいのか？」「そのルールをどう自分の勝利に活用できるか？」といったことにかなり意識的だからです。例えば、直接打撃制カラテの試合では、KO決着がなかった場合、「どちらがより相手に大きなダメージを与えたか」が判定の基準となりますが、実際にダメージをデジタル機器などでモニタリングして数値で計測するわけではありません。ですから、仮にダメージを負っても、動き続けられれば「ダメージはあまりない」と判断され、負ける可能性を減じることができます。

　ここがわかると、「（相手の攻撃が）効いたと感じたら動く」という条件付けの練習が有効になりますし、「動いて誤魔化す間にダメージを回復するスキル」が勝利に結びつきやすいことがわかります。また、延長をくり返しても決着がつかない場合、体重判定システムを採用している大会がありますが、これは実質的には「引き分ければ体重が軽い選手が勝てる可能性がある」、すなわち体重が軽い選手にとっては「相手を制する技術・戦術」のほかに、「引き分けに持ち込む技術・戦術」も有効となりえることを意味します。

　ほかにも、総合格闘技ではオープンフィンガーグローブを着用して戦いますが、グローブのクッションの部分を使わない「鉄槌」などの硬質な技が効果を上げており、沖縄空手や中国拳法などの素手の技術が見直されてきています。キックボクシングの選手にも、グローブの拳の面ではなく、手のひらから手首までの凹凸の部分で、相手の顔面を擦るようにして視界を塞ぐテクニックを混ぜて、試合を有利に進める選手もいます。

　あえて名前を伏せておきますが、日本を代表するあるボクシング世界王者が、「化け物みたいな外人選手を相手に、普通にやって勝てるわけありません。勝負のカギになるのは、反則ギリギリのテクニック、あるいは反則に見せないテクニックです」と、私にコッソリ教えてくれたことがあります。その技術は、私を含めたほとんどの人にとって「考えたこともなかった」範疇のもので、おそらくは「反則だとは気づかない」非常に緻密な技巧でした。この実演を前に「超一流はそこまで考え抜いているんだ」と心から感動したことを覚えています。

　このような「競技の理解、ルールの理解」は、格闘技実践者としてのゴールを引き上げるだけではなく、アイディアや創造力で競技そのもの可能性を拡大することがあります。

☑ 技術／戦術の理解

技術の理解は、テクニカル面の最重要項目でしょう。技には大概「技の名前」がついていますが、「名前は共有するために誰かがつけたもの」という事実を忘れないようにしてください。同じ「フック」という言葉でも、肘関節を伸展してから屈曲して、屈筋群主体で引っかける通常のフックはもちろん、メキシコのボクサーが多用する肘関節を屈曲から伸展する伸筋群主体の「横からのストレート」もフックと称されていることがあります。同じ言葉で表されているのに、運動としては真逆というわけですね。

K1王者に輝いた伝説の格闘家、アンディー・フグ選手は、インパクト抜群の「カカト落とし」を駆使して華麗なファイトを展開しましたが、実際はカカトだけではなく、当たる瞬間には足関節を底屈（つま先が足の裏の方向に動く足関節の動き）して、カカト、足底、そして足趾（つま先部分も）も相手に引っかかるような軌道で蹴っています。カカトから入り、つま先までがバタンと倒れるように蹴っているわ

図2-4-3：カカト落としとは？

けですが、これが「カカト」という言葉に引っ張られると、カカトを当てようとする蹴りになってしまいます。こうなると、足関節から先の円運動が伴わないため、その分リーチは短くなり、スピードも威力も落ちてしまいます。(図2-4-3)

このように、技の名前は「動きの本質」まで表しているわけではありません。名付けることにより確実に失われる部分がありますし、技が名前に引っ張られてしまう例や、違う動きでも同じ名前で括られている例もありますので、技の実像に名前が追い付いていないケースも見られます。ですので、技の名前よりも、動きの本質を捉える、技の動きや個別性まで捉えた新しい名前をつける、といった工夫も面白いかもしれません。

そしてもう一つ重要なのは「技の背景」です。例えば、ムエタイでは相手のローキックを受ける、もしくは流す際に多用される「脛受け」ですが、脛受けは同じくらいの体重や体格の際に、抜群の威力を発揮する防御法です。ムエタイが打撃系の中で緻密で高度な技術を有する格闘技であることは論を俟たないのですが、ムエタイは階級制であり、リングの上で行われる賭け事の対象であるという背景があります。1ラウンドで、たった一撃のローキックで相手を倒す選手は(それはそれで強いのですが)、ムエタイという場で求められる強さではありません。そういう意味では、「ローキックを脛受けしながら、互いに攻防を見せる技術」は、リングのバウンドも手伝って、賭け事としても非常にスリリングな見せ場になります。(図2-4-4)

これが無差別のカラテの大会になると、100キロを超えた選手のローキックを65キロの選手が脛受けすれば、「脛受けごと吹っ飛ばされてしまうリスク」が生じます。そこで、脛受けよりも有効な他の防御法であったり、相手の力を逃がす脛受けや、その場に止まらずに行う脛受けが有効になってきます。また、重量級で脛の硬さに自信がある選手は、軽量級選手のローキックにわざとガツンと脛をぶつけることで、相手のローキックを封じ込める方法もあります。

つまり「ローキックの防御＝脛受け」という公式は、技の背景まで含めて成立するものであり、背景が変わればアレンジも変わるため、その背景まで捉えて技を考えていく必要があるのです。

戦術の理解は、強さを何倍にも高めます。例えば「カウンターが上手な選手」は、相手の技に自分の技を合わせるのが上手いだけでなく、「情報サーチが得意な選手」でもあります。

図2-4-4：技の背景を考える

　「こちらが少し前に出たら、相手はどんな反応をするのか？」「こちらのジャブに対して、相手は右に行くのか？　左に行くのか？　前に出るのか？　下がるのか？　その場でブロックするのか？　スウェーするのか？」「こちらがわざとガードを下げたら、どんな技を狙ってくるのか？」「こちらが後ろに下がったら、追いかけてくるのか？　それともその場にとどまるのか？」「タックルに行くふりを見せたら、相手は打撃を合わせてくるか？　受け止めようとするか？　それともタックルを切りにくるか？」……。

　そんなことを戦いながら観察し、自分のカウンターをパズルのように合わせてきます。カウンターの本質が情報サーチ（観察）にあることがわかれば、相手の様子を見るための軽い技の重要性、観察に必要なポジションや角度、手足の位置を変える意味、などが、より実効性をもって感じられるようになります。そうなれば、ファイトスタイルも攻撃一辺倒から、ディフェンスや見切りを重視した息の長いスタイルを獲得できる可能性も出てくるでしょう。（図2-4-5）

　格闘技は未知との戦いです。こちらが「ワンツーから右ハイキックが得意」だとして、相手は「ワンツーから右ハイキックへのカウンターが得意」かもしれません。初見の相手の引き出しを開ける戦術は、レベルが上がるほど重要性を増してきます。

図2-4-5：相手は何をしたいのか？

今度はフェイントについて考えてみましょう。意図的な運動は「運動イメージ」からつくられることをくり返し述べていますが、戦いの最中に、ふと相手の狙いや変化を感じることがあります。同様に自分の狙いが相手に悟られて即座に対応されることもあります。ある技から違う技に切り替えようとした瞬間、相手に意図がおそらくは運動イメージの変化と共に相手に伝わってしまうのです。

ですので、フェイントをかける際は、「運動イメージを切り替える瞬間が相手に伝わりにくい戦術」が必要になります。例えば、上段膝蹴り（下顎を狙う）でKOを狙う戦術を行う場合、次の（A）よりも（B）ほうがヒット率は格段に上がります。

> **（A）** 中段膝蹴りを4発蹴っておいて、5発目を上段膝蹴りに切り替えて蹴る
> **（B）** 中段膝蹴りを4発蹴っておいて、5発目も中段膝蹴りを蹴りだし、技の途中で中段膝蹴りの延長として上段膝蹴りに変える
> （図2-4-6）

図2-4-6：フェイント

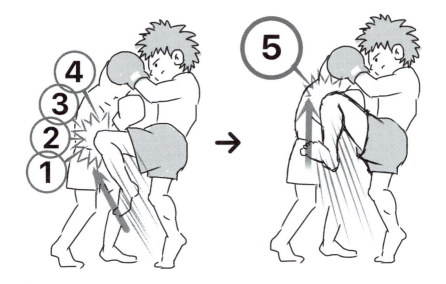

(A) 切り替えて蹴る

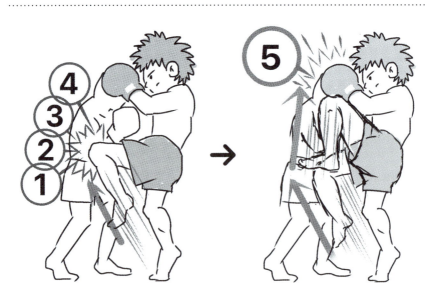

(B) 途中で変える

(A)の上段膝蹴りは、蹴り出す前から中段膝蹴りとは別として運動イメージがつくられます。一方(B)は、中段膝蹴りのミスショットとしての上段膝蹴り、中段膝蹴りに接ぎ木したような上段膝蹴りですので、運動イメージが途中までは同じで、相手も反応しにくいわけです。こういう原理原則から考えていくと、フェイントというのは単なる形だけではなく、「思いっきり打つイメージをして、打たずに反応させる」「わざと運動イメージを切り替えて誘う」「違う技を途中まで同じ運動イメージで練習する」といった脳の働きも含まれた高度なスキルであることがわかります。

　このように、技術や戦術といったいわゆる「体得するもの」と考えられてきた領域も、可能な限り言語化していくことで、「どこまでが言語で説明できて、どこから先が言葉で説明不可能なのか」、つまり言語化不可能な領域との境界が掴めてきます。身体で掴んだ感覚はもちろん大切なのですが、人間の身体は加齢やダメージも含めて変化していきますから、ずっと「あのときの感覚のまま」でいられるわけでもありません。折に触れ、自分のつくってきた動きや技術自体も見直す必要があるわけですが、「技術や戦術を可能な限り言語化する習慣」は、それらを再編成したり、リニューアルしたりする際に、大いに役立つことでしょう。

　一流アスリートに読書家が多く、また練習ノートをつける習慣がある方が多いのも、文字から映像や情景をイメージしたり、運動の感覚を言語化したりする習慣を通じて、「運動と言語の記憶、2方向から定着させる」「技術の再現性を高める」効果が期待できるからかもしれません。

☑ 犠牲になりがちな睡眠

　強さを求めるあまり、練習時間がどんどん増えてしまい、犠牲になりがちな「睡眠」。これまで日本のスポーツ界では選手のパフォーマンスが上がらない原因を、「技術や体力、戦術の不足が原因」と考える傾向がありました。「練習を休むのは怠けている証拠」「相手の2倍、3倍ハードな練習しないと勝てない」といった、データも科学的根拠もない前時代的な考えの指導者もまだまだ少なくないため、選手たちの「休養を取るのが怖い」「休んだら試合に出してもらえない」といった恐怖心が先に立つケースもあるようです。

　格闘技や武道でも朝から夕方近くまで学校生活をして、そのあと道場で夜遅くまで選手稽古に参加し、帰宅してから宿題をする生活が当たり前になってしまってい

る小中学生もいますが、健全なる心身の成長を考えた場合、このような生活が恒常化してしまうのは大きな問題です。

　おりしも2020年、新型コロナウイルスが蔓延し、緊急事態宣言が出てスポーツや部活動が一時的に中断を余儀なくされた時期に、それまで休養および睡眠を十分に取れなかった野球部の選手たちが、自粛期間後に投球スピードや遠投の記録が伸びたという事例も報告されており、「休養と睡眠がパフォーマンスを向上させる」ということが意外な形で証明されています。(図2-4-7)

　人体の機能の多くは「相反する作用で恒常性を維持して」います。例えば、私たちの骨は一定のように見えますが、骨をつくる造骨細胞と骨を壊す破骨細胞が、「つくっては壊し」をしています。筋肉を動かすエネルギーとなる糖も、平常時は「つくっては壊し」を維持しながらも、必要時には壊す量を減らして血糖値を高くします。ある動作をするときにも、主動筋（主に動きを生み出す）と拮抗筋（ブレーキやストップとして働く）の相反する作用の筋肉がセットになって関与しています。人間の身体にとっては、「どっちが大切」とかではなく「どっちもそれぞれ大切」なのです。

　覚醒と睡眠に関しても、内臓の働きや体温、代謝などをコントロールする交感神経系と副交感神経系（両方あわせて自律神経系といいます）、2つの系統が作用しあってバランスを取っています。交感神経系が優位に働くと、身体はファイトorフライト（戦うか、逃げるか）反応を見せます。これは野生動物など外敵から身を守る必要があったため、危険を察知すると本能的に「戦う」または「逃げる」システムが体に備わっているからです。「戦闘モード、逃走モード」になると、交感神経系が優位となり、身体も変化します。より多くの視覚情報を得るために瞳孔は大きく開き、筋肉に血液を送るため心拍数や血圧が上がり、消化吸収のために腹部の消化器や内臓に溜まっていた血液が筋肉に移動します。戦うためには酸素も大量に必要ですから、気管支は拡張してガス交換も活発になります。「今から戦うぞ！」「あと2分で試合開始！」というときにトイレに行きたくなっては困りますから、消化管や泌尿器系の機能は抑制されるのです。

　副交感神経系が優位になると、これらと逆のことが起こります。心拍数や血圧は下がり、抑制されていた消化器系や泌尿器系が活発に働き、摂取した栄養を分解、吸収、蓄積する作業に入ります。「食後はゆっくり過ごした方がいい」のは、副交感神経系を優位にするためなのです。起きている時間が長い人は、交感神経系が優位

な状態が長く、基本的には戦闘モードで居続けることになります。戦闘モードは身体にも負担が大きく、集中できる時間は長くありません。戦闘モードで思いっきり集中して高いパフォーマンスを発揮するためには、表裏一体である非戦闘モード（副交感神経系優位の状態）の時間がとても大切なのです。

図2-4-7：記録向上

十分な休養と睡眠

↓

投球スピードや遠投の記録が伸びる等のパフォーマンスの向上

☑ 睡眠とパフォーマンス

では、睡眠とパフォーマンスの相関はどうなっているのでしょうか。アメリカのスタンフォード大学が行った研究によると、同大学のバスケットボール部員に毎日10時間睡眠を義務づけたところ、フリースローの成功率が9％アップし、逆にケガをする選手の数は減るという結果になりました。睡眠とパフォーマンス向上に密接な関係があることが示されたことで、アスリートには十分な睡眠時間の確保が推奨され、メジャーリーグやNBAではスタジアムやクラブハウス内にスリーピングルームや昼寝スポットがつくられるようになったのです。(図2-4-8)

図2-4-8：睡眠の効果

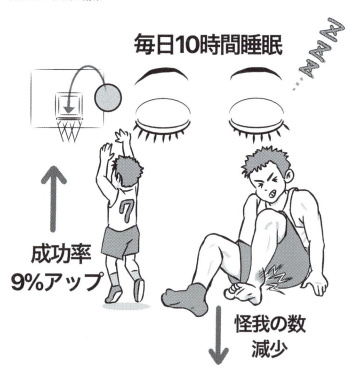

ではなぜ、睡眠がパフォーマンスの向上につながるのでしょうか？ トレーニングや練習では、筋繊維が破壊されます。「強くなる」とは、筋肉の面からみると「負荷をかけることで筋繊維が壊れ、その回復の過程で超回復という現象が起き、前の状

態よりも筋肉は強く、太く再生される」という原理になります。この際、成長ホルモンがタンパク質の合成に関わるのですが、この分泌は睡眠中に主に行われ、午後10時から午前2時くらいに最大のピークを迎えます。この時間帯に成長ホルモンの分泌が不十分であれば、筋肉の合成が上手くいかず、トレーニングの効果も時間も勿体ないことになります。また、スピードやテクニックにおいても、睡眠不足が続くと、神経細胞（ニューロン）の発火が遅くなり、情報伝達に支障が出てしまいます。一瞬の判断や俊敏なスピードが要求される格闘技では、睡眠不足がもろにパフォーマンス低下につながってしまうのです。

睡眠中、脳では「1日のうちに取り込んだ情報」が整理されます。風景、音、触った感覚、匂い、振動、体内の感覚、すれ違った人の姿まで、ありとあらゆる情報が海馬というエリアに一時的に保存されるのです。ここでの記憶が何度も再生されると、必要な情報だと認識されて、脳内のハードディスクにあたる新皮質に情報が移動し、長期保存されるシステムだと考えられています。ドイツ・リューベック大学のディーケルマン氏らは、「睡眠後わずか数分で海馬から新皮質への新情報の移動が始まり、40分の睡眠後には新たな記憶に妨害されない長期保管の領域に、十分な量の記憶が保管された」という研究結果を発表しています。（図2-4-9）

せっかく練習で培った筋力、テクニック、知力、戦術も、睡眠不足がその定着をジャマしてしまうのは勿体ないですよね。身体面、そして脳機能の面からも、人は「睡眠中に強く」なる――これはもっと共有されたい科学的背景の一つです。

図2-4-9：睡眠中に強くなる

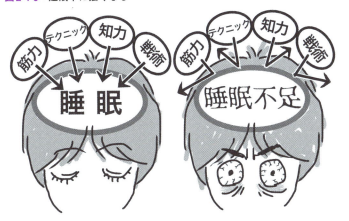

☑ 人間理解と格闘技

　格闘技の素晴らしいところは、対人競技ゆえ「人間理解」が強さの向上に役立つことです。格闘技医学は人間の構造や機能から格闘技における強さを探っているわけですが、医学や科学のみならず、人間に関する学問や知識、叡智の集積は強さにフィードバックできるからです。

　英語圏の映画やドラマなどで、主人公がショッキングな場面に遭遇したとき、「オー、マイガ」といいながら両手の平で両目を抑えるようなシーンがあります。これは「アシュネル反射」といって、眼球を軽く抑えることで迷走神経反射と呼ばれる現象が起き、過緊張状態の心拍数を下げる効果があります。昔から伝わるジェスチャーの中にそのような隠された意味があることも面白いですし、これは試合前の過緊張状態からの離脱にも応用可能なテクニックになりえます（あくまでも軽く、ここぞという時だけです）。また、主人公の恋人や憧れの人が登場する場面もよく見られますが、人間の脳は恋愛をしているときや憧れを抱いているときには、そうでないときよりも脳の処理能力が上がることがわかっています。恋愛、愛情、憧れは人を強くし、勇敢にするというわけです。（図2-4-10）

図2-4-10：アシュネル反射

私は格闘技ドクターという立場上、よく選手や指導者の方に、「試合中は視点をどこに置いたらいいですか？」という質問を受けるのですが、その際「どんどん視点を動かしてください、視点が動けば身体が動きますから」というお話をします。（図2-4-11）

　これには例外があって、相手が何かを必死に誤魔化そうとしているときは、相手の「目」を射抜くように見つめるほうが効果的です。嘘をついたときの人間の行動の一つに、「目を合わせたがらない」というのが心理学などで話題にされます。試合でも、本当は効いているのに必死で隠そうとしている場合、しっかりとこちらの目線で相手の心理を捉えると、「相手VS自分」から「焦る相手VS冷静につめる自分」へと戦いの構図が変化し、有利に試合を進めることができます。

　そういう意味では、格闘技は騙し合いでもあり、自分のストーリーへの引き込みあいでもあり、戦いの構図のせめぎ合いでもあります。「試合中のピンチをどんなエンドに持ってくるか？」「どこを勝負所（クライマックス）とするか？」「抑制をかけて淡々と凌ぐのはいつまでか？」「どの瞬間を抑えて勝ちパターンに持ち込むか？」——。そんな視点から捉えるならば、演劇や舞台といった身体表現にも大いなるヒントがあるでしょう。（図2-4-12）

図2-4-11：視点を動かす

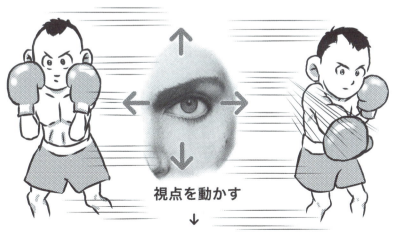

図2-4-12：劇団『カクシンハン』の稽古風景

　練習中はもちろん、普段から音楽を聴く習慣のある格闘技実践者は多いと思います。音楽に乗って動きながらリズム感を養ったり、テンションの上がる曲にして苦しい練習を乗り切ったり、より良質な睡眠に向けてゆっくりした音楽を聴いたりと、音楽は強くなるためにもはや必須の芸術といってもいいでしょう。

図2-4-13：音楽の力

音楽を聴くとドーパミンが放出され、報酬系回路が活性化して、集中力がUPするという報告があります。ゆっくりした音楽を聴くと、心拍数と抗ストレスホルモンであるコルチゾールが低下し、早く正常値に戻るという研究結果も報告されています。また、音楽が脳に入力されると、トレーニング後に生じる痛みの信号を阻害して、痛みが緩和されることがわかっています。(図2-4-13)

また音楽は、試合中にリズムを切り替えてこちらのペースをつくるのにも役立ちます。普段から、「速い／普通／ゆっくり」の3つのリズムで動きをつくっておき、スパーリングなどで「相手が速くなってきたらゆっくり」「ゆっくりに合わせてきたら速く」といった具合にリズムを切り替えると、実力はそのままでも相手にとって非常にやりづらくなるはずです。

外国語を学ぶ、というのも脳の強さに関わる可能性があります。バイリンガルやトリリンガルなどの多言語修得者は、そうではない人たちより記憶力や情報処理能力が明らかに高かったという研究もあります。たしかに世界で活躍する日本人アスリートをみると、現地語をマスターしている方も多く、競技だけに時間を費やしてきたわけではないことがわかります。

幸いなことに格闘技は、柔術ならポルトガル語、ムエタイならタイ語、総合格闘技なら主に英語というように、格闘技文化に現地の言語が組み込まれているため、外国語に接する機会が多いのです。地球上で日本語を使用しているのは世界人口のわずか3％ですから、日本語でやりとりされる情報は世界レベルで見ればかなり少ないため、海外映像や英語などのグローバル言語の情報は、テクニック向上にもとても役立つのです。ですので語学の修得は、これから海外で活躍したい選手はもちろん、さらなる強さを目指す選手にもおすすめの学習です。

哲学者や偉人の叡智にも、強くなるヒントはたくさん見つかります。ドイツの哲学者、ニーチェは「技が熟練を通り越し、老練の域に達するとはどういう状態をさすのか。まずつかみそこねることがない。実行にあたっては、いささかのためらいもない。一見無造作でありながらも、ことごとく精確で無駄がない」(超訳ニーチェの言葉Ⅱより)という至言を残しており、技の到達点、理想像を端的な言葉で示してくれています。このような目指すべき地点があって修練するのと、行き当たりばったりでやるのでは、技も強さも全く違うものになるはずです。

幕末の志士、高杉晋作は「苦しいという言葉だけは、どんなことがあっても言わないでおこうじゃないか」と語っています。苦しい局面で、それを実際に言葉にして

しまった瞬間、つまり運動に変換した瞬間、本当に苦しくなってしまいますよね。私たちの脳はある意味、記憶のライブラリーですから「その場面でどんな言葉を取り出すか」「どんな言葉が記憶のタグになるか」は行動する人にとってとても重要です。試合中にも、いろんな感情や戸惑い、諦めなどが言葉になって脳裏に浮かんできますが、言葉を制するために「言わない言葉」を決めて勝機を掴んだ彼の手法は、様々な場面で応用可能だと思われます。(図2-4-14)

図2-4-14：高杉晋作の言葉

このように一見、格闘技やスポーツと関係ないようなジャンルや専門領域にも、強くなるヒントはたくさん見つかります。これから今まで以上に人間の研究が進み、豊かで多様な強さが具現化していくはずです。新しい強さが生まれるのは、それぞれ別に記憶されていた神経回路のネットワークが、脳の中で握手した瞬間です。

本書を手に取ってくださった皆さんのオリジナルの強さが、幾多の相互作用を経て洗練され、格闘技の進化、さらには人間の可能性の拡大につながることを楽しみにしています。

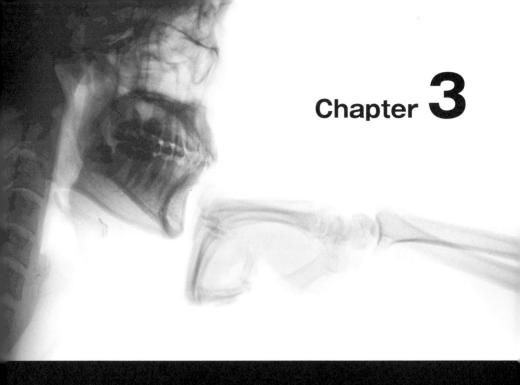

Chapter 3

KOの解剖学

どうやったらKOできるのか？　KOできる選手は何が違うのか？──KOを生むために必要な医学知識と人間の身体の原理を研究したKOの解剖学。偶発的なKOから、再現性のあるKOに高めるために必要な医学的背景を紹介します。

3-1 KOの解剖学
顔面編

KOアーティストはどうやって倒すのか？

☑ 顔面攻撃でのKO

　ボクシング選手の一発のパンチによる逆転KO、カラテ家の華麗なる上段への蹴りでの一本勝ち、ムエタイ戦士のすれ違いざまの肘打ち、総合格闘家のパウンドによる壮絶な失神KO……。一瞬の静寂ののち、耳が痛くなるほどの歓声に会場中が包まれる！

　格闘技や武道を志すみなさんなら、必ず憧れるであろうノックアウト。判定での微妙な勝利ではなく、KOでハッキリ勝ちたい、自分の強さを証明したい、そういう想いで日々汗を流していらっしゃる方も少なくないでしょう！　とはいえ、試合は真剣勝負。KOどころか、判定勝ちも思うようにならないのがこの世界。「倒せ！倒せ！」ってどんなにファンが叫んでも、外から見るのと、実際に相手の前に立つのは、全く別物です。

　遊びやお酒など好きなことを我慢して、何千回、何万回もサンドバッグやミット、スパーリングで磨いてきた技術。試合で相手の顔面にクリーンヒット！ガシッと確かな手ごたえを感じているのに……相手は倒れないでまだそこに立っている。

　「なぜだ？？？」

　「パワーが足りない？」「タイミングが悪い？」「スピードが遅い？」「相手が打たれ強い？」「調子が悪かった？？？」「格闘技セ

図3-1-1：顔面攻撃でのKOとは

ンスがない？」「向いていないんじゃないかって？？？」
　ちょっと待ってください、そう決めつけてしまう前に「KO」がどういう仕組みで起きるのか、考えてみましょう。
　首から上を攻撃されて倒れるのはなぜでしょう？　それは「外力によって脳が急速に揺らされ、神経機能がストップしてしまう脳震盪が起きる」ためです。顔面攻撃によるノックアウトとは、相手に脳震盪を起こさせる技術というわけです。脳震盪が起きるメカニズムが完全に解明されたわけではないですが、脳に急激な物理的刺激が加わると、脳は脳自身と身体を守るために「もうそれ以上活動すると生命に危険がある」と判断、意識や感覚、運動をストップさせると考えられています。(図3-1-1,2)

図3-1-2：脳震盪を誘発する

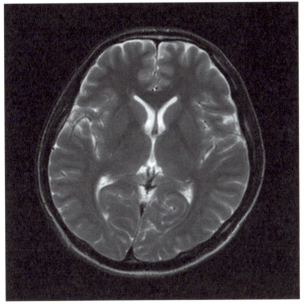

☑ 頭部の回転と頚椎の構造

　格闘技や武道の場面においてのKOシーンをスロー映像などで解析すると、ほとんどのケースで頭部が回転します。では、頭部を急速回転させて脳を揺らすテク

ニックにはどんな秘密が隠されているのでしょうか？ 頭部が回転する構造を詳しく探っていきましょう。

頭部は、首の上に乗っています。首の骨、頚椎(けいつい)は哺乳類には7つあります。化け物みたいに強い選手でも7つ。めちゃくちゃ個性的で変わったキャラの選手も7つ。8つということはありません（笑）。(図3-1-3)

頚椎の1番上を第1頚椎、別名を環椎(かんつい)といい、指環のような形をしています。頭蓋骨は環椎の上に乗っており、両者は組織でくっついているため、頭蓋骨＋環椎は、ほぼ一体となって動きます。

そして2番目である第2頚椎は、頭部方向に向かって突き出した突起が特徴的で、軸椎と呼ばれています。この軸椎の軸の部分である歯突起(しとっき)に環椎が乗っかり、環軸関節と呼ばれる関節を形成します。歯突起を中心軸として、環椎がクルクルと回る構造になっています。頚椎の動きには、頭を前に傾ける（屈曲）、頭を後ろに倒す（伸展）、頭を左右に倒す（側屈）、左右を向く（回旋）がありますが、これらの際に頚椎、特に環軸関節がメインに可動します。(図3-1-4)

図3-1-3：頚椎モデル

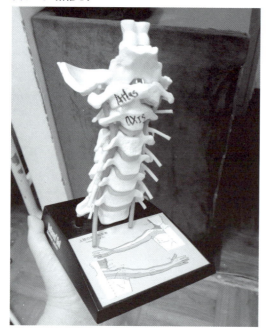

図3-1-4：環椎・軸椎・環軸関節を知る

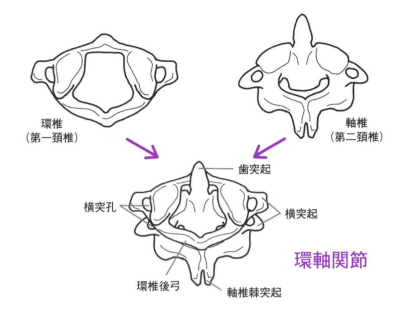

☑ KOの条件①——コース

　パンチやキックが相手の顔面や顎、テンプル（こめかみ）等にヒットしても倒れない原因のひとつに、打撃のコースの問題があります。脳を揺らすには、外力で環軸関節をダイナミックに動かしてやらねばなりません。

　倒せない打撃のコースは、パンチやキックによる外力が、環軸関節の中心部に向かっていく傾向があります。このコースですと、回転方向への力が加わりにくいため、強い打撃でも頭部を揺らすのが難しくなります。軸に向かって打つので打撃の反作用は大きく、打撃の手応え、足応えはしっかりあります。原理を理解していない場合、「しっかり当たっているのに倒れない」と考えてしまいがちです。

　では倒せる打撃のコースはどうでしょうか？　倒せる打撃は、当たってから環軸関節の中心から離れていきます。置いてあるサッカーボールを蹴るときに中心に向かって蹴るよりも、中心を外して蹴るほうがボールに回転がかかりやすくなります。これと同じ原理で、頭部を回転させるためには力が環軸関節中心に向かわないよう

なコースがKOにつながりやすくなります。相手への顔面への攻撃でKOをしたときに、意外なほど拳や足に反作用を感じなのは、打撃がKOのコースを通っているからです。(図3-1-5)

　2人組になり、選手はパートナーの顔面にゆっくりと拳や足部を置き、怪我のないように十分配慮しながら、スローモーションでKOのコースを探します。顎(チン)や頬骨、コメカミ(テンプル)などヒットポイントを変えながら、また様々な種類のパンチや蹴りを試してみてください。格闘技の世界では、KOされやすいタイプを「顎が弱い」「ガラスの顎」などと形容詞されることがあります。環軸関節から下顎までの距離が長い選手は、径の長さの分、頭部が回転しやすいというわけです。逆に丸顔の選手や首の短い選手は、そうでない選手よりも頭が回転しにくく、顎を狙っても倒れにくいといわれています。(図3-1-6,7)

　格闘技医学会では、頸椎および頭部のレントゲンを撮影し、(A) 環軸関節から下顎先端までの距離、および(B) テンプルに相当する前頭部と側頭部の境界までの距離を平面上にて計測いたしました。その結果、(A)は13.20cm、(B)は14.59cmと、他の部位よりも大きな数値を示しました(実際は3次元ですし、個体差がありますのであくまでも参考数値として捉えてください)。チンやテンプルを狙う理由の一端がレントゲンからも推察される結果となりました。(図3-1-8)

　あるボクシングの世界王者は相手の顔の形や筋肉のつきかた、首の向き、などタイプによって狙うポイントを変えています。さすが世界チャンピオンクラス、倒すためのデータベースが脳と身体の中に蓄積されているんですね！　パートナーとの信頼関係の上でゆっくりとパンチや蹴りを当てる部位、力の向きなどを意識して頭部を回転させるコースを探しましょう。

図3-1-5：打撃が環軸関節の中心に向かう、中心からそれる

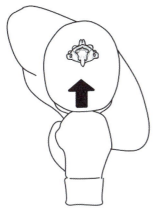

(A) 中心に向かう　　(B) 中心からそれる

図3-1-6：2人組でKOコースを確認

図3-1-7：パンチのレントゲン、膝蹴りのレントゲン

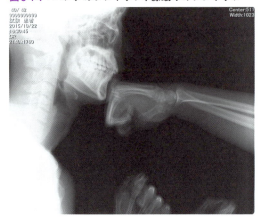

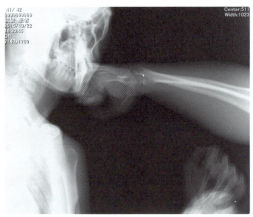

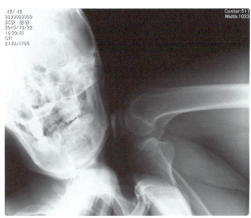

図3-1-8：環軸関節から下顎先端までの画像上の距離、環軸関節からテンプルまでの画像上の距離

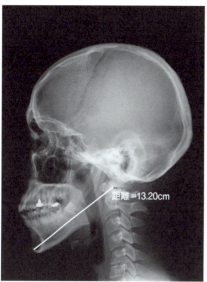
（A）環軸関節から下顎先端まで

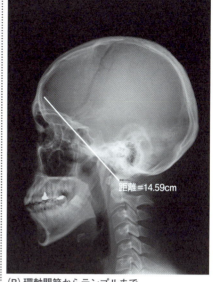
（B）環軸関節からテンプルまで

☑ KOの条件②──スピード

　脳を揺らすには、頭部を「急速回転」させなければなりません。そのためには、当たった瞬間から回転がかかるまでを最速スピードになるようにスピードをコントロールしましょう。練習段階でサンドバッグやミットばかりやっていると、このスピードをコントロールする意識が希薄になることがあります。バッグやミットの場合、パンチや蹴りが当たった直後に動きが一瞬止まってしまいます。止まるとは「スピードがゼロになる」ということ。結果として、一番スピードが求められる時に、脳と身体は「攻撃が当たると止まる」を学習してしまう結果になります。せっかくKOできるスピードもちながら、練習方法の選択ミスでKOできないパンチを積み重ねている選手がいるのは、実にもったいない話です。KOスピードを養成する方法として、ここでは、実際にチャンピオンクラスが行っている方法の中から、応用可能なものをご紹介します。

①タオルキック、タオルパンチ

　上の端だけ固定したタオルを撃ち抜く、蹴り抜く練習です。当たった瞬間からの反作用が小さいため、技をMAXスピードで振りぬくことができます。スピードが速いほど鋭い爆発音がしますので、技の完成度を「音」で評価することができます。

　私の所属チームでは、試合前に振りぬく蹴りをタオルで、引く蹴りをミットでアップします。キックの世界王者のアップでは、ハイキック一発でタオルがズタズタに引き裂かれたこともあります。(図3-1-9)

図3-1-9：タオルを使って最速スピードを養成する

(A) タオルキック

(B) タオルパンチ

②瞬間ミット

　これは、技の接する時間を短くする練習です。ミットをがっちり固定してもたず、肩関節や肘関節の力を抜いて各関節に若干余裕をもたせた状態で受けます。頭部を急速回転させるには、グローブや拳、蹴り足が当たっている時間を極力ミニマムにしなければなりません。例えばストレートの場合、ミットがそのまま後ろに下がるパンチは、パンチのスピードがあったとしても接している時間が長く、押すパンチになってしまい倒れにくくなってしまいます。当たった瞬間「切る」ようにコースが変化するイメージでミット練習を行ってみてください。ミットの上に印をつけ、切る方向に矢印を書くのも効果的です。当たった場所に打撃がとどまらないように気をつけて練習してください。(図3-1-10)

図3-1-10：ミットに接する時間をミニマムにする

③スピードチューブ

　チューブを用いて技の練習を行います。当たる瞬間にMAXスピードが出るように、パートナーが張力をかけます。普通は、チューブの張力に逆らって技を出しますが、その方法は筋力を向上させたり、身体の使い方を知るには非常に有用性のある方法ですが、難点はチューブが長くなればなるほど、負荷が大きくなってしまいスピードが落ちてしまうことです。これを解消するために、チューブの張力に任せ、しかもパートナーが端を引くことで、技が当たる際にMAXスピードが実現するように調整します。脳と身体が普段以上のスピードを記憶するため、スピードの向上が期待できます。(図 3-1-11)

図 3-1-11：脳にスピードを記憶させる

　KOで大切なのは、スピードのコントロールです。当たる瞬間がMAXスピードになるように、パンチならグローブや拳が消える。蹴りなら足が消えるくらい、当たる瞬間のスピードを大切にしましょう。格闘技や武道の競技は、対人競技ですから、

相手にスピードをインプットするのも効果的です。ゆっくりした打撃を数回みせておいて、速いのを交ぜる。また、速く動いておいて、ゆっくりした打撃を交ぜる。一流選手になりますと、パンチや蹴りをゆっくりスタートさせてゆっくりとした反応を引き出しておいて、急加速する。一つの技の中にさえ、スピードのコントロールを織り交ぜてきます。

KOにスピードは大切ですが、スピードがあまり速くなくてもKOできる選手も実際にいます。ですから、動きが遅くてもKOをあきらめる必要はありません。自分の中の最速を求めつつも、スピードを「コントロールする」意識を育てて欲しいと思います。

☑ KOの条件③──サプライズ

一流選手はKOを奪う「技」はもちろん一流ですが、その技を確実にヒットさせるための「術」も一流です。KOアーティストたちを動作分析すると、その術の秘密に近づくことができます。

①「鉄人」マイク・タイソン

ヘビー級歴代最強のボクサーは誰かと尋ねたら、マイク・タイソンかモハメド・アリ、どちらかの名前が挙がるでしょう。190センチを優に超す恐竜のような大男がひしめき合うヘビー級にしては180センチと小柄な体格のマイク・タイソン選手は、圧倒的なパワーとスピードでKOを量産し、ボクシング界はもちろん、格闘技・スポーツ界にその名を轟かせる伝説的ボクサーです。第12代および第19代WBC、第34代および第42代WBA、第4代IBF、世界ヘビー級王者。58戦50勝のうち、44試合がKOでの勝利で、全盛期は「当たれば倒れる」状態。格闘技やボクシングに普段あまり興味のない層もタイソンの試合には注目し、テレビの前で、タイソンが何秒で倒すか、をワクワク期待していた時代。ヘビー級ボクシングの醍醐味であるワンパンチKOを具現化した選手でした。

マイク・タイソン選手は、腰回りや胴回り、肩、胸、首と筋肉が発達しており、筋力・スピードも超ハイレベル。強靭な下半身、股関節を中心に生み出されたジャンプ力を、ピュアにフックやアッパーに転化します。ピーカブー（いないいないばあ、のこと）スタイルと呼ばれる、グローブに顔を隠す構えで相手に近づき懐に飛び込

むファイトスタイルです。この状態でレントゲンを撮影したのですが、両方の拳で下顎がしっかりの守られ、さらには下顎の下縁が鎖骨に近づいており、打ち合いの距離でもタイソンがKOされてしまうリスクを構えの段階から軽減しています。(図3-1-12)

　タイソン選手の圧倒的身体的能力は絶賛してもしきれないほどですが、その「術」も一級品。タイソン選手は、相手のパンチが届く手前の距離まで、ガードをしたまま、ツカツカと歩いてきます。全盛期のタイソン選手の映像を視る限り、基本的に下がるという選択肢は無いようで、試合中ほとんど前に出ています。

　これは相手側の選手から視た場合、どんどん網膜に映る像が大きくなっているということです。像が大きくなると、人間は心理的プレッシャーや恐怖を感じます。離れていくダンプカーは別に怖くないですが、追いかけてくるダンプカーは怖いのと同じ理由です。ヘビー級ではかなり小柄なタイソン選手、試合になるとどんどん近づいてくるので、相手にとっては大きく情報入力されてしまうんですね。ラウンドが始まったらツカツカツカ。レフリーが分けてブレイク後も、ツカツカツカ。

　遠い距離からプレッシャーをかけながら歩いてきて、打ち合いの距離になると突然相手の視界からフッと消えます！　透明人間のように本当に消えてしまうわけでは無いですが、股関節を屈曲しながら骨盤を重力方向に落とし、さらに体幹を屈曲しながら身体全体を丸め重力方向に「落ちる」ため、骨盤と頭の高さが数十センチ、ガクッと下に変位します。と、次の瞬間、タイソンは水面から飛び立つカエルのようにダイナミックにジャンプしながらフックやアッパーを繰り出します。相手側からすると、「遠い距離から常にツカツカとプレッシャーをかけられ、射程距離に来たと思ったら突然小さくなり目の前から消え、次の瞬間、目の前でと大きくなったタイソンと共に、正確無比なパンチが猛スピードで飛んでくる！！！」といったところでしょうか。まさしく、いないいない……ばあ！　ピーカブーそのままのスタイルで当たれば倒れる状態でした。圧倒的基礎体力＋サプライズを生み出す完璧なる戦術。全盛期のタイソンの試合のショッキングなまでのインパクトは、この2つが見事に同居していたように感じます。(図3-1-13)

　一節によれば、少年期からタイソンの才能を見いだし、育て上げた名トレーナー、カスダマトは、成長期にタイソンの背があまり伸びないように25キロの重い荷物を毎日背負わせて通学させたという逸話もあるほど。小さい体格を大きく見せるのではなく、さらに小さく、そして大きくして相手にサプライズを与える。身長が低

いという不利な条件を、「下の空間を相手より有利に使って」アドバンテージに変換して導いたカスダマト。「倒されにくく動きやすい構えをつくる」「小さくなって大きくなる」「前にプレッシャーをかけ続ける」「基礎体力とスピードを磨き上げる」「パンチはジャンプが基本、全身で打つ」などなど、KOを量産した伝説の鉄人・マイク・タイソンの術は、体格に恵まれない選手や大きな相手と戦うときの最強のヒントとなるでしょう。(図3-1-14)

図3-1-12：ピーカブースタイルのレントゲン

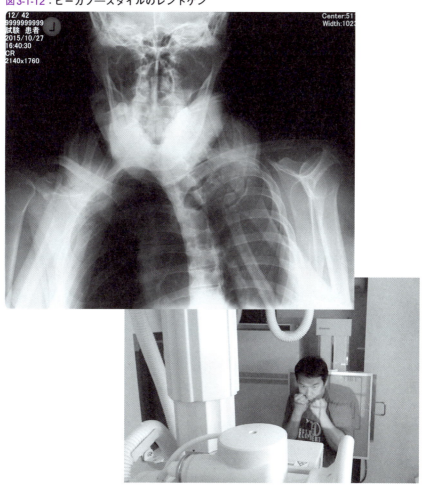

図3-1-13：前に出る

図3-1-14：マイク・タイソンの技術と戦術

②「悪魔王子」ナジーム・ハメド編

　それまでのボクシングの常識を覆すようなスタイルで驚異のKOの山を築いたボクシング史上最も革命的な選手。プロ戦績は、37戦36勝31KO、わずかに1敗。WBC、WBO、IBF世界フェザー級チャンピオンでKO率80％以上。彼の武器は柔らかいステップワークと圧倒的な瞬間力を生かした体重移動（飛び込み）、正確な距離感、飛びぬけた身体感覚、そしてリズムです。

　彼のKOへの過程を映像で観察してみると、非常に興味深い点があります。構えて背中側（左足前のオーソドックスの場合、左側）に移動するときには、フワリフワリとしたステップワークをつかいます。相手選手は、サイドに移動するハメド選手を視界に収めるべく、その方向に追いかけます。普通、意識的に行う場合を除いて、人間が対象物を追いかけて視る（追視する）際、眼から動いて身体が動きます。ハメド選手が左側にステップを刻んでいるとき、相手選手側は、眼が右に動いてから➡身体が右に動きます。

　ハメド選手は、この流れをサイドへのステップワークで作り出し……突然、前方にジャンプしながら体当たりのように飛び込んで逆サイドのパンチをガツンと浴びせます。その様は、人間がパンチを出しているというよりも、ヒョウやジャガーのようなネコ科の猛獣が一瞬で獲物を仕留めるかのようです。

　相手の選手の眼は、右へ外転、右へ外転を余儀無くされているところに突然反対側からの体当たりですから、驚く暇も無い出来事でしょう。（図3-1-15）

　人間は、視覚や平衡感覚、筋出力をリンクさせながら身体の動きを補正して安全を確保しようとします。例えば、外力が加わったとき、視覚情報（見えている景色）を維持しようとする反射機能（前庭動眼反射）や、脳に外力が加わってバランスを崩しても、頭部を元の安定した位置に戻そうとする反射機能（前庭頚反射）といったシステムが作動します。見えながら技をもらう場合、これらのような防御反応が働きやすく、逆に見えずに技をもらう場合は、防御反応が働きにくくなります。KOされた選手は、「なんの技で倒されたのかわからなかった」「相手の技が全く見えなかった」と口にします。逆に、ある程度の威力のある攻撃でも、見えた状態でもらう、わかった状態でもらうと、倒されずに耐えられることが経験されます。ハメド選手に倒された選手たちのダウン直後の様子も何か起こったかわからないという状態で「見えていなかった」というわけです。

　加えて、ハメド選手のパンチは、全身を柔らかいバネのように使い、跳躍力を駆

使して身体ごと相手にぶつかる、その一部にグローブがあるような「体当たりが基本」です。ですから前の手でも後ろの手でも倒せるし、それを左右どちらでも行えます。

　足を止めてパンチを打つ選手の場合、相手側から視た時に、ほぼグローブだけが飛んでくるため、視覚からの情報量が少なく対応しやすくなります。ハメド選手は、体重移動を伴ってパンチを繰り出すため、相手側からすると、頭、体幹、骨盤、肩、下肢、など複数の部位が同時に迫ってくるので、網膜での視覚情報の入力量がグローブだけが飛んでくる状況に比べて圧倒的に多くなります。

　またリズムのコントロールも天才的です。フワリフワリとステップしている時は、比較的ゆっくりしたリズム。相手の選手はそのフワリフワリとしたリズムにいつの間にか合わせ、ハメド選手に動かされているかのようです。そのゆるやかな心地良いリズムが何の前触れもなく、突如として変調し、ズバッと斬り込んでくる。まるで優雅なクラシック音楽が、突然アップテンポのヒップホップに変わるような、劇的なリズムの変化でサプライズを生み出し相手を倒してきた不世出の選手です。

　「相手の眼球の動きをコントロールするフットワーク戦術」「体当たりを基本として前後左右全てから繰り出されるKOパンチ」「相手の視覚に入力する情報量のコントロール」「急激なリズムの変化」など、競技を問わず学べる時代を超えたロールモデルのひとりです。（図3-1-16）

図3-1-15：相手の眼の外転を引き出す

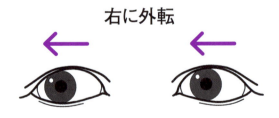

図3-1-16：ハメドの戦術は戦いの教科書

☑ 蹴りのKO養成法

　サンドバッグやミットなどグッズを用いた練習は、目的さえはっきりしていれば非常に効果的ですが、そうでない場合は、意外な落とし穴があります。人間はどうしても目の前のものや環境に引っ張られてしまう生き物ですから、意識しないうちに技がサンドバッグ用、ミット用になってしまうのです。

　ある打撃の世界王者は、いちばん重要な稽古は、対象物を蹴らない「空蹴り」だと話していました。「実際に蹴る前に、頭の中で蹴りで相手をズバッと切るイメージをしっかり創ってから実際の動きに入るようにするように。ただ何も考えずに蹴るのではなく、イメージ➡実際の動き➡ズレを修正、という過程をしっかり経て「空蹴り」を行わなければ意味がない」とのことでした。さらに、「蹴りが当たる瞬間もしっかり眼で捉え、相手を倒したところまでイメージをするように。絶対にできないと思ってやらないように、KOできると思って蹴る」と語っていました。ただ、何も修正せずに100回蹴るのでは、「改善する回数」はゼロ回です。身体と脳でのイメージをフル活用して改善に改善を重ね続ける空蹴りこそが、KOを生み出す現代の達人

の秘密だったのです。(図3-1-17)

図3-1-17：改善する回数を増やす

☑ リアル・グラップラー刃牙の言葉

　平直行。シュートボクシング、K1、バーリトゥード、柔術、武術、とあらゆるジャンルを縦横無尽に行き来して、ジャンルの壁を超えてきた稀有な存在。世界中で愛読されている格闘技マンガ、グラップラー刃牙のモデルとしても有名で、多くの人をインスパイアしてきた方です。平氏とは前田日明氏のプロ格闘技興行、「リングス」で知り合いまして、それ以来、格闘技医学の研究活動にも多大なるご協力をいただいており、格闘技医学会のアドバイザーとしてもご助言をいただいています。

　あるとき平氏との会話の中で、「強い打撃で相手が倒れるってわけじゃない。弱い

打撃で相手が倒れたら、それを人が強い打撃って呼ぶんです」という言葉を聞いて、僕は脳天に一撃を喰らったようなショックを受けました。

　「もっと体重を増やして、もっと身体を大きくして、もっとパワーをつけなければ、相手はKOできない。KOできないのは、努力が足りないからだ」僕は当時、本当にそのように信じていたので、KOという事象を、間違ってとらえていました。平氏の言葉をきっかけに、「KOとは何か？」を医学的側面から研究し、練習やスパーリングでは検証するようになったのです。そしてとても大切なことに気がつきました。格闘技・武道の競技は、2人の人間の関係性であることがわかったのです。

　自分を知る、相手を知る。そして自分と相手の関係性が刻一刻と動いていく中で、自分をコントロールしながら、関係性をリードしていくものだということを。「強い打撃が当たれば倒れる」は、こちらの思い込み、そして期待に過ぎない。強い、弱い、は周りの評価に過ぎない。「KOできる打撃とは何か」を突き詰める、それが大切なんだ、ということを平氏に気づかせていただいたのです。(図3-1-18)

図3-1-18：平直行氏

☑ ピンチをひっくり返すKO

　KOした時の興奮と快感。決して回数は多くありませんが、私も選手時代にKO勝利を経験させていただきました。それは他のものではまず味わえない、圧倒的な感覚です。相手が強ければ強いほど、試合中に苦しくて心が折れそうになればなるほど、KOは忘れられない記憶として定着します。脳の中にも脳内物質が出まくっている状態でしょう。

　私は選手に、KOとは「KOって何の略か知ってる？　K（神様の）O（贈り物）」の略なんだよ、って話をします。KOはあくまで結果であり、そこに至る試行錯誤の過程をひとつひとつ丁寧に積み上げていった人にプレゼントように思えることがあります。KOだけを求めるのではなく、KOが降ってくる状況を丁寧につくる職人のような緻密さと根気の上に「再現性」が確立されるのではないでしょうか？

　KO、特に逆転KOは、ピンチをひっくり返す作業に他なりません。そこで得られる自信は、絶大かつ永続的なものになりえます。実生活で理不尽なことがあっても、壁にぶつかって諦めそうになったときでも、「どうやったらこの状況から逆転KOできるか？」を自分の試合経験にリンクさせてイメージすると、何とか光が見えたりすることがあります。そのような経験こそ、格闘技・武道がもたらす素晴らしい恩恵ではないでしょうか？（図3-1-19）

図3-1-19：KOが起きやすい状態をつくる

3-2 ボディー編

KOの解剖学

ボディーの構造の理解がKOにつながる

☑ ボディーでのKO

　格闘技でのKOシーンと言えば、観る側の多くの人が顔面へのパンチや蹴り技で選手が倒れるところを思い浮かべるかと思います。顔面への攻撃でのKOは、意識も飛んでいますし、「派手」ですからある種の「わかりやすさ」があります。しかしながら、格闘技を「見る側」から「やる側」に一歩踏み込んで、練習や試合を重ねていくと、ボディー攻撃の意義や、一発のパンチや蹴りでボディーを効かしてKOすることがいかに高度な技術であるか、実感されることでしょう。

　顔面への攻撃で倒されると、一過性に意識が消失するため「気がついたら倒れていた」状態であり、倒されている最中の記憶は残りません。一方、ボディーでのKOは、顔面のそれと比べて過程が記憶に残ってしまう分、負けたほうは「完敗」を、勝ったほうは「完全なる勝利」を味わうことになります。「意識がハッキリしている状態で動けなくなる」ボディーでのKO。そのメカニズムを探って参りましょう。(図3-2-1)

図3-2-1：ボディーでのKOは意識がはっきりしている

完全決着

☑ レバーや胃そのものは痛くない

　格闘技や武道では、レバー（肝臓）やみぞおち（胃）、脾臓などの内臓への攻撃が有効とされ、ボクシングでもレバーブロー、カラテでもレバー打ちという言葉があるくらいです。事実、その部位にまともにもらうと「ウッ」と呼吸が止まりそうになり、腹部全体にどんよりとした重苦しい鈍痛が走ります。これは、筋肉や関節に打撃をもらった時の痛みとは全く別物の独特の痛みの感覚です。私自身、何度も経験があるのですが、ボディーを効かされると戦闘意欲自体が失われ、それ以上動きたくなくなります。ダメージが大きいときは、脂汗と共に、のた打ち回ります。気合を入れる「ビンタ」が、「ボディーブロー」だったら、気合は確実に消滅してしまうでしょう。

　私が研修医時代、麻酔科で研修していた際に非常に興味深い出来事がありました。麻酔科医は、心拍数や呼吸数、血圧などをモニタリングしながら、患者様の全身管理を行いながら、手術を行う執刀医が手術に集中しやすい状態をつくりだすのが主な仕事です。

　手術はメスで組織を切るわけですから、全身麻酔の効果が浅いと心拍数が跳ね上がり、場合によっては患者様が動いてしまう危険が伴うため、麻酔科医は心拍数が上がりそうなシチュエーションのときには麻酔ガスの濃度を上げたり注射をしたりしながら、コントロールをします。肝臓癌摘出の時、執刀医は癌の細胞を含んだ肝臓の実質を切り取り摘出します。「レバーや内臓を打たれると、効く！」という実体験（先入観？）があった私は、肝臓の実質にメスが入る際、心拍数が上がることを予想して身構えて準備していたのですが、これが予想よりも上がらなかったのです。なんか肩透かしをくらった気分でしたが、その時に「ハッ」と思い出したのが「内臓自体は痛みを感じにくい」という医学知識でした。

　肝臓を構成する肝細胞は再生能力が高く、痛みを感じにくいため、肝臓は「無言の臓器」「沈黙の臓器」と呼ばれます。実際に肝臓の腫瘍などの手術の際、肝臓の実質をメスで切っても患者さんは痛みをあまり感じません。また胃や腸そのものにも、痛みの感覚受容器はありません。ですから、手術で切ったり、傷つけたりしても痛みを感じにくくなっています。胃や腸が痛くなるのは、「動きが悪くなった時」です。試合前に緊張で胃が痛い、という場合、胃の周囲の筋肉がギュッと収縮して痛みが脳に伝わります。また、食べすぎでお腹が痛いのも、胃が拡張して痛みを感じます。あれ？おかしいぞ？　肝臓にも、胃にも、腸にも、痛覚はないのに、なぜ腹部

に攻撃をもらうと、どうしてあんなに苦しいのでしょう？　そのカギを握るひとつが「腹膜(ふくまく)」という組織です。(図3-2-2)

図3-2-2：腹部のCT画像

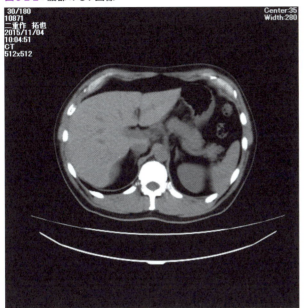

☑ KOと腹膜

　腹膜とは、胃や腸、肝臓などの腹部の臓器を覆っている薄い半透明の膜のことです。この腹膜には、痛覚がたくさんあり、刺激を受けると強い痛みを感じます。レバーやみぞおちを打たれて効いてしまうのは、内臓を覆っている「腹膜」に痛みの刺激が入るためと考えられます。レバー打ちで体験する痛みは、レバーそのもの痛みではなく、レバーを覆う腹膜が感じた痛みなのです。

　男性諸氏ならば、金的（睾丸）を強打してしまい、のた打ち回った経験が、誰しも1度や2度はあるのではないでしょうか？　打たれて少しの間を置いて、下腹部全体がズドーンを重くなり、「はぅっ」と声にならない吐息が漏れ、冷や汗がタラタラ……。この痛みばかりは、女性にはなかなか共感していただけないのですが、正直書いてるだけでも気分が悪くなってきます（汗）。

この睾丸を強打したときの痛みと、ボディーを食らった時の痛みは、種類としてはよく似ています。睾丸は、もともとは女性でいうところの卵巣にあたります。胎児の初期のころは腹腔内にあるのですが、どんどん降りてきて、袋の中に納まります。睾丸も内臓のひとつですので、腹膜に覆われています。さらに精巣白膜という、これまた痛みの感覚受容器が密集している組織に覆われているものですから、内臓の臓器よりもさらに痛みに対して敏感なのです。おっと、これを読んでいる女性の皆さん、さっそく旦那様や彼氏に「股間へのキック」を試しちゃダメですよ！

　皮膚や筋肉などで感じる痛みを「体性痛」、内臓とその周囲を刺激されて感じる痛みを「内臓痛」と呼びますが、体性痛は痛みの部位が明確であり、範囲も限定される痛みなのに対して、内臓痛は痛みの部位が不明瞭であり、範囲もはっきりしません。体性痛と内臓痛は痛み刺激が脳に届くルートが違うため、同じ痛みでもこのような差が生じます。

　格闘技や武道でも、ローキックを蹴られて効かされた場合、蹴られた部位が痛いですが、ボディーを効かされた時は、打たれた部分よりももっと広範囲、お腹全体に不快感を伴う痛みが少し遅れてズシーン拡がります。

☑ ボディーの構造とプロテクト

　次は、どうやったら打撃が腹膜に到達しやすくなるか、腹部の構造の面から考えてみましょう。ボディー（腹部）の構造ですが、いちばん表面が皮膚、次に皮下組織があり、さらにその奥に腹筋群があります。腹筋群は、腹直筋、外腹斜筋、内腹斜筋、腹横筋から構成され、腹膜はこれら腹筋群のさらに奥にあります。内臓は、生きていくのに大切な組織・臓器ですから、外傷で傷ついてしまっては命に関わります！　ですから強靭な腹筋群に自然に「プロテクト」されているんですね。ボディーを攻撃しても、その瞬間に、筋肉がグッと強く収縮すれば、筋肉の壁に阻まれて腹膜を十分刺激するには至りません。普通の人でさえ痛み刺激に対して収縮するようにできているのですから、鍛えあげた分厚い腹筋群を持つ格闘家・武道家のボディーを効かせることは容易ではありません。しかしながら、一流選手はボディーを効かせるそれぞれのノウハウをもっています。意識的にしろ、無意識的にしろ、「腹筋群が収縮しにくい状態」をねらう、または、戦略上「腹筋群が収縮しにくい状況」をつくりだしてKOへの道筋を立てていきます。（図3-2-3）

図3-2-3：ルンピニーランカー、藤原あらし選手の腹部

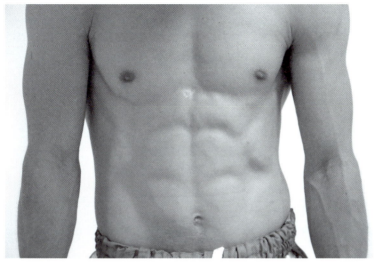

☑ KO戦略——2度打ち、3度打ち

　筋肉には、MAXの収縮をずっと持続できない、という性質があります。鉄棒にぶら下がり、懸垂で上まで上がった状態を考えてみてください。どんなに筋力のある人でも、時間の経過と共にいつか重力に負けて落ちてきます。これは、懸垂で上がった時に収縮した筋群が、一回のインパルスでは、収縮をずっと維持できないためです。腹筋群も同じで、一瞬、強く収縮させることができても、最大収縮の状態を長い時間維持することはできません。格闘技において、1発目の打撃を受けた時、強く腹筋群をMAXに収縮させてボディーへの攻撃に耐えたとしても、すぐにそのあとに2発目をもらうと、筋の収縮は右肩下がりに落ちてきます。ですから、2発目以降の打撃を1発目と同じ強さで当てたとしても、腹膜への刺激は大きくなります。

　ボディー攻撃の得意なファイターは、この性質を巧みに利用していて、1発目でわざと相手の腹筋群を収縮させ、その後の緩んできたタイミングで2発目、3発目を出し、腹膜に刺激を到達させます。1発目と2発目の間の間隔が空きすぎますと、またMAXの収縮が起きやすくなりますから、筋の収縮が落ちかけのタイミングを見計らいます。(図3-2-4)

　顔面へのパンチが禁止されている直接打撃制のカラテではボディーでのKOの技

術が発達しています。ボディーをパンチで絶え間なく打ち続け、ボディーを効かせる戦術を得意とする選手もいます。その選手曰く、「こんなの効かないよ」と相手が無視するくらいの軽い攻撃がコツです、と秘密を教えてくれました。腹筋群のプロテクト効果をいかに落とすか、という戦略が2度打ち、3度打ちなのです。

図 3-2-4：腹膜に刺激を到達させる

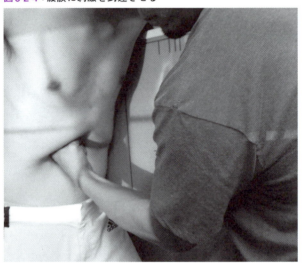

☑ 表面が痛い攻撃、奥まで届く攻撃

　カラテや武術で、「バットや角材でお腹を殴って耐える」という演武をご覧になったことはありませんか？　「あんな固いものでぶっ叩かれて、内臓は大丈夫なんだろうか？」という観客の心配をよそに、演武者は平然としています。

　人間の腹部は、体表面に傷み刺激を受けると、その瞬間筋肉は「ギュッ」と強く収縮するように連動しています。このとき、筋肉が壁となって腹膜や内臓はプロテクトされますから、音の大きさや見た目の派手さに比べて、内臓やその周囲への刺激は小さくなります。もちろん、カラテ家や武術家が、このような演武ができるのは、腹筋群が分厚く、ダメージを軽減でき、しかも腹筋群をプロテクターとして意識的にうまく使いこなせるからです。普段の鍛錬の積み重ねの賜物であり、鍛錬していない人がやったら、たいへんなことになってしまいますが。

ところで、子供のころ、サッカーボールやバレーボール等、比較的柔らかいものがお腹に当たって、「ウゥーーッ」と唸ってしまった経験はないでしょうか？ 柔らかいものや、当たったとしてもそれほど痛みを感じないものが腹部に当たった場合、体表面への痛み刺激は小さいですから、筋肉が反射性に強く収縮しにくくなります。その結果、柔らかいものの場合、逆に内臓や腹膜をプロテクトしにくいんですね。マッサージを受ける際、上手な人が柔らかく触ると、筋はリラックスしたままなので刺激が心地よいですし、刺激が深部まで到達する感覚がありますが、下手な人が強引にグイグイやられると、痛みで筋肉がガチガチに硬直して不快感ばかりが増し、体が受けつけなくなることがあります。このように痛み刺激と筋肉の緊張は、密接な関係があるのです。

パンチでボディーを攻撃するとき、最初から固い拳でハードに叩くと、腹部の筋肉の収縮を促してしまい、腹膜に刺激が到達しづらいことがあります。「固いもので強く殴ればよい」と考えている選手は、「打ってる割に、効いていない」➡「もっと力を入れなければ」➡「力を込めて打つから、スタミナを消費する」というループに陥ってしまいがちです。

このような選手への処方箋として、表面に当たった瞬間は、まだ拳をギュッと固く握らず拳を柔らかく保ち、拳がスッと深く入ったところで握るようにタイミングを修正します。そうすると、腹膜に刺激が入りやすくなりボディー攻撃でダメージを与えやすくなります。（図3-2-5）

図3-2-5：深く入ったところで握る

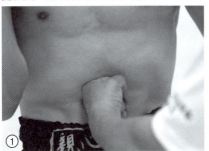 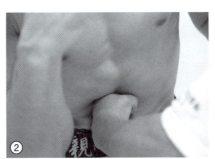

☑ 当てる部位をずらす打撃

　当てる場所をずらす打撃も、ボディーKOに効果的です。最初にあたった瞬間、当たった部位の筋群が強く収縮しますが、その次の瞬間にその部位から離れたところにも力が加わるように打撃を工夫するテクニックもあります。素手でのパンチの場合、いきなりナックルの部分（MP関節）をあてるのではなく、その一つ遠位側（指先側）のPIP関節を先に腹部に当て、続いてMP関節をあてる方法も非常に効果的です。一発のパンチですが、2回、2か所に打撃が加わる、というわけですね。当てる場所をずらすことで、収縮力が低下した部分に刺激を加えることができます。（図3-2-6）

　打撃用のグローブや、総合格闘技で使用されるオープンフィンガーグローブでもずらす攻撃は有効です。グローブが相手の腹部に当たった瞬間、そのままの面で押し込まずに、グローブの当たる面を少し変えたところで打ちこむと、もらったほうはダメージが大きくなることがあります。また総合のマウントポジションでのボディーパンチでも、面で叩かずに、点と点を上手に使う打撃が有効です。グローブやオープンフィンガーグローブを競技でどのように使うか、という視点は、案外意

図3-2-6：まずPIP関節をあて、次の瞬間MP関節を深く差し込む

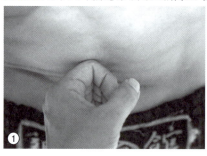
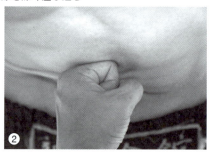
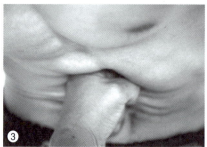

識していない選手が多いだけに、研究しがいのある領域です。(図3-2-7)

　ボディーへの蹴りの場合も、当てる部位をずらす打撃が効果的です。膝蹴りも当たった瞬間、膝関節が屈曲、足関節を底屈、そして足趾（あしの指）を屈曲すると、膝蓋骨（膝のお皿の骨）が下腿方向に変位します。前蹴りや後ろ蹴りでも、各関節を上手に使いながら、深部にダメージが到達しやすい方法があります。怪我やダメージの残らない安全な範囲で、信頼できる練習仲間と「あーでもない、こーでもない」とよりよき方法を追求する時間は、練習の中でも時が経つのを忘れるくらい楽しいものです。(図3-2-8)

図3-2-7：グローブの当たる面をずらす

図3-2-8：レントゲン

(A) パンチ

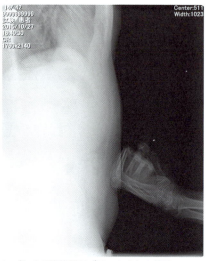

1. パンチが腹筋群にブロックされた状態
2. PIP関節がボディーに当たった状態

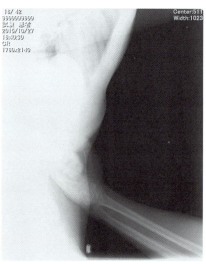

3. MP関節が奥まで侵入した状態

(B) 膝蹴り

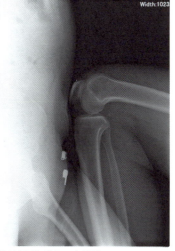

1. 膝蹴りが表面に当たった状態

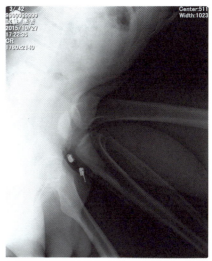

2. 膝蹴りが腹部の奥まで到達した状態

☑ 呼吸とボディー攻撃

　今度は、呼吸とボディーの関係を知るための簡単な実験をやってみましょう。2人組になり、

> (A) 息を吸いながらボディーへパンチをもらう
> (B) 息を止めたままボディーにパンチをもらう
> (C) 息を吐きながらボディーへパンチをもらう

の3パターンを試してダメージの大きい順番に並べるとどうなるでしょうか？（怪我のない範囲で、安全にお願いしますね！）パンチは同じ強さなのに、受け手のダメージは全く異なります。答えは、(A)、(B)、(C)の順番になります。息を吸いながらもらうのがいちばんダメージが大きく、どうせもらうなら息をはきながらもらうのがいちばんダメージが少ないのです。では、このメカニズムを考えてみましょう。
　肺の下には、呼吸で大切な役割を果たす横隔膜があります。横隔膜は主に筋肉で

できており、上に凸のドーム状になっています。焼肉で「ハラミ」をよくみかけますが、ハラミは牛の横隔膜です。横隔膜が収縮すると、上に凸だった横隔膜の頂点は、下に降りてきてドームは低くなります。このとき、ドームより上にある肺の外側に

図3-2-9：息を吸った状態のレントゲン、息をはいたときのレントゲン

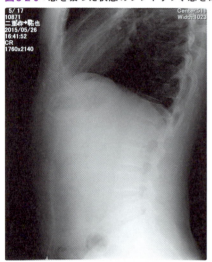
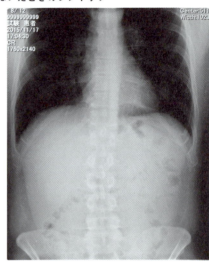

(A) 息を吸った状態

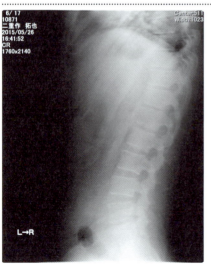
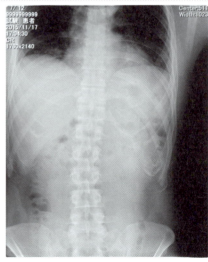

(B) 息をはいた状態

は陰圧がかかるため、肺は大きく膨らみ息を吸うことができます。

　横隔膜の下側には、内臓があります。横隔膜が下がると、内臓の入っている腹腔のスペースは小さくなります。ですから息を吸ったときにボディーを打たれると、腹腔臓器の逃げ場がありません。結果、ボディーが効いてしまいます。逆に、(C)の息をはいているときに打撃をもらっても、横隔膜は弛緩してあがっていきますので、内臓の逃げるスペースが (A) に比べて大きくなります。このときにボディーを打たれても、効きづらいというわけです。(図3-2-9)

　ボディーが打たれ弱い選手は、試合中、呼吸が止まったり、息を吸う時間が長かったりしませんでしょうか？　カラテで伝統的に伝わっている呼吸法のひとつに、「息吹」というものがあります。一瞬で吸って、お腹と横隔膜をフルに動かしながらゆっくりと息をはき、最後にすべてはき切る鍛練法です。医学的な立場から光を当ててみると、息吹には「息を吸う時間を極力短くし、息をはきながら動くべし」というメッセージが隠されているように思えます。ボディー攻撃が得意な選手は、相手選手が息を吸ったタイミングを見逃しません。武道の世界では「呼吸を読む」と表現することがありますが、相手の呼吸が動きに現れるのを読む能力も、ボディー攻撃上達において役立つスキルです。

☑ 息を吸った瞬間ってどんなとき？

　それでは、息を吸った瞬間はどんなときでしょうか？　「息を吸った瞬間を狙え！」と言われても、相手の呼吸が「今吸いました」「今はきました」と頭の上にランプがあって点灯してくれれば、こんなに助かることはないのですが、そんなコントのような仕掛けは望めません。我々医療者は、手術中にお患者様の呼吸をどうやって確認するかというと、「胸が動いているかどうか」を目視します。胸が動いていたら呼吸あり、と判定するのですが、組手やスパー中、試合中は相手も動いているわけですから、「ちょっと呼吸確認させてください」って言ってストップしてもらうわけにもいきません。女子選手にスパーリングの度に「ごめん、ちょっと胸みせて」と言ったら最後、道場内変態王者決定です（冷汗）。

　では、一流選手はどうやって相手の呼吸を読んでいるのでしょうか？　また、どうしたら相手の呼吸を読めるようになるのでしょうか？　私自身、選手時代からずっと気になっていました。相手の「呼吸を読め」と言われても、組手の動きの中で、

「呼吸を読む」とはどういうことなのか、理解できていなかったのです。肩の動きを見る、という方法を教わったのですが、確かに延長や再延長になってスタミナが切れ、肩で大きく息をする状態が出現する場合もあるのですが、本戦でまだスタミナもあって元気な時には肩に変化が現れにくく、しかもキャリアのある選手はそのあたりのごまかし方が上手いので、僕には難しく感じました。

　「どうやったら呼吸を読めるのだろう？」自問自答していたところ、ヒントは意外なところにありました。それは音楽でした。歌を歌うときに楽譜の上の小さなVの字がありますね。「ブレス」といって「ここで息を吸ってください」というサインです。歌を歌うということは息をはきながら声を出すということですから、フレーズの終わりには必ず息を吸う瞬間があるんですね。試合において技を出す際に、「ワン―・ツー・右ロー」「左ジャブから右ミドル」といった具合に、コンビネーションでセットにして技を出すことがありますが、これが、歌でいうところのフレーズに当たります。コンビネーションの最後の決め技の時に「シュッ」「ハッ」など発した後に、必ず息を吸うブレスが来ます。この瞬間にボディーを確実に打てると、パンチが同じ強さだったとしてもダメージは非常に大きいものとなります。「ワン―・ツー、右ロー」というコンビネーションは、右ローの直後にボディー攻撃のチャンスが来る。ボディーを打って効かせるには、「呼吸の切れ目」とリンクした、「動きの切れ目」を捉える習慣をつけておくと、その成功率が確実に上がると思います。（図3-2-10,11）

図3-2-10：楽譜とブレス

図 3-2-11：呼吸の切れ目とコンビネーション

①

②

③

☑ 胸郭とKO

　ここまでは、ボディー、主に腹部でのKOについてでした。腹部の上には胸部があり、胸部は胸郭に覆われています。胸郭は12個の胸椎と12対の肋骨および1個の胸骨とが連結形成されていて、内臓の物理的保護と呼吸の機能を担っています。

　腹部と違って硬い骨で構成された鳥かごのような構造になっているため、腹部への打撃とは違ったアプローチが必要となります。柔らかい拳で胸郭を叩くと手を痛めてしまいますので、胸郭へのパンチや蹴りは、ある程度の硬さが必要と言えるでしょう。これにプラスして、点での攻撃が極めて有効になります。胸郭を攻撃する場合、対象部位として骨を包む骨膜や、関節周囲の靱帯、その周囲の軟部組織、肋

骨と肋骨の間にある肋間筋やその奥にある胸膜など、痛覚の多い場所に刺激を加えることが相手のダメージとなります。骨を包む骨膜、と表記したのは、骨自体には痛覚は無く、骨を包む骨膜に痛覚が密に存在しているためです。骨折すると異常に痛いのは、骨膜が破壊されるからなのです。(図 3-2-12)

　素手素足で戦うカラテでは、胸部への攻撃の技術が高度に発達しており、胸骨骨折や肋骨骨折でのKOの例もみられます。胸骨は、胸骨柄、胸骨体、剣状突起というパートがあり、胸骨柄と胸骨体のジョイントの部分、剣状突起は外力による骨折が多い場所です。特に剣状突起は、片方は連結していませんので構造上、折れやすい部位。下部肋骨も同様に、脊柱側は強い連結がありますが、反対側は骨同士の連結が無いため、非常に折れやすくなっています。また肋骨と肋骨の間に点の打撃をもらうのも、耐え難い痛みを感じます。

　拳を面でしか使わないか、いつでも点を取り出せるか。胸郭を面で蹴ってしまうか、足部の点で肋骨をえぐるように蹴るか。オープンフィンガーグローブ着用下で点の打撃を実現できるか。競技化される以前のカラテや拳法には、一本拳などの「点」の打撃技術が多くみられており、温故知新的に競技でよみがえらせる選手も出

図 3-2-12：胸郭と胸骨

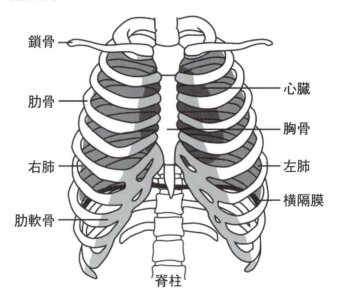

てきています。点の打撃の追求と胸郭へのアプローチは、今後の格闘技・武道の飛躍の可能性を秘めているといっていいでしょう。(図3-2-13,14)

　そしてもう一つ見逃せないのが、胸郭の呼吸機能です。WBA、WBCのボクシング元世界王者であり、日本を代表する伝説のボクサー、柴田国明氏は、相手の肋骨を軽く打ち続ける、という戦術で相手のスタミナを徹底して奪い、強豪外人相手にも有利に試合を運んだそうです。名トレーナーとして名高いエディー氏は、柴田氏に「相手のタンクを壊す」という表現をされたそうです。肋骨と肋骨の間にある肋間

図3-2-13：点の攻撃

①

②

③

筋は呼吸に深くかかわっているのは前述したとおりですが、肋間筋が外力を受けると、呼吸が途切れます。「あーーーーー」と声を出しながら、自分で胸郭の肋骨部をペシペシと叩きますと「あ、あ、あ、あ、」と音声が途切れてしまいますが、肋間筋の動きを外力で阻害することは、息をはくジャマをする、という原理です。この場合は点よりも面の方が効果的なのは実際に実験するとわかるかと思います。直接KOに結びつくわけではありませんが、相手のスタミナを効果的に奪い、KOのチャンスを増やす戦術のひとつです。

図3-2-14：点の攻撃とレントゲン

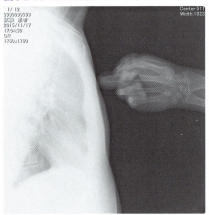
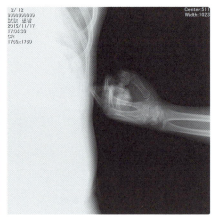

☑ 技術と戦術

　ボディーや胸郭の構造、腹筋群のバリアー機能、呼吸との関連などをより深く正確に知ることで、技術や戦術が大きく進化することがあります。ボディーにパンチを打つ場合でも、相手がしっかり構えた状態で打ってしまうと、相手の腹筋群のバリアーが非常に効きやすくなってしまいます。他の技やフェイントなどをつかって相手のバランスを崩すと、崩した瞬間は安定させる体勢を戻すための筋群への収縮が優先されるため、バリアー機能は低下します。

　「相手の右ストレート」を出させない、もしくはもらわないことばかり考えて動くと、相手の右ストレートの際、右の肋骨を鋭くえぐるような点の攻撃のチャンスもゼロになってしまいます。相手の右ストレートが強ければ強いほど、相乗効果で相

手へのダメージは大きくなるのに、それを利用できないのはもったいない気がします。技の形は同じでも、「いつ出すか」「どのタイミングで出すか」「どんな状況をつくって出すか」によって相手に与える影響は大きく変わってきます。人間を理解しながら技をつくり、改善に努めることで確信をもって技術や戦術を構築できるようになるのが、科学的・医学的観点の興味深いところです。

KOの解剖学

3-3 下段&ローキック編

下段でのダメージの生み出し方

☑ 下段でのKO

　下段蹴り、ローキック。
　まともに食らったら大きなダメージを負う蹴り技で、熟練したローキッカーの蹴りは、「名刀」を思わせる破壊力。食らったことのない人にはわからない、実践者だけがわかる耐え難い痛みを伴う技術です。下段蹴りのバリエーションはどんどん増加の一途をたどっており、今もなお進化し続けている技術のひとつ。人体で最も太い骨である大腿骨が、試合中のローキックで折れてしまったという事例も実際にあ

図3-3-1：ローキックで倒れるのはなぜか？

り、外から見た地味さとは裏腹に、時には相手の「心」をも叩き折る蹴り技です。

　顔面でのKOのシステムは「外力（技）により脳を急速に回転させ脳震盪を起こす」、腹部のKOのシステムは「腹筋群のプロテクト機能を解除させ腹膜の痛覚に刺激を与え痛みを起こす」という原理でした。それでは、下段蹴り、ローキックなど、相手の下肢に対する蹴り技でのKOはどのようにして生まれるのでしょうか？　その仕組みを解剖学的視点から考えてみましょう。(図3-3-1)

☑ 実験

　2人組で組み、パートナーの方におしり（臀部）を蹴ってもらいましょう。(図3-3-2)最初は、軽く、そして徐々に強く蹴ってもらってください。蹴りの威力と共に、痛くなるとは思いますが、ある程度の格闘技経験がある方でしたら、多少強い蹴りでも、動けなくなるほどのダメージは負わないでしょう。

　少し前の時代までは、子供をしつける時、「おしりペンペン」という技法（？）が伝わっています。これが虐待や親の感情の発露であっては当然困りますが、愛情がベースにあり、子供にも愛情が伝わり、子供に痛みをわかって欲しい場合、「おしりペンペン」をした、またはされた年代の方がいらっしゃいます。「虐待」か「躾」かの議論はさておき、格闘技医学的な面からみると、打撃の中では、おしりペンペンは安全性が高い部類に入ると言えます。おしりは、立ち上がりや座るとき、歩行や走行など、日常生活で何度も使う股関節を覆う部位であり、大臀筋など大きくて分厚い筋群および皮下組織がプロテクターのように覆っているため、外力に比較的強い部分です。(図3-3-3)

　極真カラテの創始者、大山倍達総裁は修行時代、高重量のバーベルを持ち上げるトレーニングの際に、力が発揮できないときは、「自分の臀部を布団針で刺すように」奥様に伝えていたそうです。強烈なパワーを発揮するために、一見過激に見える独自の方法論は、後遺症の伴いにくい安全性に配慮されたものだったのです。

　脳が日々大きくなる子供の頭部は、隙間がほとんどないため、頭蓋内出血などが起きると脳ヘルニアを起こしやすく、命を落とすリスクが極めて高い部位です。胸部、背部、上腹部は、心臓に近いため、子供に起きやすい心臓震盪（しんぞうしんとう）のリスクが高まります。心臓震盪も致死率が極めて高く、絶対に避けるべき部位です。膝関節や肩関節などは、靱帯損傷や骨折、脱臼のリスクも高く、そのあと機能障害が生じる可

能性もある。眼や下腹部などの再生不可能な部位は、大人でも危険極まりないし、後遺症を残す可能性が高い。このように各部位をみていくと、命に関わるようなダメージをほとんど負わず、機能障害が出にくい部位への痛み刺激として「おしりペンペン」は安全な知恵なのだと思います。もちろん、言って聞かせて悟らせる方がいいですし、決しておしりペンペンをおススメするわけ無いのですが。

「臀部で下段蹴りやローキックを受ける」のは、KOを回避する有効な手段の一つであり、実際にどうしても避けられない場合、臀部で受ける、という技術を駆使する選手もいます。この実験を通じて、分厚い筋群に覆われている部位ではKOしにくい（されにくい）ことを実感して頂けるかと思います。

図3-3-2：お尻を蹴っても倒れにくい

図3-3-3：安全の知恵、おしりペンペン

☑ 下肢の解剖

　ではここで、下肢の解剖について解説します。下肢は、骨盤から生えています。寛骨臼と呼ばれる骨盤側の部位に接するように、大腿骨（ふとももの骨）が股関節を形成しています。CTの画像をみると、股関節から下肢は、後方かつ下方かつ外側に出ます。股関節の外側を触ると、皮膚のすぐ下に固い部分を触れると思いますが、その部分を大転子と呼びます。大腿骨は、大転子がいちばん外側かつ後ろ側にあるのです。

　そこから、大腿骨は、内側、かつ前方に向かって伸びてきます。そして膝に近づくにつれて、大腿の前面に移行します。

　「気をつけ」の姿勢をとってつま先を閉じたとき、右の下肢だけを真正面から見ると、「く」の字の下の方が長い形。外側（右側）から見ると、同じく「く」の字の下の方が長い形に位置しているのです。私自身、解剖学をきちんと勉強するまでは、ふとももの骨は、ふとももど真ん中に真っ直ぐ生えているイメージしか持っていませんでした。実際は真ん中を走ってはいないし、「く」の字を呈していました。改めてCTスキャンを撮影した結果、大腿骨の構造が下段でのKOに密接にリンクしていることを改めて確認できたのです。（図3-3-4）

図 3-3-4：下肢のCT

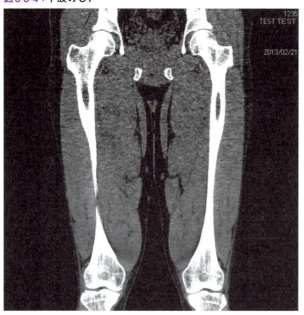

☑ 痛覚が多い部位を

　人間には痛覚があります。痛覚とは、読んで字のごとく、痛みを感じる感覚受容器のことなのですが、痛覚受容器は、体中に存在し、その情報を絶えず中枢に送っています。痛覚受容器が多ければ多いほど、痛みを感じやすくなっていて、数が少ないところはあまり痛みを感じません。ピアスを開ける耳たぶは、痛覚受容器の数が比較的少ない部位であり、眼球などは痛覚受容器がとても多く存在します。手でも、掌側（てのひら側）と、手背側（手の甲側）では、同じ刺激でも感じる痛みが全く異なります。受容器が多い部分は、生体の維持や機能に深く関係する部位ですから、それだけ守らなければならない優先順位が高い部位でもあります。常にたくさんのセンサーが見張っていて、小さなダメージでも、すぐに痛み刺激として脳に知らせるわけです。

　関節やその周囲にも痛覚受容器が高密度に分布しています。筋肉は、筋腱移行部を経て腱となり、腱は骨膜に付着します。筋腱移行部は筋と腱で性状が変わる部分で、負荷が集中すると断裂しやすい部分のひとつ。腱が断裂してしまう身体を動か

図3-3-5：筋、筋腱移行部、骨と骨膜、靭帯

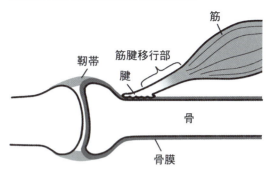

すのに支障が出るため、筋腱移行部および腱には痛覚受容器が多数存在します。胸郭同様、下肢においても骨自体には痛覚受容器は存在しません。骨そのものを包む骨膜に痛覚の受容体が密集しています。あの骨折独特の「耐え難い痛み」は、骨そのものではなく骨膜の痛覚受容器が伝える痛み刺激なのです。

　靭帯は、関節と関節をつなぐ大切な組織で、断裂すると関節自体の機能が破綻してしまうため、痛覚受容器に富む組織です。アキレス腱固めや腕十字固めなどの関節技は、痛みを感じやすい腱や靭帯への外力です。(図3-3-5,6)

図3-3-6：アキレス腱固め、腕十字

(A) アキレス腱固め

(B) 腕十字

☑ 下段で倒れやすいポイントと蹴る側のダメージ

　下肢をローキックや下段蹴りで狙う場合、

A 筋肉などのプロテクターが薄く
B 痛覚受容器が多い部位

を狙うことがKOへの近道となります。その部位の同定には、前述のCT画像による骨の走行がとても役立ちます。(図3-3-7,8,9)

　CT画像の1から6は額と平行の面(前額面)で、身体の前方からスライスしたもの、前から後ろです。1が前(腹部側)、6が後ろ(背中側)です。膝に近いほど大腿骨が前に、股関節に近いほど大腿骨が後ろに位置しているのが画像から解るかと思います。

　続くCT画像の7から12は、縦方向(矢状面)にスライスしたもので、大腿部の内側から外側です(7が内側、12が外側)。膝に近い部分が内側に、股関節に近い大転子は外側に位置しています。

　そして13から18は、水平方向に骨盤から膝方向へ、すなわち上から下にスライスしています。股関節から外側、やや後方に大転子が位置し、それから大腿骨が前方かつ内側にシフトしています。

　これらのCT画像もとに3次元的に下段で倒れやすいところを骨盤に近い高さから見ていくと、股関節の周囲、やや後方外側に位置する大転子の周囲、膝に近い側の大腿骨の正面、膝関節の内側側副靭帯や外側側副靭帯などは、AとB両方の条件を満たす代表的な部位と言えるでしょう。大腿部を正面から蹴るのであれば、膝に近い部位のほうが効きやすい。内股へのローキックを蹴るのであれば、大腿部の高い位置よりも低い位置のほうが効きやすい。「骨の走行」を解剖学的に把握して「痛覚受容器が豊富な部位を自分の骨と相手の骨でピンポイントで挟み込むように物理的刺激を与える」。これが下段での痛みの発生の機序になります。

　がんがんパワーとスピードをつけて、どこでもいいから思いっきり蹴る！　あたれば相手が倒れる！　というイメージの持ち方も、それはそれで必要なのですが、下段の場合は、蹴れば蹴るほど、自分の足に、靭帯に、負担がかかります。顔面やボディーを蹴る場合と違い、相手の体重を支えている物理的にも強い下半身がターゲットですから、ローキック、下段蹴りは技の性格上、「諸刃の剣」でもあるのです。重い相手や頑丈な相手の場合、過酷なトーナメントでの連戦では、蹴った側が蓄積するダメージはもっと大きくなります。

　パワーとスピードを養成しながらも、「自分のどの点と、相手のどの点をあわせていくか」をテーマとした緻密さの追求は、相手のダメージ増大につながるばかりではなく、過酷な戦いにおける自らのダメージ軽減にもつながるでしょう。

3-3 下段&ローキック編

図3-3-7：下肢のCT 前額面

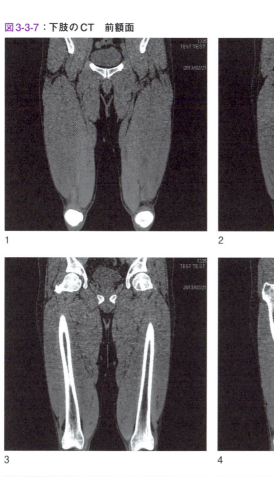

1

2

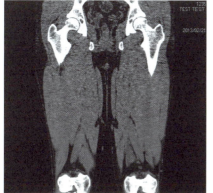

5

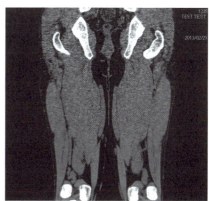

6

図3-3-8：下肢のCT　矢状面

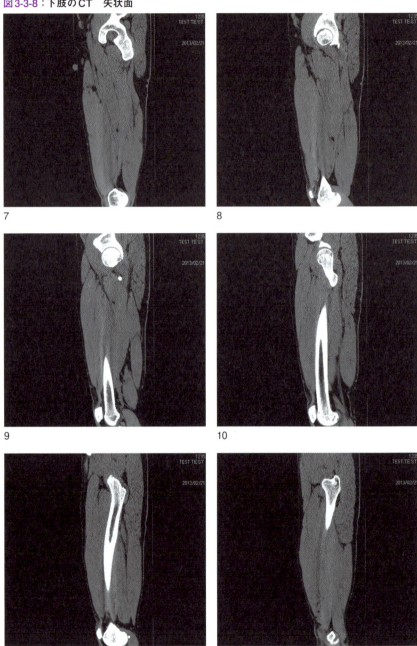

図3-3-9：下肢のCT　水平面

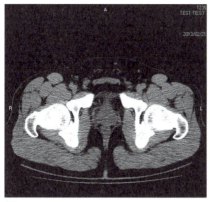
13

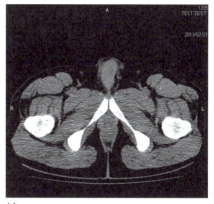
14

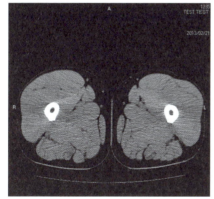
15

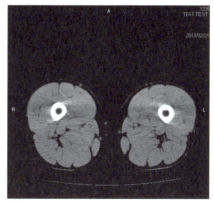
16

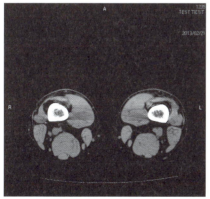
17

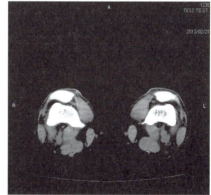
18

☑ 点と点を合わせる

　2人組を組んで、下段でねらうポイントを探してみましょう。中高一本拳（なかだかいっぽんけん）と呼ばれる握り方で、コツコツとピンポイントで痛覚の豊富な部位を探していきましょう。同じ強さで刺激をしているにもかかわらず、周囲より痛みを強く感じる部位があれば、その部位がウィークポイントです。そのウィークポイントをしっかりと覚え、自分の身体でもすぐに再現可能なようにしてみてください。（図3-3-10）

　次に、自分の蹴り技のどこを当てるかを探ります。足の第1中足骨の近位部や、脛の骨である脛骨、かかと蹴りの際の踵骨など、当てる部位を同じようにコツコツと刺激します。（図3-3-11,12）

　人間の身体は面白いもので、点で刺激を加えると、ストロングポイントとでもいうべき点を意識しやすくなります。普段、下肢の1点をいちいち別々に意識していたら情報が多すぎて処理できなくなってしまうため、意識はもっと大雑把になっています。大雑把なまま蹴ってしまうと、どうしても面で面を蹴る蹴りになってしまいがちですので、点の意識を持つためにも、物理的刺激を上手に活用する「ひと手間」をぜひ試してみてください。そして、小さな力でも十分相手を制することができ

図3-3-10：相手の点を探す

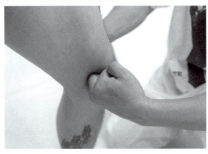
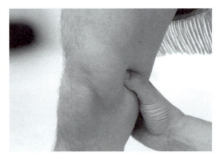
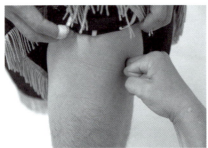

る点と点の接点を探してみてください。(図3-3-13)

図3-3-11：自分の点を探す

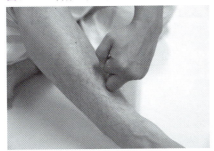
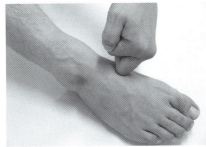
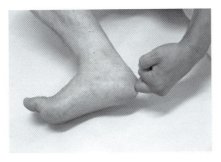

図3-3-12：レントゲンで武器を確認

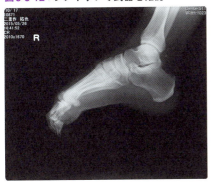
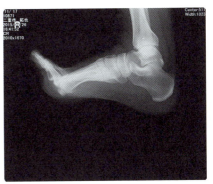

図3-3-13：接点を探す

☑ 人間を介した練習を

　下段蹴りやローキックで点と点を合わせる感覚ができたら、パンチ、蹴り、タックルなどに、それぞれのポジションにおいて、ウィークポイントとストロングポイントを合わせていきます。バシーンと派手な音はしませんが、コンッ、ゴンッ、ガツッというような、点で刺さっていく感覚をお互いに探しましょう。

　相手に技を出してもらったとき、相手のどちらの足に荷重されているかを注意深く観察してみてください。例えば、オーソドックスの相手が右ストレートを打ってくる。そのとき、前足（左足）に荷重している瞬間は、前足を蹴る絶好のチャンスです。相手の下肢が地面に固定されてる状態ですから、蹴りが当たったときに衝撃が逃げにくくなり、同じ蹴りでもダメージを与えやすくなります。（図3-3-14）

　また相手の左の中段廻し蹴りや上段回し蹴りが飛んできた場合、相手の軸足も下段のターゲットになります。蹴りをディフェンスする瞬間、相手の軸足は相手から見て右側、こちらから見て左側に向く傾向がありますので、膝蓋骨の少し上、皮下すぐ大腿骨がある部位（ウィークポイント）をこちらの左足での外からの下段で捉えやすくなります。お互いに構えあっている場面では攻撃しにくいウィークポイントが、何かの技や動きの中で攻撃しやすい状態で現れてきます。その瞬間をとらえる練習を積み重ねることができれば、KOにつながりやすくなります。（図3-3-15）

　「踵落とし」のスペシャリストとしても有名なアンディー・フグ選手。圧倒的基礎

体力と、緻密な技術、そしてチャレンジ精神で、今もなお世界中の実践者からリスペクトされている伝説の格闘家です。彼のKOは、実際にはローキックが多かったと言われています。もちろん、踵落としをまともにヒットさせてKOした試合もありますが、強烈な「かかと落とし」を駆使して、相手をのけぞらせ、後ろ足に荷重したタイミングで、続く下段蹴りで相手を試合場に沈めてきました。踵落としと下段蹴り、KOできる破壊力をもった2つの技を連続して繰り出せるところが、アンディーの特徴でした。(図3-3-16)

下段蹴りに限らず、打撃にしてもタックルや関節技にしても、「How（どうやってやるか）」には意識的な方が多いのですが、「when（いつやるか）」もとても重要なファクターです。せっかく技を磨いても、相手がしっかり構えているときに出してしまっては、勿体ないです。相手に攻撃してもらい、その瞬間、瞬間に下段蹴りが効果的なポイントがどこにあるのか？ 荷重はどちらにあるのか？ どの瞬間をとらえると有利なのか？ 心理的空白や反応できない時間はどこにあるのか？ サンドバックやミット練習ではわからない、また、スパーリングではつい流れていってしまうため意識しづらい、「生身の人間を介しての理解と記憶の蓄積」がKOの確率を高めてくれることでしょう。

図3-3-14：ストレートにローキックを合わせる

図3-3-15：ハイキックにローキックを合わせる

図3-3-16：カカト落としからのローキック

☑ 見えないものが見えてくる

　解剖学を確立したのは西洋人です。「人間の身体はいったいどうなっているのだろうか？」そこに興味を持ち、関心を持ち、そして疑問を持った人たちが、人間の身体の内部の詳細を解明し、それまで名前がついていなかったものに名前をつけ、体系化したのです。

　名前をつけて初めて、それが存在することが伝わる。学問として体系化すれば、誰もが正しく学ぶことができる。それをはるか昔にやってのけ、しかもそれらを現在も可能な限り数値化、可視化、客観化し続ける西洋医学は、とてつもない集合知の蓄積だと思います。もちろん西洋医学や科学が万能なわけではありません。まだまだ解明されていないことは数多くあります。解明されていないことの方が多いでしょう。西洋医学や科学は、まだ解明されていないことに対して、「解明を試みよう」という姿勢があります。そして解明のための手段も構築しようとする姿勢も含めて、現在進行形で動いています。地球の外はどうなっているんだろうか？　という疑問に対し、人工衛星やロケットという手段を開発し、本当に地球外に飛ばしてしまう。西洋医学や科学を言葉で否定するのは簡単ですが、その方たちも医学や科学の恩恵を確実に受けているのです。

　格闘技医学の勉強会やセミナーで、CT画像や骨のレントゲンなどを参加者の皆さん見ていただくと、そのあとでは、明らかに動きが変わることが経験されます。ローキックや下段蹴りも、なんとなく蹴っていた人が、CT映像で中身がどうなっているかを知った後は、「相手の下肢をみて、大腿骨の走行をイメージできる」ようになるからです。「ここをこういう風に蹴る」という雰囲気的な言語から、「内側側副靭帯と右の脛骨を合わせて蹴る」というタイトな言語に、シフトします。そしてそれを実行すると、本当に相手へのダメージが大きくなる。あたる面積が小さくなれば、与える衝撃が大きくなるのは物理で勉強する当たり前の事実なのですが、それを実現するには、ただやみくもに実行するだけでなく、言語を知り➡内容を理解し➡内容を集約した言語にして実行する、という過程が実に有効なのです。ローキックという運動を、身体と言語、両面から脳に記憶させると再現性がより高まる、というわけですね。（図3-3-17）

　我が国では、師や先輩から教わったことに疑問を持たずに黙って受け継ぐ、伝統芸能の継承に重きが置かれる風潮が今も根強くありますが、海外の選手や指導者たちは、「なぜ？」という問いを常にもっているからでしょうか、格闘技医学的アプ

ローチに関心が強いようです。CT画像を食い入るように見つめ、どんどん質問をしてきます。知りたい、強くなりたいという情熱、いや、執念においても、海外勢が凌駕しているように感じます。

　西洋医学や科学は、血圧も血糖値も、数値化しました。その結果、数字で状態がわかり、適切な対応や評価が即時的に可能になりました。「食事に気をつけて定期的に運動を継続したら、血圧が正常範囲に戻った」となったとき、得られるものはなんでしょうか？　「健康」そして「自信」です。きちんとやれば、結果が見える。「なんとなくいい感じ」の裏付けがとれる。

　下段蹴りも、「このタイミングで、この角度で、脛のこの部分を、大転子の部位に当てればダメージが与えられる」というところまで試行錯誤を繰り返しながら高めていけば、上手くいかなかったときに、一つ一つの要素を見直すことができます。いわゆるセンスだけでやってきた選手は、何かの掛け違いに気づきにくいため、なかなかスランプから抜けきらないケースが多いのですが、試行錯誤して改善に努めてきた人は、脳と身体にチェックポイントがあるため、修正が効きやすくなります。また、人間の構造や原理を基礎として、オリジナルの技や戦術を発展させる方向も生まれてきます。

　<u>科学や医学は、見えないものを見やすく、そして境界線の向こうにある見えない部分をイメージしやすくし、さらにはノウハウの再現性を促進してくれる強い味方なのです。</u>（図3-3-18）

図3-3-17：下段蹴り（ローキック）の対人レントゲン

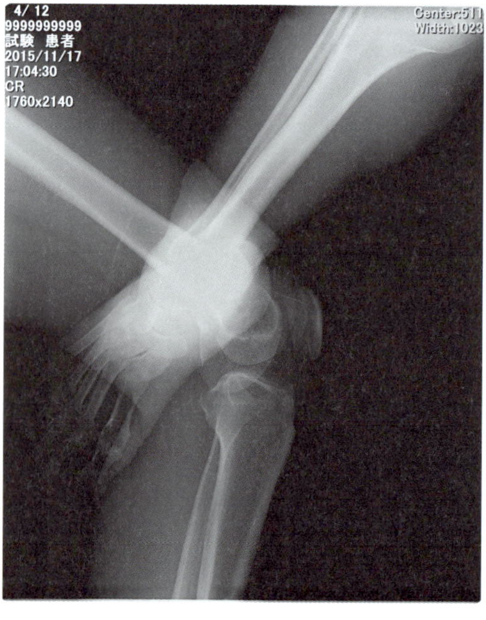

図3-3-18：CT画像を見つめるヨーロッパ勢

KOの解剖学

3-4 KO感覚を養成する

倒す感覚をいかにつくるか？

☑ 倒せない最大の理由とは？

「どうやったらKOできる技術が身につくんだろう？」

実践者としての長年の疑問でした。試合の場ではともかく、同じ道場の大切な仲間や後輩をKOしてしまうわけにもいきません。脳の中に、試合でのKOの感覚と記憶がすでに豊富にある段階ならば、ミットやバッグを目の前にしても、人間をKOした時の記憶とリンクさせながら練習できるのですが、KOの記憶が脳に蓄積されて無い場合、KOのイメージ自体がつくりづらいのです。

それに加えて、私の場合、どうしても目の前の物体に引っ張られてしまう傾向がありました。目の前のミットを叩いてしまう、蹴ってしまう。人体ではなく物体に合わせた蹴りになってしまうのです。

倒せる選手と倒せない選手の違いを探していく中で、倒せない選手は、「私の打撃が当たってもどうせ倒れない」という誤った記憶が蓄積されている実践者が少なくないことに気がつきました。「判定で勝つだけでも大変なのに、技ありや、一本なんて、夢のまた夢」と、KOをあまりに最上位に置きすぎるため、KOを追求しなくなったり、KOを最初からあきらめてしまっている方がたくさんいる

図3-4-1：倒せるハイキックをイメージする

倒すイメージ

のです。「倒せると思ってハイキックの練習をする」のと、「どうせ倒れないと疑いながらハイキックの練習をする」のは、全く違います。相手のことを好きで相手の眼を直視するのと、相手のことが嫌いで相手の眼をにらむのは、同じ眼を見る動きでも、同じではないでしょう？　技をつくる上で、脳で浮かんだイメージは、身体の動きにそのまま反映します。倒す感覚をどうやったら養成できるか？　このテーマを追求して完成したのが、KO養成サンドバッグです。（図3-4-1）

☑ 弱くなってしまう練習を減らす

　普通のサンドバッグは、かなりの重量があり、殴っても蹴っても、あまり動かないし、形も変わりません。例えば、ワンツーから、膝蹴りを蹴った後、ハイキックで倒すコンビネーションを練習する場合、ハイの前に一度下がって距離をつくらないとサンドバッグにハイキックが当たらない。それを何度も練習してしまうと、「膝蹴りがヒットしたのにわざわざ下がってしまう動き」が知らない間に脳に定着し、習慣化してしまいます。試合になると、自ら下がっている瞬間に相手が出てきて、ハイキックが出せずに相手につけこまれてしまう。その習慣を練習してしまっているのです。

　顔面でのKOでは、技が当たった瞬間に最大のスピードで脳を揺らしたいところですが、当たった瞬間に遅いと脳震盪が起きにくくなります。ヘビーバッグだと、確かに手ごたえは大きいですが、ミートした瞬間にスピードが0に近づいてしまう。これを繰り返していると、実際の試合でも、技を止めてしまう習慣が抜けず、せっかくのKOチャンスを逃している可能性があります。これらの弱くなってしまう練習の最大の問題点は、やっている本人がそれに気がつかないことです。

☑ 医学的エッセンスの導入

　KO養成サンドバッグには、解剖学的な数値を導入しています。KOバッグの幅は、日本人のアゴの付け根と先端のちょうど中間位置の幅とほぼ同じ数値を採用。長さもなんですが、これは同じく一般的な日本人の頭の上から首の下までの、頭頸部の約2倍の長さで作ってあります。打撃がヒットしたとき、"く"の字に曲がるような設計ですので、技の完成度をビジュアルで客観的に評価することができます。

バッグが"く"の字に曲がれば、技はシャープに振り抜けているでしょうし、サンドバッグの形がそのままでボヨ〜ンと揺れるだけなら、技のスピードやインパクトがもっと伸ばせることがわかります。また、前述のように試合で相手をKOした時には、意外なほど手ごたえや、足ごたえ？　が小さいことがよく経験されます。このバッグでは重いバッグよりも反作用がとても小さいため、相手の脳を揺らしたときの打撃に近い感覚が得られます。(図3-4-2)

　医学の世界では、歩けない患者さんに、ロボットのような歩行機を装着してもらい、外的な力を借りて歩くことで、神経系に「歩く感覚」を取り戻してもらう訓練があります。できる、できないは別として、できる状態を設定することにより、先に「できる感覚」を脳に入力して定着させるわけですね。KOバッグもKOできる人はもちろん、KOを実現したい選手に、倒す感覚を知ってもらうのが狙いです。「く」の字に変形させるパンチや蹴りができれば、少なくとも当たった瞬間のスピードはゼロではないわけですから、KOのパーセンテージUPにつながると考えています。「歩けない人に歩ける感覚を」「倒せない人に倒したときの感覚を」。脳の感覚から変革し、できる自信を育てるのが目的です。

　ボディーでのKOを狙う練習の場合は、柔らかい毛布やマットを周囲に巻きつけ、硬軟の差をつけて、深部に浸透する打撃を。下段蹴りやローキックでは、テーピングなどで点のしるしをつけ、点と点で痛点を挟み込む打撃を養成します。面の蹴りでは、バッグが大きく動いてしまいますが、点の蹴りではバッグが変形するため、ビジュアルで評価しやすいのです。

　実力の伯仲した選手同士が戦う競技においては、動けない選手が、動ける選手を倒す、ということはほとんどない。動ける選手が、動かないことに意味はありますが、動けない、ではKOには程遠いのです。また、どんなに技ができても、それを支えるパワーやスタミナがなければ、威力として相手に伝わっていきません。

　KOバッグ、そしてその弟分であるKOバッグエクストラは、チューブに連結することにより、今までにない可動性を獲得しました。エクストラは、バッグの下側にも連結できる部位がありますので、そこにキックミットやチューブなどを連結できますので、工夫次第で、かなりコントロールしづらい厄介な「相手」になります。ラグビーボールのように、予想外の動きをしますので、『思い通りにならない』負荷となる。これは試合の感覚に近いものです。また、通常のサンドバックは、重力方向に垂直に吊るしますが、エクストラは、斜めや水平といったアトランダムの設定が可

3-4 KO感覚を養成する

図3-4-2：KOバッグ、KOバッグエクストラ

能です。かかと落としやブラジリアンハイキック、内廻し蹴り、胴回し回転蹴り、踵蹴りなど、数十年前には存在していなかった「進化していく技術」への対応を視野に入れました。

☑ ワン&オンリーのスタイルを

　強くなるためにどんな負荷が必要かを考え、そのアイディアを具現化していく作業は、とてもクリエイティブな作業です。例えば、同じハイキックでも、相手に対して足が長い選手のハイキックと、短い選手のハイキックは全く違います。足の長い選手の場合、遠い距離で相手をコントロールして、相手が自分の制空権に入った瞬間がハイのチャンス、足の短い選手の場合、パンチなどで相手の制空権内に飛び込んで一度距離をゼロに近づけ、相手が嫌がって少し距離をつくった瞬間がハイのチャンスになります。限られた試合時間の中でハイキックのチャンスを増やすためには、前者は相手を中に入れない技術が、後者は相手の中に入る技術とインローやボディーへの攻撃、タックルなどで相手のターゲットである頭部の位置を下げる技術が、重要になってくる、というわけですね。

　ハイキックひとつとっても、そこには自分の身体的特徴、そして競技における自分の体格の位置づけ、相手との関係性、などの条件によって選択のバリエーションが生まれます。あのヒクソン・グレイシーと真剣勝負を繰り広げ、総合格闘技と柔術を開拓してきた伝説の格闘家・中井祐樹代表（パラエストラ東京）は、「格闘技のスタイルはみんなオリジナル。同じスタイルは2人といない」という表現をされています。実際に、一流選手の多くが、自分で自分を強くする方法を編み出しています。技自体が、もともと

図3-4-3：開拓者・中井祐樹代表

あったものではなく、誰かが創造して一般化された身体の使い方ですので、これからも技術はどんどん多様化していくでしょう。誰も見たことない技が完成すれば、それは相手にとって脅威です。相手にとって「何をされているのかわからない」状態をつくるには、創造的であることが重要なのです。単に奇をてらった変わったスタイルではなく、いくつもの王道を飲み込んだワン＆オンリーの創造的スタイルが、格闘技・武道をさらに進化させていくことでしょう。（図3-4-3）

☑ できる記憶の定着を

　下段蹴り、ローキックのKOの解剖学のセクションでも触れましたが、試合でのKOを実現した場合、ぜひとも実行して欲しいことがあります。それは、KOの状況をできる限り言語化することです。

　試合開始からどのくらい時間で、リングのどのあたりで、自分はどのように動いていて、相手はどのように動いていて、その時にどんな声が聴こえていて、どんな景色が目に入って、自分は何を感じていて、どういう過程で技が飛び出して、倒した瞬間どんな感触があって、そのとき何を想ったか、などなど、KOの記憶を事細かに書き言葉で記録し、話し言葉で再現し、対人で後輩や信頼できる仲間に、身振り手振り（ゼスチャー）も交えて再現可能な状態をつくっておくのです。

　勝った試合は、情報入力がなされています。チャネルが開いている状態ですから、「感覚入力➡情報の処理➡運動神経を介しての出力➡感覚入力」のループがうまく回っています。負けた試合は、いっぱいいっぱいになっていて、視野狭窄に陥り、セコンドの声などもほとんど聴こえません。

　偶発性の高いKOを、再現性の高いKOするためには、KOできたときの感覚や状況をアウトプットや言語への変換を通じて脳に定着させる作業が有効です。そうすれば、似たようなシチュエーションの時に、KOのチャンスが来たのがわかるようになります。初めて目にする数学のテスト問題であっても、良く見ると、過去にやったことがある似た問題や、構造が共通する問題であることに気がつくと、正解に至りやすくなる過程に似ています。

　KOのみならず、勝ちパターンやピンチをひっくり返した経験などを言語化することも大切です。情報過多の時代、自分の外にはたくさんのヒントがありますが、答えは自分の中にあります。それがどんなものなのかを文字や絵を駆使してノート

に起こすと、自分の強化書ができるのです。「できない記憶」ではなく、「できる記憶」をレンガのように丁寧に確実に積み上げれば、必ずKOに近づくでしょう。(図3-4-4)

図3-4-4：「書く」行動を通じて「できる記憶」を積み重ねる

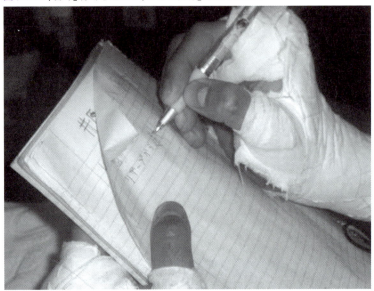

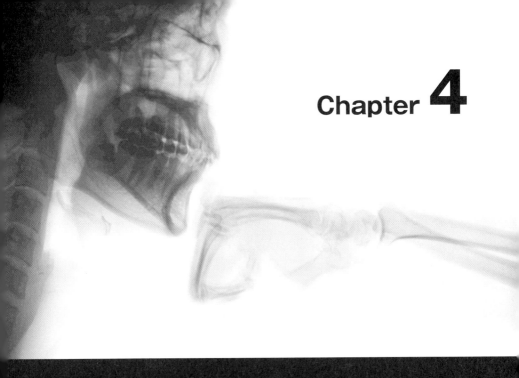

Chapter 4

選手生命を守る

強くなるために志した格闘技なのに、気がつくと怪我や障害との戦いに突入してしまう現状。格闘技が必然的に内包するリスクにフタをすることなく、冷静に見つめリスクを減じる選手生命向上について考察します。

選手生命を守る

4-1 競技と消耗

競技における最大の才能とは？

☑ 人間の身体は消耗品である

　格闘技ドクターとして、様々なジャンルの選手や元選手を診ていただく機会に恵まれます。プロアマ問わず、人前で戦う競技者としての道を選び、激しい練習と生活を己に課し、実績とキャリアを重ねてきた選手は、ごく一部の例外を除き、みんなボロボロです。

　関節可動域の制限があり足関節の背屈がほとんどできないキックの王者、靱帯を何度も損傷し膝関節がグラグラな総合格闘家、腰椎ヘルニアがあり調子の悪い時は歩くのも困難なカラテ選手、肩関節の脱臼を繰り返している女子選手……。（図4-1-1）

　彼ら、彼女らが、わざわざ私のところまで診察に来る理由は、「戦いたいから」。「普通のドクターを受診したら、やめなさいと言われてしまう。先生なら戦いたい気持ちをわかってくれるんじゃないかと思って受診しました。」このような言葉を聴くたびに、「何とかしたい」という気持ちと、「もっと早い段階で連絡くれればよかったのに……」という気持ちが交錯します。

　「怪我からの復活」「手術を乗り越えて」美しいフレーズで復帰し、脚光を浴びるのはほんの一部の選手だけ。強くなるために始めた格闘技や武道で、競技生活を重ねることで人として弱くなってしまった選手や元選手たちのほうが圧倒的に多いのが現状です。競技は、少なくとも「健康」になるためにあるのではありません。当たり前のことですが、競技の世界で勝っていく人は、基本的には周りを出し抜く人です。対戦相手が1000本蹴るなら、自分は1200本蹴る、という姿勢がないと、競技で上に行くことはできません。「人と同じじゃダメ」が前提の世界の上、圧倒的な練習量が、プレッシャーのかかる試合でものをいう世界ですから、どうしても過剰な稽古、過剰な負荷を求めてしまう。これは競技という性格上、ある種の宿命です。

　一方で、圧倒的な練習量、過剰な負荷、偏った動きを続けていくと身体はどうなっていくかというと、間違いなく「早く壊れる方向」に行きます。サンドバッグを蹴る、

ミットを打つ、人とぶつかる、靭帯や腱に負荷がかかる、筋肉がぶっ壊れる……。新しい車を買っても乗って何万キロも走れば古くなりますし、PCも使えば使うほど、故障の可能性が上がります。人間の身体も決して例外ではありません。すべての部位に再生能力があるわけではありませんし、壊れたらそのままの部位や組織もたくさんあります。

図4-1-1：正常の腰椎と腰椎ヘルニア、正常の頭蓋内と頭蓋内出血、肩関節正常と肩関節脱臼

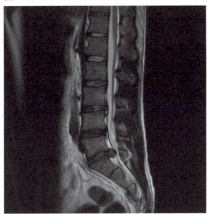

(A) 腰椎ヘルニア

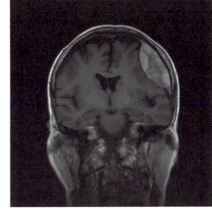

(B) 頭蓋内出血

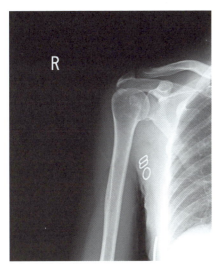

(C) 肩関節（正常）

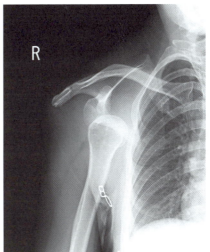

(D) 肩関節脱臼

格闘技や武道の競技生活を続けるということは、他人に負けないように限界まで追い込みながら、身体に極力ダメージを残さないように気を配るという、かなり高度な二律背反に挑むということでもあります。ですから、弱くなってしまわないためにも「人間の身体は消耗品である」という前提は、継続する上でとても大切だと思います。

☑ 競技の最大の才能とは

競技における最大の才能とは何でしょうか？ スピードが速い、判断力がある、センスがある、パワーがある、努力を続けられる……答えはいろいろ考えられますが、格闘技医学的な側面からいえば、「致命的な怪我をしないこと」こそ最大の才能だといえます。メジャーリーグで大活躍するイチロー選手は、怪我をしないことでも有名です。(図4-1-2) 10年連続、200本安打というメジャーリーグでの歴史的記録も、10年間、メジャーのバッターボックスに立つことができたからこそ成し得た偉業。もし、怪我や手術で戦線を離脱していたら絶対に実現しなかったことです。

もちろん、イチロー選手の身体特性が、野球というスポーツにマッチしていたから怪我をしにくい、という部分もあるでしょうが、注目したいのは、彼の「怪我しない・無理しない」プロ意識です。イチロー選手は、いわゆる力を込める、緊張してガチガチになる、ということを普段からなるべく避けているそうです。「普段から力を抜くようにしている」「大人と子供とでは、転んだ際に大人のほうが大きな怪我をしやすい。それは、大人は転ぶ時に身構えて力を入れてしまうからで、子供のように力を抜いていれば大怪我につながりにくい」

図4-1-2：怪我をしない身体の使い方を探す

イチロー選手の発言です。イチロー選手は、力を抜く技術を体得することで、怪我から身を守り、パフォーマンスを向上させている選手だといえるでしょう。

　試合当日の行動も、イチロー流があります。イチロー選手は、試合前、チームの誰よりも早くグラウンドに入り、入念にストレッチや準備体操をします。そして試合中であっても、守備の機会が無いときは黙々とストレッチなどを行いながら、自分の打順のずっと前から準備をしています。さらに、日常生活でも、彼のプロ意識は光ります。落ちた物を手で拾う際、取りにくい位置にあるものを手で取ろうとする際、動くのが面倒な時には、骨盤の位置はそのままで、腕や上半身を伸ばそうとしてとる傾向があります。そうするとどうなるでしょう？　伸ばされた筋肉や靭帯に、過度な負荷がかかり、腰痛や肉離れ、靭帯損傷などのリスクが高まります。イチロー選手の場合、どんな時でも絶対に無理な姿勢をとらず、股関節を屈曲して膝関節も屈曲して、床にあるものを拾ったり、身体ごと移動してリーチの範囲内で取ったりするそうです。日常生活動作でも、身体を壊しにくい動きが習慣化している。体重移動をおろそかにしない。自分の手の届く範囲（リーチ）を知り尽くしている。日常生活の中に、野球があるのです。

　「小さいことを重ねることが、とんでもないところに行くただひとつの道」

　自ら実践し、結果につなげ、観客に感動を与え続けるイチロー選手だからこそ、この名言がキラキラと輝くのでしょう。

☑ 身体の声を

　格闘技・武道の競技は、なんだかんだで潰し合いであり、削り合いであり、壊しあい。実力が伯仲すればするほど、「我慢比べ」に突入します。「『相手を捌いて、一発で倒す』と言える人は、競技では戦ったことが無い人か、弱い人としか戦ったことがない人か、不意打ち専門の人か、本当に世界最強の人のどれかです」というのは、ある世界王者の言葉です。

　柔道やカラテなどの武道では、合宿や合同稽古においてみんなで同じメニューをやらなければならないシチュエーションがあります。意識を統一し、士気を上げる意味では、凄く有意義ではあるのですが、それぞれの選手によってオーバーワークの程度だったり、故障の箇所だったり、コンディションだったり、大きな差があります。ある日本代表の集う合宿で、もともと痛めていた膝の前十字靭帯を断裂し、

実質的に選手生命が終わってしまった症例もあります。縦社会であり、場の空気を何よりも大切にする日本人の特性もあり、「膝が悪いのでこのメニューは参加できません」とやはり言いづらかったようです。

　どんなに強くても選手も人間です。靭帯が切れて立てなくなれば、試合場に上がることさえできなくなります。身体の声をよく聴いて、その声が周囲に届きやすい環境づくりが急がれます。身体と身体をぶつけ合い、弱点を容赦なく攻められるもっとも過酷なコンタクトスポーツだからこそ、身体を守ることは「強さ」に直結します。この章では、格闘技・武道の競技と選手生命について考察して参ります。(図4-1-3)

図4-1-3：前十字靭帯断裂のMRI

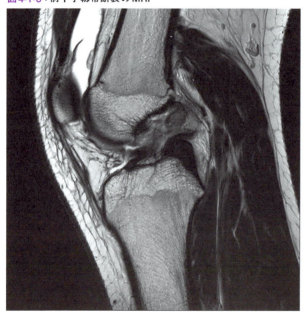

選手生命を守る

4-2 関節の寿命

高精度のベアリング、関節を守る

☑ 関節は高性能なベアリング&サスペンション

　競技生活で無理を重ねると、関節にダメージが蓄積します。関節は、年齢を重ねていくとどうしても摩耗してしまう「消耗品」ではありますが、酷使すればするほど、消耗は激しく早くなってしまいます。いつまでも動けるためには、関節にダメージが蓄積しないように努めなければなりません。

　異常を知るにはまず正常から、ということで、膝関節を例に主な構造を見てみましょう。

　関節は2つ以上の骨と骨を連結する部分ですが、骨と骨がそのまま接しているわけではなく、表面を数ミリの関節軟骨と呼ばれる組織が覆っています。関節軟骨は表面が非常になめらかで、かつ、水分を豊富に含んでいてクッション性に優れています。関節軟骨と関節軟骨の間には、関節腔という隙間があり、ここには関節液という液体で満たされています。関節液は、関節軟骨どうしの摩擦をさらに減らし、衝撃を緩和する液体で、関節に栄養を送る役割も果たしています。これらを、関節包という袋が包み込み、靭帯や筋肉、腱などが骨と骨をつなぐという基本構造になっています。自動車に例えるなら、関節はベアリングとサスペンションの機能を兼ね備えた超精密なパーツなのです。(図4-2-1,2)

図4-2-1：正常の膝のMRI

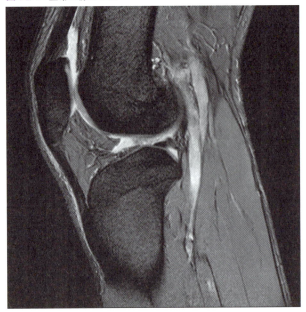

図4-2-2：膝関節の構造

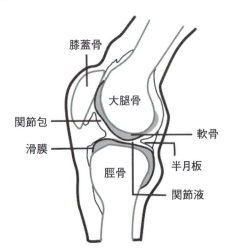

☑ 思い切って動けるリミット

　格闘技や武道に限らず、スポーツ全般に故障が多いといわれる膝関節。膝は構造的に非常にもろい関節です。人体の中でも強い筋力を誇る大腿四頭筋が連結し、パンチや蹴りや投げなどの技で大きな威力を発揮する関節である一方、蹴り足を掴まれて捻られたり、ヒールホールドをかけられたり、投げ技などで膝が伸びきったりすると簡単に靭帯を断裂して壊れてしまう「弱点」になりやすい関節です。

「歩いていて膝がガクンと崩れるようになった」

「前十字靭帯を断裂し手術したが、再断裂の恐れがあり、もとのように動くのが怖くなった」

「動くたびに軋むような痛みが走り、相手と戦うどころではなくなった」

という元選手たちの声も格闘技のリアルな現実を表しています。

　膝を構成する骨は、3つ。太ももの骨である大腿骨とすねの骨である脛骨、それに膝のお皿の骨である膝蓋骨ですが、大腿骨と脛骨はお互いほとんど凸同士。その凸の骨同士を靭帯や筋で連結して構成されます。それらの前側に、可動性が大きい膝のお皿の骨・膝蓋骨が乗る形になります。人体の多くの関節が凸凹で噛み合って構成されていることを考えると、膝の骨構造のもろさが分かると思います。凸同士の骨を、靭帯や筋肉、軟部組織などで連結する構造です。二足歩行を実現した人間は、体重移動を下半身メインで行えるようになったため、上肢を自由に使えるようになったことで「器用さ」を獲得し、脳をさらに発達させてきました。その分、体重を支えるのは4本から2本になり、下半身への荷重は大きいものとなりました。ですから、膝への負担は、人間が背負った宿命。「膝関節の寿命が、思い切って動ける寿命」と言っても良いくらいです。

　膝関節は、ジャンプやキック、ステップなどダイナミックな動きを実現する、大きな可動性を持った関節である反面、その構造と荷重の大きさゆえに故障を起こしやすい関節です。ですから、膝へのダメージをどこまで軽減できるかが、選手生命のカギを握ります。(図4-2-3,4)

図4-2-3：膝関節のレントゲン（正常）

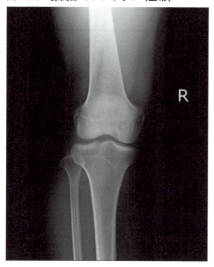
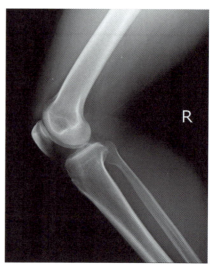

図4-2-4：膝の寿命＝思い切り動ける寿命

☑ ジンタイとインタイ

　膝の靭帯断裂は、選手生命を極端に短くしてしまう要因です。膝の、前十字靭帯や後十字靭帯、内側側副靭帯など、膝関節にある靭帯を切ってしまうと、スポーツの動きはもちろん、歩くことにも支障が出てしまいます。前十字靭帯を断裂すると、膝から下が前に出てきたり、歩行中に膝がガクンと抜ける感じがしたり、力が入りづらくなったりといった症状がでます。

　格闘技・武道の場面では、パンチやタックルの動きで踏ん張れない、蹴りの際、蹴り足にも軸足にもできない、相手の攻撃を足でブロックできない、寝技や投げ技が使えない、など様々なパフォーマンスの低下につながります。さらに怖いのは、膝の状態が悪化することだけではありません。格闘技や武道の競技の場合、怪我のために「注意力が落ちる」「集中力が低下する」ことが憂慮すべき点です。試合中やスパーリング中、膝に違和感を感じ、そちらを気にした瞬間、「ガツンッ」と脳をやられてしまうことがある。2次災害を引き起こすリスクが高まってしまうのです。靭帯断裂は、選手引退の隠れた理由のひとつです。

☑ 実際に経験した症例

　格闘技をやり込んだ往年のプロの名選手（当時50代前半）の膝関節の手術に入った時の話です。膝関節鏡のモニターに膝内部が映った途端、ビックリしました。関節内は、ちぎれた半月板や滑膜ヒダと呼ばれる関節の袋の内側にある組織が異常増殖し、正常な関節内には見られない異常な毛細血管もみられ、まるでジャングルのようでした。50代なのに、80代後半くらいの膝関節でした（正常の関節内部は真っ白で雪景色のように美しいです）。手術は無事成功し、ご本人の回復力も手伝って、術後すぐに歩行時もほとんど問題ないレベルに回復されたのですが、病室で「若い頃かなり無理をしましたからね……」とおっしゃっていたのが今でも強く印象に残っています。（図4-2-5）

　また、柔道国体選手から総合格闘家として大舞台で活躍したあるプロ選手のレントゲンも、相当にショッキングでした。肘関節や膝関節の周囲に、解剖学上、正常ではありえない骨が無数にみられたのです。これを専門用語で異所性骨化といいますが、本来骨でない場所に骨ができてしまう状態のことを言います。この選手の場合、膝関節とその周囲の筋や靭帯の断裂、挫滅などに伴う出血が基質化して骨ができて

しまいました。私は、医師になって15年以上経ちますが、レントゲンをみて言葉を失いました。驚くべきことに、その選手は膝の状態は最悪でしたが、その後8年近く現役で闘い続けました。上に行くには、ここまで身体を酷使せねばならない、という競技の世界の苛酷さを改めて実感させられた検査結果でした。

図4-2-5：膝関節内部の関節鏡写真　正常および異常

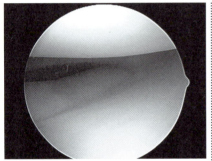
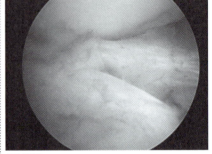

(A) 正常　　　　　　　　　　　　　　(B) 異常

☑ 関節を守る①——柔らかさと固さを探す

　関節の可動域を広げていくことは競技をやる上で大切ですが、やりすぎは絶対に良くありません。最大の可動域は、「もうこれ以上動かない」エリアですから関節を固定している靭帯や組織に強烈な負荷がかかってしまうからです。普通は事前に筋肉が収縮して関節を守るのですが、もともと可動域が広い人や、靭帯が緩い人、筋力が弱い女性や子供では、筋肉の収縮によるプロテクト作用が働きにくく、靭帯はストレスにさらされます。ストレッチ大好きな選手、柔軟がもともと得意で体が柔らかい選手、膝や肘が反対側まで曲がってしまうタイプの人は、特に要注意です。

　選手生命を大きく左右する膝の怪我のひとつ、前十字靭帯断裂の発症頻度は、男性よりも女性に圧倒的に多く2倍以上との報告があります。練習では、可動域を確保しながらも、最大可動域の角度をとる時間を極力短くして、安全な可動域の範囲で動くように意識しましょう。関節が柔かいタイプの方は特に、関節を固める意味での筋力トレーニングは積極的におすすめしています。膝関節は主に靭帯と筋肉で連結されているため、大腿前面の大腿四頭筋や大腿後面のハムストリングスを徹底的に強化しておくことは、膝関節の安定に関与します。不意に膝関節に負荷がか

かることがあっても、筋が強く収縮して負荷を筋肉が受け止めるような身体の使い方を追求していれば、膝が保護させる可能性が上がります。

ベースとなる筋力が不足している選手、膝がゆるい選手、柔軟性が高く可動域が大きい選手は、徹底したウエイトトレーニングや自重トレーニングなどで筋力を養いましょう。競技において柔らかさ、固さ、どちらも必要です。その２極の間を自由自在に行ったり来たりできるように、心がけてみてください。

☑ 関節を守る②──膝にとって安全な動きを追求する

膝は、横からのストレスや捻りのストレスに極めて弱い関節です。あるとき、左膝の内側が痛い、という選手が私のところに診察に来ました。その選手はキックボクシングのプロ選手で、タイトルマッチの経験もある上位ランカーでした。蹴りよりもパンチを得意とする選手で、目がよく「当て感」に優れた選手でした。診察の際、下肢を直接強く蹴られた、というような外傷のエピソードは特にありませんでした。レントゲン上、骨に異常は見られず、膝の内側側副靭帯の部位に疼痛を認めました。「なんでだろう？　知らないうちに蹴られたのかな？」原因が特定できないまま、彼の動作を確認するため、繰り返し普段通りにシャドーをやってもらって初めて、その原因がようやくわかりました。膝を痛めた原因は、パンチのフォームでした。

オーソドックス（左足前、右足後ろ）に構えて右のストレートパンチを出したとき、右の股関節が前方に動きますが、このときに前脚である左膝が完全伸展してしまっていて、打った時に脛は相手方向、太腿が相手よりも左側を向く状態になっていました。太腿の行きたい方向とスネの行きたい方向がズレてしまったわけですから、そこに捻りが生じ巨大なストレスが内側側副靭帯に慢性的に集中していたのです。強いパンチを打つたびに、余計な力学的負荷が累積していた、というわけですね。このような慢性的な障害を防ぐには、膝に優しいフォームを把握し、探していかねばなりません。（図4-2-6）

他にも、寝技で足を取られたとき、足先を動かして逃げようとすると膝に捻りの負荷がかかります。これは靭帯断裂のリスクが高い動きですので、膝関節のさらに手前にある股関節を屈曲し、膝関節も屈曲して「捻り」を最小限にするように心がけください。膝は、屈曲・伸展が得意な関節ですから、危険な時には屈曲することで、靭帯への負荷を軽減し断裂のリスクを減じることができます。（図4-2-7）

靭帯には固有感覚と呼ばれる感覚神経の終末が豊富にあります。靭帯にかかるテンションや長さの変化、といった情報を固有感覚を通じて脳に伝え、脳から筋肉に向かって指令を出し、危険な状態を回避するシステムが人間には備わっています。靭帯を損傷すると、固有感覚の神経線維が切れてしまい、関節から中枢に送る情報が極端に減ってしまいます。こうなると、2度目、3度目の損傷が起きやすくなり、慢性化してしまいます。格闘技・武道ですから、痛みに対する我慢はある程度は必要ですが、靭帯への負荷を無視せずに固有感覚を上手く活用しながら、動きを研ぎ澄ませて欲しいと思います。

図4-2-6：膝に負担がかかるフォーム、膝に優しいフォーム

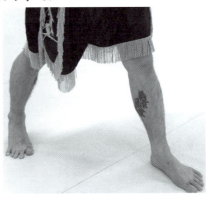

(A) 膝に負担がかかるフォーム

(B) 膝に優しいフォーム

4-2 関節の寿命

　関西で数多くのアスリートの健康をサポートしているスポーツドクター、鞆浩康ドクターは、練習での動きを指導者とドクターが連携しあい、きちんと評価して選手にフィードバックすることが大切だと説いています。靭帯に負担がかかる動きを選手本人が気がつかずに行っている場合、「このまま続けるとストレスがかかって遅かれ早かれ壊れる」ことを自覚させ、軽度の段階で修正・改善を加えていく必要性があるというわけです。選手の目標やニーズをしっかり汲み取って、情報を共有しながら選手が伸びていける環境づくりが今、求められています。

図4-2-7：膝に負担の少ない逃げ方

①

②

③

④

☑ 関節を守る③——変形性膝関節症のリスク

臨床医学の勉強会で、変形性膝関節症に関する以下のデータを目にしました。

表4-2-1：変形性膝関節症のリスク

BMI25以上で、男性2.63倍、女性3.11倍
BMI30以上で、男性4.78倍、女性3.87倍
膝外傷の既往がある場合、リスクは5.2倍

　変形性膝関節症とは、加齢や荷重などの誘因によって膝関節に変形をきたす整形外科的疾患であり、痛みのために筋力低下や歩行困難を生じます。重度の場合、関節ごと人工関節に変えてしまう治療もおこなわれることがあります。40歳以上の変形性膝関節症患者は2530万人以上とも言われています。BMIとはBody Mass Indexの略で、身長の二乗に対する体重の比で体格を表す指数です。このBMIが男女とも22の時に高血圧、高脂血症、肝障害、耐糖能障害等の有病率が最も低くなるということがわかってきました。そこでBMI=22となる体重を理想としたのが標準体重です。BMI25以上を肥満と判定。数字が大きければ大きいほど、肥満というわけです。

　格闘技・武道の競技をやりこんだ元選手は、膝にダメージがない選手の方が少ないと考えられます。さらに、キャリアと共に筋肉がつくため、全体的にウェイトアップの傾向にあり、階級を上げていく選手も少なくありません。引退後に体重が増えてしまう方も少なくありません。BMI30以上の男子の重量級で、膝にダメージがある場合、4.78×5.2＝24.856倍ものハイリスクを背負う可能性が高いのです。

　僕自身、相手に下段蹴り（ローキック）を蹴らせてそれに耐える練習を10代のころから繰り返してきたからでしょうか、40代に入って、膝に違和感を感じることがあり、時折、膝がロックするような症状がありました。「このままでは格闘技ドクター生命が危うくなる」と正直ビビりました。立場上、外来診察などで変形のため歩行困難になった患者様の治療に当たっていますが、その患者様は自分の未来の姿そのものでした。それ以降、練習においてローキックの被弾を極力避けるようにしました。脛の方向が変わってしまう可能性がある、脛ブロックもなるべくやらない

ようにしました。同時に、減量を決行し、おかげで今では膝の違和感は消失しました。しかしながら、これは治ったわけではありません。症状が軽減しただけであり、変形とは今後も付き合っていかなければならない運命です。（図4-2-8）

- 練習中に無駄な打撃の被弾を極力避けること
- 技術をもう一度見直すこと
- 引退後は適正体重に近づけること
- 将来のリスクを知り、身体ともっと会話すること

図4-2-8：変形性膝関節症のレントゲン

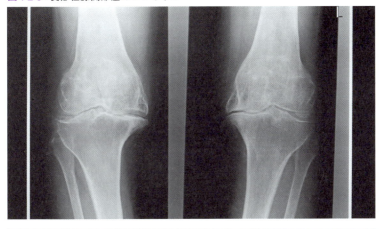
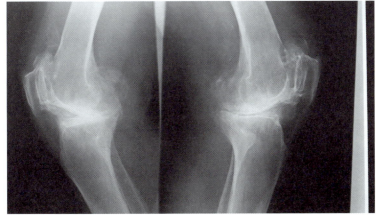

これらが本当に大切だと実感しています。私の場合、膝が痛くなったとき正直、「膝さえ痛くなければ」という感情が湧いてきました。しかしながら、膝の立場からすると、「今まで何十年もあんたの体重を支えてきたのに、痛くなったら急に俺のせいかよ！」っていうお話です。それにようやく気がついて以降は、身体の各部位をゆっくりとさわりながら、会話をするようになりました。
「膝、今日は動きはどう？」
「今から蹴りの練習、よろしくね」
「今日の蹴り技、いい感じでした！ありがとう！」
「週末は、しっかり休もうね」
　脳と身体は、常に情報を交換し合ってますから、身体の各部位の声を感じ、ねぎらいの言葉をかけるように心がけるようになりました。どんな強い人でもいつか自由に動けなくなる日がやってくるからこそ、動ける日々の在り方が大切だと感じています。(図4-2-9)

図4-2-9：体の声を無視しない

4-3 腰の故障と負のループ

選手生命を守る

腰を守りながら強くなる

☑ 腰痛、格闘技での負のループ

　腰を痛めて選手生活を断念せざるを得ない選手も後を絶ちません。2足歩行である人間は、立つという行為のため常に腰を痛めるリスクにさらされています。相手とぶつかり、殴り合い、蹴り合い、投げ合い、極めあう格闘技・武道においては選手生命を左右します。人体の要である「腰」を守りながら格闘技を遂行できるための予防策について考えてみたいと思います。(図4-3-1)

図4-3-1：腰を守る

☑ まずは原因の究明を

　腰痛の原因にはどのようなものがあるでしょうか？　「筋力が弱い」「筋が断裂している」「姿勢が悪い」「ヘルニアがある」「インナーマッスルが弱い」「身体が正しく使えていない」「ウォーミングアップが不十分」……など。

　格闘技や武道の実践者に質問すると、だいたいこのような答えが返ってきます。筋や骨や姿勢にフォーカスが当たってしまうわけですが、腰痛を起こす原因はそれだけではありません。

　「50代男性がずっとある武道をやっていて、ある日、腰の痛みを訴えた。それ以来、マッサージに通いながら、痛みを我慢して練習に取り組んでいた。あまりに痛みが続くため、精密検査をした結果……」

　なんと「前立腺がんの腰椎転移」でした。食生活やライフスタイルの欧米化に伴い、日本でも前立腺がんの罹患率は増加の一歩をたどっており、男性の癌の上位を占めています。格闘技・武道の現場では外傷が原因となる腰痛は珍しいものではないですから、このようなケースも「練習に伴う骨や筋肉の問題」が原因にされてしまいがちなんですね。他の癌や腫瘍も、骨に転移することがありますので十分気をつけてください。他にも腰痛が起こる意外な病気として、多発性骨髄腫などの血液の腫瘍もあります。私がまだ医学生で臨床実習の際、血液内科の専門医に「腰痛を診たら、血液の腫瘍も念頭に置いて疑ってくれ」と何度も言われたのが印象的でした。整形外科には慢性的な腰痛の患者さんがたくさん来ますが、血液の疾患であるケースもありうるということです。腰痛が起きる原因疾患は、癌の転移や多発性骨髄腫だけではありません。他にも胃潰瘍や膵炎などの消化器系の疾患、尿路結石などの泌尿器系の疾患、女性の場合、子宮筋腫や卵巣腫瘍などの婦人科系の疾患、解離性大動脈瘤などの循環器系の疾患でも腰痛が症状として認められることがあります。その疾患の数は、100種類を優に超えます。こちらのMRIは、前立腺癌の腰椎転移。ひとつだけ腰椎が変色している様子が画像から解るかと思います。（図4-3-2）

　これらから、腰痛の原因は様々であり、きちんとした医療機関での検査や医師の診断なしに対応することはリスクが非常に高いことがわかると思います。ましてや、「腰痛の原因の決めつけ」は、本当の診断➡治療を遅らせることにつながります。前述の例でも、前立腺がんが腰椎に転移しているのに、マッサージを受けても解決するわけがない。むしろ発見が遅れるのを助長しているだけという現状があります。

格闘技や武道の競技が原因で起きた腰痛なのか、他の原因が別に存在するのか、両者が重なっているのか。素人判断ではなく、これらの見極めを十分に行うことが重要です。格闘技・武道の底辺が広がり、熟年層、幼児、女性と実践者が拡がってきた今、リスク管理は非常に大切です。「腰痛＝骨や筋肉が原因とは限らない」こと、そして「正しい診断あっての正しい治療」ということを、今一度、強調させていただきたいと思います。

図 4-3-2：がんの腰椎転移

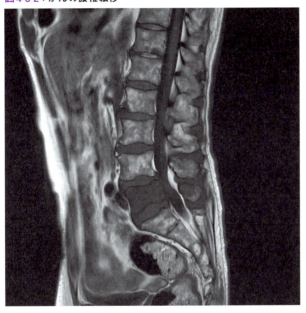

☑ 格闘技での腰痛と負のループ

　正しい診断を経て、基礎疾患がなく、運動による外力が誘因であることが確定した場合、局所の治療に加えて、「格闘技の動き」を見直す必要があります。薬や注射、リハビリなどの治療で症状が消失したとしても、練習で、トレーニングで、腰部に極端に負担がかかる動きを繰り返してしまうと、再発し、悪化および慢性化していって、腰椎ヘルニアなどの不可逆的な状態に突入してしまう例があるからです。格闘技医学会でも、選手、実践者の腰痛についての調査をしたところ、格闘技の練

習で慢性化していった過程に、「負のループ」の存在がありました。

　1：練習や試合で腰を痛める➡2：医療機関で治療および回復➡3：原因である動きの改善はなされないまま練習復帰➡4：再発、というループです。

　どんなに休息を取っても、効果的な治療ができても、道場やジムで腰に負担がかかる動きを繰り返してしまえば、また1➡4のループにハマってしまう。このループを断ち切らないと、4の先に5：ボロボロになって練習すればするほど弱くなる、6：引退➡タイトルの代わりに怪我や後遺症が残る、という悲しいコースが待っています……。

　格闘技が誘因で起きる腰痛に関しては、局所への対応・治療だけではなく、「負のループを断ち切る」作業が必要である、というのが実感です。

☑ 腰に優しいフォームの追求

　負のループを断ちきるには、フォームの改善に取り組まなければなりません。では、「より良いフォームとは何か？」ということになりますが、これは競技によっても、個人によっても、同じ人でも時期によって違いますから、「外から見た形」にあまり引っ張られないほうがよいかと思います。それよりも、安全に負荷をかけて実験をしながら「腰椎への集中した負荷」と「全体への緩やかな負荷」の違いを感じられることを目標にしてみてください。

　2人組となり、選手側はファイティングポーズで構えてみてください。パートナーは、構えた状態の選手のガードを前から押してみます。このとき強く押すと、選手の構えが崩れてしまいますから、ゆ〜っくり、軽〜く押してみます。

　選手側は、このときの負荷がどこにかかっているかを知覚します。腰を痛める選手の多くは、外力を腰椎のある一点で受けてしまっている傾向があります。外力に対し、腰で受け止めないためにはどういう構えにしなければいけないか、じっくりと探してみてください。

　今度は、外力を上手に逃がす動きをやってみましょう。構えのガードの前の手を、パートナーが押してみます。オーソドックスなら左手を、サウスポーなら右手を前から押してみてください。押された側は、この外力を逃がすときにどのように身体を動かしたら腰に優しいかを探してみてください。下半身を全く動かさないまま、腰から上を捻ってしまう動きをする方は危険です！　捻った際に支点となる腰椎と

腰椎の間に大きな負荷がかかってしまうと、椎間板を壊してしまう原因になりえます。また腰椎と腰椎を連結する非常に小さな筋群（回旋筋など）に大きな負荷がかかる恐れもあります。小さな筋の断裂も、腰痛の原因のひとつです。（図4-3-3）

腰を守るためには、ガードを押された場合でも、前足の股関節を屈曲して逃がすこと。

腰を捻って逃がそうとする癖のある選手は、逃がしきれなかったときに間違いなく腰椎とその周囲にストレスがかかりますので、改善を試みてください。

図4-3-3：構えを押す、逃がす

①

②

☑ パンチフォームチェック

構えのチェックができたら、今度は技のフォームチェックです。今回はストレートを例にとってみますが、構えた状態から相手にヒットする瞬間で止めてみます。

ヒットする瞬間は、身体が最も反作用を受ける瞬間です。ですからこの瞬間、「身体のどこの部分で反作用を受け止めているか」をパートナーに軽く押し返してもらってフィードバックします。このときの反作用が腰に集中する選手は、ほとんどが腰痛持ちか、これから腰痛が起きる予備軍といっていいでしょう。そのままのフォームでミットやサンドバッグ、スパーリングを繰り返せば繰り返すほど、腰椎と椎間板に負担がかかり続け、「負のループ」の中から抜け出せなくなります。壊れにくい選手は、もともと身体が頑丈なのもあるけれど、その競技においてたくさん

の関節で少しずつ反作用を分散して受けることができる、言い換えるならば、反作用を一点で受けないように身体を運用できる選手ということになります。(図4-3-4)

　200回サンドバッグを打った場合、200回腰に不要な負荷がかかっているのか、200回全身に緩やかな負荷がかかっているのか、やっていることは同じに見えても、中身は全く違います。これがのちのち大きな差になります。対人のフォームチェックは、パンチのみならず、蹴りや受け技などすべての接触する技術に応用可能です。

図4-3-4：パンチフォームチェックで反作用を感じる

☑ 持ち上げテスト

　次にレスリングや総合格闘技で行う、相手を持ち上げる動きも腰を痛めやすい動きのひとつです。そのチェックとしてバランスボールを持ち上げてみましょう。ボールを持ち上げる瞬間で止まって、ボールを上からパートナーに押してもらうと、その反作用をどこに感じるでしょうか？……腰に負荷を感じる方は要注意です。特に、背中が丸まっていると腰の一点が支点になるので危険です。腰を壊さないタイプの選手は背中がまっすぐで、股関節の屈曲を十分に使って持ち上げます。普段の身体の使い方が現れやすいので、道場やジムで簡単に試行できるテストです。(図4-3-5)

図 4-3-5：持ち上げテスト

(A) 反作用を腰椎で受けると危険　(B) 反作用を全体で受けると安全

☑ タックルからのリフトアップで身体の使い方を知る

　腰に優しい動きを身につけるためにタックルからパートナーを持ち上げるトレーニングも効果的です。もちろん、腰に問題がなくなってからの予防的メニューの位置づけですから、子供や軽い相手からスタートして段階的に。子供が子供を持ち上げるのは、年齢的には早すぎますので、大人のメニューとしてご理解ください。

　タックルからのリフトアップで股関節の屈曲・伸展もスムーズになりますし、呼吸と力の発揮のタイミング、反作用の分散など、自分の頭と骨盤と相手の位置関係などを意識しながら、多くの関節を同時に上手に動かす能力が向上します。重力や伸張反射、Vの字の軌道もタックルの動きで理解しやすくなるでしょう。上手くいくと、ほとんど相手の体重を感じずに持ち上げることができ、腰痛予防を含めて、身体の使い方をわかりやすく学べるトレーニングメニューです。カラテやボクシングなどでは、タックル➡リフトアップは禁止ですので、ルール外の練習を全く導入しない道場・ジムもありますが、いろんな運動ができて、自分の専門のルールにフィードバックする方が、動きのレベルアップにも腰痛予防にもプラスですので、自主トレとしてもおすすめです。(図 4-3-6)

図4-3-6：タックル➡リフトアップで

①

②

③

☑ 腰椎は気合いで守る！？──腹横筋と気合の関係

「はい、気合い入れて！」「オス！」「もっと声出して！」「オス！！」

　道場で日々繰り広げられている光景の中にも、腰を守る重要な要素が含まれているのをご存じですか？　そう、「腰椎は、気合いで守る」これです！！！　「気合い」といっても、いろいろな意味があり、競技や武道でも意味が違ってくる場合があるので、国語辞典（大辞林・第二版）で調べたところ、①「あることに精神を集中してかかるときの気持ちの勢い。また、それを表すかけ声」、②「物事を行うときのこつ。また、互いの間の気分。息。呼吸」、③「気分。こころもち」の以上、3つの意味がありました。ここでいう気合いとは、①のかけ声、そして息を吐くこと。「気合い＝根

性」の意味ではないので悪しからず。では、かけ声を出すと、身体はどのように変化するのでしょうか？　そしてそれがなぜ腰を守ることにつながるのでしょうか？

　格闘技や武道のみならず、スポーツの場面で大きな力を発揮する瞬間、息をはいたり大きな声を出したりする場面があります。

- テニスで強烈なスマッシュを打ち込む瞬間
- ハンマー投げや砲丸投げでの投げる動作のとき
- パワーリフティングで金属バーが曲がるほどの重い重量を上げる瞬間……

　「アーッ！」「ウァーッ！」「ハッ！」「ギャーッ！」「○×☆△……！」気合いというか、時には、ほとんど雄叫びに近いような声が飛び出します。このとき、身体の中はどうなっているかというと、急激に息をはくので、横隔膜が上がり、腹式呼吸のためお腹がグンと引っ込みます。このお腹を引っ込める役割を担うのが、腹横筋という筋肉。いわゆる腹筋といわれる腹直筋をはがし、横腹を走る内・外腹斜筋をはがしたいちばん深層にある筋です。この筋は、腰椎を取り巻く筒のような形をしており、腰椎の安定化をはかる役割があります。腰を痛めると、腰痛ベルトやコルセットをして腹圧を高め、損傷部を安静にする、という治療法がありますが、声を腹から出して、腹横筋をグッと収縮させることで、体内にもともと存在するコルセット機能を使うことができるわけですね。

　実は、この事実が医学的に証明されたのはそんなに昔の話ではありません。研究者が全身の筋肉に電極をつけて筋電図を測定し、大きな出力を行う運動の際、どこがどのように収縮するかを調べたところ、腕を動かす時、腕の筋肉がいちばん最初に収縮するかと思ったら、腕の筋肉の収縮に先行して、腹横筋が収縮。脚においても、脚の筋肉よりも先に腹横筋が収縮した、という発見をしたのです。「人間は大きな筋力を発揮する際、まず腹横筋を収縮させて腰椎の安定化をはかり、それから大きな筋力を発揮する」という順番があることが示唆されたわけです（参考：上肢において0.03秒前に、下肢において0.11秒前に腹横筋の収縮が起こると、円滑に動作を行う事ができるHodges、1996）。腹横筋収縮に伴う圧の上昇が腰を安定させるから、大きな力が発揮できる。腹横筋をしっかり収縮させるためには、腹式呼吸で息をはく、腹の底から声を出すことが有効と考えられます。しっかり声を出せるって、腰痛予防のため、力強い動きの遂行のため、この両面からも非常に大切である

ことがおわかりかと思います。

　息をはきながら、お腹を引っ込めて腹横筋を収縮させるという訓練は、日常生活の中でもその気になれば十分実行可能な強化法です。電車の中でも、バスを待つ間でも、いっそのことトイレで腹圧を高めるのもいいかも（笑）。怪我をしてしまって満足に動けない選手の復帰メニューとして、声を出して、息をはいて、腹横筋収縮させるトレーニングを処方することがあります。

☑「腰を守るセンサー」を活用しよう

　腰椎周囲にも固有感覚の神経終末がたくさん存在し、腰を守るセンサーとして機能しています。格闘技の運動学の章でも述べていますが、固有感覚とは、筋肉や腱、靭帯、関節などから入力する感覚のことです。例えば、目をつぶっていても、自分の肘がどのくらい曲がっているかわかります。体重が右足に乗っているか、左足に乗っているか、首を前に屈曲すると頭が前のほうに倒れているな、と感じられるのも固有感覚の存在のおかげです。固有感覚受容器（メカノレセプター）から脳に情報が送られ、関節の角度や、身体の位置関係、筋の収縮の度合いといったものを固有感覚器が情報として脳に送る。そこで適切で精密な運動が行えるというわけです。捻挫などを起こすと、靭帯にある固有感覚器とその伝達経路が壊れてしまいます。治療により靭帯はくっついても、感覚器とその経路が回復するまでには長い時間がかかりますから、脳に情報が伝達されにくい状態での早期復帰は、再発のリスクが極めて高いんですね。靭帯が壊れるという機械的な問題プラス、器用さが損なわれて下手になる、再発を招いてしまう、という悪しきループに陥ってしまうことになります。

　腰の中心には、腰椎と呼ばれる骨が5つ上下に並んでいます。腰椎と腰椎は、椎間板と呼ばれるクッションを挟んで、多裂筋群・回旋筋群などの小さい筋肉や靭帯でつながっています（これらの筋は身体の深いところ、深層にあり、表面からは見えません）。これらの小さな筋や靭帯には特に、多数の固有感覚受容器が存在しています。腰椎の状態を情報として中枢に送り、処理された司令が、中枢から筋肉に伝達されます。腰にとって優しくない動きをした際、腰椎に付着した小さな筋や靭帯のテンションが上がり、「危険シグナル」を中枢に送り、痛み、動きづらさ、ツッパリ感、といった形で知覚されます。これを知覚した脳は危険を回避するように筋

に司令を出します。センサーの感度を上げていくことは、選手生命を向上させるために非常に大切な要素です。(図4-3-7,8)

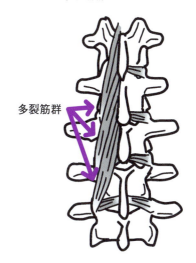

図4-3-7：腰椎と多裂筋群

多裂筋群

スポーツ医学の実験で、アスリートを集め、「腰痛のある選手群」と「腰痛のない選手群」、2つのグループに分けて身体的特徴の差を詳細に調査したところ、腰痛のある群は腰痛のない群に比べて多裂筋群が委縮していた、という報告もあります。腰椎に存在する、多裂筋群のようなほとんど繊維みたいな小さくて細い筋に過度な負荷がかかると、筋がダメージを負い中枢への情報が伝達しにくくなり、腰へのダメージが積み重なる。結果としてパフォーマンスが低下を招いてしまう可能性が高いのです。

「多少の痛みは我慢して……」というスタンスで格闘技や武道に取り組んで、こういう小さな変化を無視し続けると、無理に無理を重ねていることに気がつかず、弱くなってしまいます。逆に、大切だけど他のライバル選手が意識的に行っていないトレーニングや鍛練法は、時として大きなパフォーマンスの差を生みだすことがあります。まだ多くの選手が行っていない練習法を取り入れ、または開発し、相手が対応できない戦い方を実行できるのも一流と呼ばれる選手に共通した特徴です。

「格闘技者は、痛みに耐えなければならない。同時に、痛みにもっとも敏感な人種でなければならない。」ことを、腰を痛めて引退する選手を診るたびに痛切に感じます。

図4-3-8：腰椎ヘルニアのMRI　椎間板が後方に飛び出ている

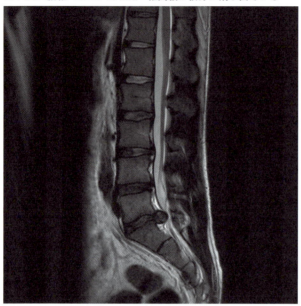

☑ 強さと安全は両立する

　「腹から声を出す」「よりよき構えやフォームを追求する」「呼吸と技のタイミングに気を配る」「反作用を一か所で受けない」「危険なシグナルに対して敏感であれ」などなど、よく見てみると、本来道場で伝えられてきたことばかりです。それらを医学的な視点で見つめ直すと発見も多いのです。

　例えば、腹横筋を収縮させると、腰椎が安定して大きなパワーが発揮できますが、上段への蹴りが不得意な人は、腹横筋を収縮させる練習をするとジャマになっていた内臓が背面のほうに移動するので、脚が上がりやすくなる、腹横筋を呼吸に意識的に使えるようになったため、スタミナが切れなくなった、といったプラスの副作用なんかもあるのです。

　整備された道場での練習ばかりではなく、海岸の砂浜や山道、野原などでの稽古も固有感覚を鍛える最高の方法です。ただ、それらは、やはり理解して意識的に行わないと効果は薄い。「師範に声を出すように言われたから出す」「この練習をやるといい」といわれたからやる、そういう受け身でばかりでは、本質に近づけなくなっ

て勿体ない気がします。

「なぜ？」「どうして？」を突き詰めて、痛みの原因が動きにあるならば、それを無視せずによりよい方法を探す姿勢が、予防にも強さにもつながる近道です。技術、戦術、勝ち負けももちろん大切ですが、「大きな声が出せるようになったのは道場のおかげです」「身体を動かすことの楽しさを学びました」「格闘技・武道を通じて身体の使い方を見直したら、腰痛がどっかいっちゃいました」……こういう人間としてベーシックな強さが学べることがこれからの道場の本当の価値だと思います。（図4-3-9）

どこも痛くない状態を0とすると、格闘技の動きで腰を痛めたときはマイナスの状態です。しかしながら、マイナスを0にするプロセスで得られる差は明らかにプラスであり、プラスからさらにプラスを生み出す基礎となるはずです。競技の最高の醍醐味は、逆転勝利だと私は思っています。「勝てないかも？」「負けちゃう、どうしよう？」というシチュエーションの中で、マイナスを一気にプラスにひっくり返せる選手は華があり、人気があります。最後まで自分を信じて、ピンチをチャンスに変えることで、観ている人の心を鼓舞するからでしょう。どんなに強くても、自分より実力や立場が下の人にだけ強いのは、どうでしょうか？

腰の故障は本当につらいですが、できる限り軽い段階で気がつき、「マイナスをプラスに転化する」練習として、強さと安全性の両立を目指していただけたら最高です。ここで紹介させていただいた内容はあくまでも例に過ぎませんので、皆さんの中でのさらなる発展・進化をさせてください。

図4-3-9：人間としてのベーシックな強さを追求する

選手生命を守る

4-4 内科的疾患とリスク

格闘技が抱える内科的リスクとその予防

☑ 格闘技・武道と内科的リスク

　医学部で勉強を始めた時、いちばん驚いたというか、ショックだったのは、病気の種類のあまりの多さです。先天性の疾患、遺伝性のもの、生活習慣からくるもの……それまで自分が知らなかっただけで、数え切れないくらいあり、しかも新しい病気や病態は研究され増えていく一方です。たまたま、それらにならずに、それらをよけて（もしくはいまだにわからずに、かもしれませんが）、病気にならずに健康でいられる、というのは実は大変なことなんだな〜というのが実感でした。

　格闘技・武道の競技はその特性上、身体を壊すリスクを必然的に内包します。打撲や骨折などの運動器の外傷や脳震盪といった症状が外から目に見えるものばかりではありません。長きにわたるハードなコンタクトで、身体の内部に影響が出るケースもあります。ここでは、競技との関連が考えられる内科的疾患を含めた身体内部の変化にフォーカスをあててみます。

☑ 高尿酸血症・痛風と合併症

　「風が吹いただけでも痛い」というくらいの激痛が伴う痛風。人間の身体は約37兆2000億個の細胞から成り立っていますが、細胞は壊れたりつくられたりと、新陳代謝を繰り返しています。それぞれの細胞の中に、細胞の核があり、細胞核は核酸（DNA、RNA）と呼ばれる物質から構成されます。代謝により核酸が分解されると、プリン体が生じます。プリン体が尿酸に変わり、尿酸が高濃度に体内に蓄積されると高尿酸血漿を引き起こし、体のいたるところで結晶をつくります。尿酸の結晶は針のように鋭く尖っており、神経を刺すために最強の痛みが生じる、というわけです（昔は、足を切断していたほどの痛みです）。痛風の好発年齢は一般的には30代から50代と言われていますが、格闘技選手において、20代で高尿酸血症があ

る方、痛風が発症している例があります。また、格闘技医学会で現役選手の尿酸値を測定した結果、異常高値を示した例が数多くみられています。

選手は、通常以上の筋肉量があり（細胞の量と代謝の頻度が多い）、多くのタンパク質やカロリーを摂取し（プリン体を摂取する量が多い）、脱水になるくらいの汗をかき（尿酸が濃くなりやすい）、全身の細胞を壊しまくる（外力や負荷による細胞の大量破壊が日常的）ライフスタイルです。壊れた細胞からプリン体が流出し、尿酸値が高くリスクが通常よりも高いのです。（図4-4-1）

尿酸結晶が、血管や臓器に沈着して起きる合併症は非常に恐ろしいものばかりです。高尿酸血症、高タンパクは共に尿路結石のリスクが、血管にダメージを与えると脳梗塞や心筋梗塞のリスクが上がります。腎臓に尿酸が蓄積して腎機能低下を起こすことがあります。生命にかかわる合併症が起きる前に、早期に対処すべき疾患です。痛風は、アルコールやプリン体の過剰摂取で起きる贅沢病、とのイメージがありますが、ハードなコンタクトスポーツや筋力トレーニングでも実際に起きています。これにアルコールや不摂生、引退後の体重増加等が加わると……高尿酸血症とその合併症リスクは何倍にもなる可能性があります。

実際に、元有名選手が引退後、脳梗塞を発症しているケースがあります。また壮年で試合に出ている方がハードな練習後に痛風発作を起こす例もあります。競技生活がどのくらいパーセンテージで影響があったのかは、現在のところ追跡調査がな

図4-4-1：細胞が壊れ、尿酸値が上がる

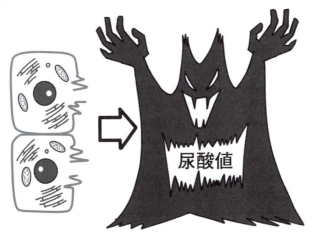

いため明言できませんが、過酷なライフスタイルであることは間違いないでしょう。年齢にかかわらず、身体をぶっ壊す練習をしている方は、尿酸値に気を配ってください。もし異常値であれば、医師の診断の下に、正しい治療を受けていただきたいと思います。

☑ 外傷性横紋筋融解症と腎機能障害

激しいスパーリングや組手、乱取り、技の打ち込みやサンドバッグやミットトレーニング、ウェイトトレーニング、ランニングなどで体中の筋肉がダメージを受けます。筋肉が壊れると、筋肉の破片が血液中にウヨウヨと漂います。この状態を外傷性横紋筋融解症（がいしょうせいおうもんきんゆうかいしょう）といいます。文字通り、外傷により筋肉が融解している病態です。この筋肉の破片は、いったいどこにいくのでしょうか？？　これが通常量ならば腎臓でろ過されるのですが、多量になると腎臓の網の目に詰まってしまって腎障害をおこしてしまうことがあります。(図4-4-2)

CPK（クレアチンホスホキナーゼ）という酵素の検査値は、オーバーワークの医学的指標として役立ちます。CPKは、主に骨格筋・心筋・平滑筋・脳などに多く存在し、体内でのエネルギー代謝に関わっている酵素です。これらの組織が障害をうけると、細胞からCPKが血液中に流れ出し、血液検査で高値を示すようになります。一般男性のCPKの正常値はだいたい60～270くらいです。格闘技・武道をやっていない人でも、筋肉は壊してつくってを繰り返す特性上、CPKは体内にある程度みられます。

実際に500や600の選手はざらで、1500オーバー、K1選手の4800、ボクシングランカーの5000、中には腎機能の低下した選手も存在しました。

極真カラテで有名な「百人組手」。百人の相手と連続組手を行うという、達成者が数えるほどしかいない文字通りの「荒行」ですが、この百人組手を達成した後の選手はほとんどが腎不全を起こして入院し、一時的に人工透析（腎臓の代わりに機械で老廃物や毒物を代謝する治療法）を受けて一命を取り止めているのです（ブラジルが産んだカラテ世界王者、K1でも一撃KOを量産したフランシスコ・フィリォ選手は例外。徹底したカウンターと間合いの駆け引きでダメージを免れています）。

競技のための練習は、百人組手のダメージほどではなかったとしても、その軽いバージョンの継続に他なりません。筋肉がぶっ壊れ続けて、腎臓に悪影響が及んで

いる可能性はあります。慢性的に疲労が抜けない原因のひとつでもあります。

図4-4-2：筋肉が破壊され過ぎると、腎臓に影響が出る

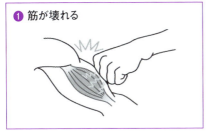
❶ 筋が壊れる

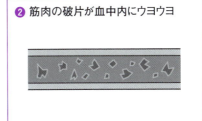
❷ 筋肉の破片が血中内にウヨウヨ

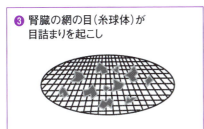
❸ 腎臓の網の目（糸球体）が目詰まりを起こし

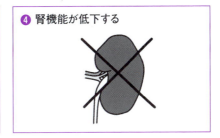
❹ 腎機能が低下する

☑ 循環器系のリスク管理

　年齢を重ねるにつれ、問題が深刻化してくるのが循環器系のリスクです。高血圧、不整脈、心筋梗塞や狭心症などの虚血性心疾患など……健康で若い時は気にも留めなかったリスクが年齢が進むにつれて迫ってきます。最近はスポーツの普及に伴い、スポーツによる突然死も増えてきています。マラソン、ランニング、水泳、ゴルフ、野球、登山……スポーツによる突然死は、そのスポーツの種類を問わず起きているのが現実です。これがカラテ、キック、ムエタイ、総合格闘技、柔術などで起きない保証は全くありません。スポーツによる突然死の原因は様々です。中には全く誘因のないケースも報告されていますが、ほとんどの場合、心臓に問題がある場合が多いといわれています。脈の不正がある、狭心症や心筋梗塞といった虚血性心疾患が眠っている、実は心筋に異常があった、などなど、心臓に関連する問題が隠れているケースがあります。それが普段の生活では全く症状として表に出ていなくて、競技や練習の過負荷状態でいきなり出現してくるというわけです。

「俺は格闘技に命を捧げた。稽古中、道場で死ねたら本望だ」とおっしゃる方もいらっしゃるようですが、それが実際に起きたら、本人はもちろん、周囲への影響、社会への影響はどうでしょうか？「さっきまで、一緒に楽しく練習してたのに……」「何の前触れもなく……」という事態が起きたとしたら……それこそまさに悲劇です。100％は防げないにしても、少しでもリスクを下げるにはどうすべきか、少なくとも指導的立場にいらっしゃる皆さんは普段から考え実行しておかねばならない問題です。

　道場で、ジムで、トレーニングの場面で循環器系へのリスクを減らすのに最も大切なことは、心臓や循環器の状態を可能限り把握しておくこと。それが第一歩になります。練習前や激しい練習で血圧と脈拍を測定してこれもきちんと記録しておく。簡易血圧計が薬局などで売っていますし、道場・ジムによっては常備しているところもあります。また脈拍は、自分の指の腹を総頸動脈（首の横のところ）にあて、30秒の脈を数え、2倍すると測定できます。運動中の心拍数を把握したい場合は、ハートレートモニターを使ってみるのも効果的な方法です。

　人間の心臓は、「いきなり」「急に」がよくありません。緩やかに心拍数を上げていかないと、心臓に大きな負担がかかってしまい、追い込めば追い込むほど危険も増大してしまいます。「どのくらいのペースで動いたら、どのくらいの心拍数になるか」。心臓のリスクを減らすためにも、自分の強さを数値で客観的に知るためにも、把握しておくとよいでしょう。高血圧は、血管のダメージにつながり、脳出血や心筋梗塞のリスクになります。大動脈瘤などが眠っている場合、血圧の急激な上昇と共に、破裂する危険性が。また、不整脈がある場合の心拍数の急な上昇は致死的不整脈や心房内血栓などを誘発することがあります。(図4-4-3) 急激なストレスは、副腎皮質ホルモンの分泌を促し、血糖や血圧の上昇につながります。安静時はもちろんのこと、練習においての数値を測定し、健康管理に役立ててください。定期的に運動負荷心電図を含めたメディカルチェックを受けることも大切です。そして当然のことですが、心臓は命に直結する臓器です。主治医から運動禁止の指示が出た時は必ず従って、異変を感じた場合は迷わず専門医を受診しましょう。

図 4-4-3：致死的不整脈の心電図

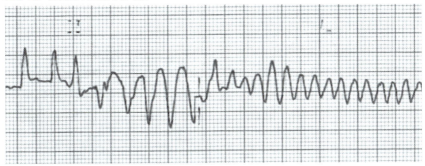

☑ Dr.Fからの提言①──医学知識の導入

　職業やライフスタイルによって、寿命が違うという研究があります。短命な職種は、「ストレスが大きい割に自己裁量が小さい」「接待などで飲酒や外食の機会が多い」「夜勤などが多く生活が不規則」などの傾向があるようです。プロレスラーや力士、ボディービルダーなども短命な傾向があるようです。格闘技や武道を長い間続けると、寿命はどうなってしまうのか？　長期的にはどんなリスクがあるのか？　これらは現在のところ「ブラックボックス」です。

　医学の世界には、「予防に勝る治療なし」という言葉があります。何かが起きてから治療するのは、莫大な時間とコストがかかります。今、医療の業界でも、どんどん予防に力を入れ始めています。そのほうが、元気な人が増えるし、医療費の抑制にもなることがわかってきたからです。格闘技医学会では、国内で初めての「格闘技・武道実践者のための血液データ解析」を2004年より実施し、尿酸値や鉄、CPK、ヘモグロビンを始めとした各項目のデータを蓄積。オーバーワークやスタミナ、栄養などの評価を客観的に行い選手の「強さ」に還元すべく活用しています。（図4-4-4）「数値」は正直ですので、選手も身体の中から強くなる意識が芽生えるようです。将来、起きうるリスクに対して、医学知識をアップデートしながら対応することは、予防や健康の意識向上、そして強さにつながると思います。

図4-4-4：血液データを強さに生かす

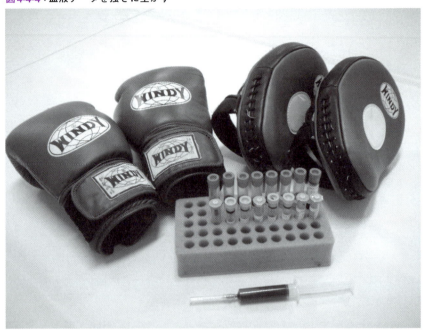

☑ Dr.Fからの提言②──無駄に壊れる時間をゼロに

　激しいスパーやハードなトレーニングでガチガチの筋肉痛がこないと練習した気がしない、というドMな実践者の方、身の回りにいませんか？（はい！　かつての私です）内科的な問題は年齢やキャリアを重ねるごとに増えていきますから、40代で10代や20代前半と同じ強度の練習やトレーニングをやるということは、やっぱり人間の生理に反しています。30代には30代の、40代には40代の、50代には50代の、代謝や機能に合わせた強くなり方があるはずです。

　例えば、ですが、「右のローキックで相手により大きなダメージを与える」ためには何をしますか？　ウエイトトレーニングの記録を上げてもっと筋力とパワーをつける。ジャンプをして瞬発力を高める。栄養をしっかり摂って体重を増やす。そういう方法もとても大切です。一方で、まったく違った方法もあります。同じ蹴りだけど、当てる場所を工夫してみる。当てる面積を最小化してみる。関節角度を変えてみる。タイミングを変えてみる。目線のフェイントを入れてみる。前手、前足で相

手のバランスを崩した状態をつくってから蹴るようにする。相手の蹴りが下りる直前に蹴るようにタイミングを計る。相手の攻撃に合わせてカウンターをとる。サイドに回り込んで蹴ってみる。呼吸と動きを一致させてみる。前足をエサにして蹴ってみる。伸張反射を活用してみる。重力と重力の反作用を使う。眼や頸椎の動きと連動させてみる。ローキックの時の肩甲骨と上肢の使い方を意識してみる、イメージとインパルスの発生を練習してみる、蹴るときのモーションを少なくする……。光を当てる方法を変えたら、実にいろんな強くなる方法があるわけです。当てる面積を3分の1にするだけで、伝わるダメージは3倍ですからね。

　ひたすら筋力トレーニングとガチスパーだけでは、筋肉はぶっ壊れるわ、腎臓にはダメージが来るわ、痛風は悪化するわ、関節はダメージが蓄積するわで、自分で選手生命はおろか、生命そのものを短くしてしまいます。チャンピオンになる選手は、ひとつのテーマ（この場合は右ローキックでのダメージを向上させる）を様々な角度から追求しています。「圧倒的なパワーでぶっとばす豪胆さ」と「鋭い針の一撃でしとめる繊細さ」この2極をテーマとしながら、追求することで、無駄に壊れる時間をゼロにする工夫が求められます。（図4-4-5）

図4-4-5：無駄に壊れる時間をゼロに

世界大会ファイナリストで、K1に転向してK1王者にも輝いた、アンディー・フグはプロ活動の際、週2日間は全く練習しない日を設けていたそうです。また、極真カラテの創始者・大山倍達総裁は、ある日本代表選手に、「あんまり練習しすぎるなよ、弱くなるから」とアドバイスされたそうです。おかげさまで現在、壊れすぎるリスクを減らすために格闘技医学を積極的に導入する道場が急速に増えてきています。身体の声を聴きながら適切な練習の強度、練習ペース、休養のペースなどを探してみてください。

☑ Dr.Fからの提言③——水分とミネラルのチャージ

　追い込み期では、通常の量をはるかに超えた発汗が見られます。しかも、減量を控えている選手は「水抜き」といって水分をカットする場合があります（医学的にはオススメできない減量法です）。水分が不足し、脱水状態になると、血液が濃くなってしまいます。血液が濃くなると血液の粘度が増し、血が固まりやすくなって脳梗塞や血栓症の原因になってしまいます。他にも、皮膚や粘膜の乾燥、倦怠感、血圧低下、のどの渇き、尿量の減少、めまい、頭痛、はきけ、こむら返りといった、けいれんなどの症状が現れ、練習どころではなくなってしまいます。最悪の場合、意識障害に至る場合もあります。

　ボクサーが水分を極限までカットした状態で試合まで脱水が改善されないままリングに上がり、頭部を強打され意識不明になった例もありますから、水分とミネラルのチャージは非常に大切です。目安は1日、「2リットル＋練習での体重減少分」。練習前後で体重が3キロ落ちれば5リットル必要です。普通の体格でも最低4リットル以上、重量級では6リットルは必要になるでしょう。トイレに行く回数も、1日8回以上を目標に（もちろん、心不全などの既往があり、水分制限が必要な方は除きます。あくまでも、既往がない前提での予防的観点からの提言です）。

　地球上の生命の源である海。人類の祖先が陸上に上がり魚類➡両生類➡爬虫類➡哺乳類と進化していく過程で、身体の中に海に相当する環境をつくってきました。「海」は人間の身体の中にもある、というわけですね。（図4-4-6）

図4-4-6：身体の中の海を大切に

☑ Dr.Fからの提言④――カルシウムと骨の強さ

　格闘家・武道家にとって骨の強さはとても重要です。骨と骨が皮膚や組織を介してガンガンぶつかり合うのが試合ですから、骨が弱ければ骨折し戦闘不能状態に陥ってしまいます。追い込み期で減量を伴う場合、食事量の低下に伴ってカルシウムやビタミンDを初めとした骨の形成に必要な栄養素は不足しがちになります。

　カルシウムが不足すると、人間の身体は、カルシウムの貯金箱である骨からカルシウムを奪ってきて、血中のカルシウム濃度を維持しようとします。カルシウムは、筋肉の収縮に関わる大切な電解質ですから、骨という形で大量に貯蔵しています。減量でカルシウムの摂取が減ると骨は薄く弱くなり骨折しやすい状態に近づきます。スパーリングや組手などの対人練習をやらなければならない時期に、栄養素が不足して骨が弱くなってしまい練習で骨折、せっかくの試合にも出場できなくなれば、文字通り骨折り損（涙）。プロの試合が練習での骨折でキャンセルになる背景のひとつです。カルシウムの摂取の方法としては、形のある食べものから摂取するように心がけてください。小魚やイリコ、昆布、ゴマ、ひじき、しじみ等がおススメです。またヨーグルトは喉の粘膜の保護作用がありますので、免疫機能が低下しやすい追い込み時期の風邪の予防にもなります。過剰接収は尿路結石などのリスクを高めますから気をつけてください。（図4-4-7,8）

図 4-4-7：骨の強さは大切

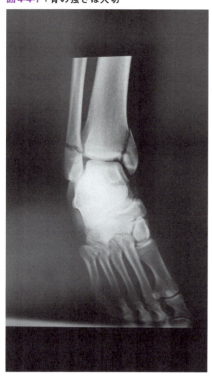

図 4-4-8：形のあるものからカルシウムを摂取

☑ Dr.Fからの提言⑤──スタミナと貧血

追い込み期は特に、貧血の危機にもさらされています。貧血とは、血液中の酸素を運ぶ赤血球（ヘモグロビン）が少ない状態のことをいいますが、前述の血液データ解析では、貧血のファイターや、一般人に比べても正常値の低いほうだったりするファイターが案外多いという結果が出ました。その中にはチャンピオンや全日本クラスの方もたくさんいて、他競技と比較してもヘモグロビンに関しては高いとは言い難い結果が出ています。特に体重制限のある選手に貧血傾向が認められました。格闘家・武道家が貧血に陥りやすい要因として主に次の3つが考えられます。

1. <u>ヘモグロビンの材料の一つである鉄の不足</u>（材料が少なくなれば赤血球は少なくなる。
2. <u>大量発汗にともなうミネラルやビタミンの喪失</u>（汗とともに栄養素を失ってしまう。
3. <u>連続する機械的刺激による赤血球の破壊</u>（肉体をぶつけ合う格闘技・武道では毛細血管が破壊され、中にある赤血球も壊される。

また女性の場合、生理の際の出血もあり、さらに貧血のリスクは大きくなります。いわゆるスタミナ練習は、運動負荷をかけて心拍数を上げる練習ですので、本来ならスタミナがついてくるとヘモグロビンの量も増えます。運動負荷がかかると、全身の筋肉が必要とする酸素の量が増えますから、身体は赤血球を増やして対応するのです。

マラソン選手が取り入れている高地トレーニングも、酸素の薄い環境で運動することで、ヘモグロビンの増加➡スタミナアップを狙っています。しかしながら材料が十分でない状態でスタミナトレーニングをやっても、ヘモグロビンはなかなか増えてきません。ですからせっかく苦しい練習をしても「スタミナがつきにくい」状態になってしまう可能性があります。（図4-4-9）

図4-4-9：スタミナと赤血球

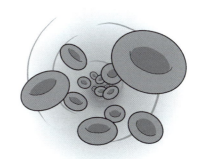

☑ Dr.Fからの提言⑥──積極的休養

　格闘技・武道一本で、しかも指導をせずプレイヤーとして食べていけている日本人は、どのくらいいるのでしょうか？　大相撲の力士や一部のプロ選手、またスポンサーがいる選手を除くと、実際にはほとんどいないと思います。ということは、みんな何かしらの仕事やバイトをしたり、学生なら勉学をしたりするわけで、その余った時間に練習やトレーニングをしているというのが現状です。時間ができたらとにかく練習という状態では、オーバーワーク一直線。休んでいる日もありませんから（日本人の場合そういう過剰なストイックさが好きな人、多いです）、せめて週に1回ぐらいは、練習から大きく間合いを取って、休養およびリフレッシュの時間をとるように心がけましょう。大自然の中に身を置くと心身の調子が良くなることが経験されますが、森林浴を通じて免疫系に関わるNK細胞（ナチュラルキラー細胞）活性が上昇した、抗がんタンパク質の濃度が上がった、という効果を裏付ける科学的実験結果も報告されています。（図4-4-10）

　壊れた身体を癒し、修復する時間があるからこそ肉体的にも強くなれるし、精神的にも擦り切れることなく、フレッシュな気持ちで練習に向かうことができるはずです。

図4-4-10：森林浴の科学的効果

☑ Dr.Fからの提言⑦——無理のない減量を

　減量を行う場合は、なるべく計画的にやりましょう（ただし、大人だけです。未成年の減量は絶対に無しで）。スポーツ医学的に理想の減量は、1週間に0.5kgといわれています。無茶すれば、もっと短期間で落とせると思いますが、格闘技は単なるダイエットとは違い、体重を落とさずにスタミナや体力を上げていかなければなりませんので、先ほどの数値の範囲をひとつの基準として推奨しています。

　年齢と共に基礎代謝（何も運動しなくても消費するカロリー）が減ってしまいますから、25歳超えたら早め早めの減量スタートがおすすめです。1ヵ月で落とすのを1ヵ月半にするだけでかなり違うので、しっかりと余裕をもって減量を行ってください。（図4-4-11）

　無茶な減量計画や、無計画で減量を行うと、いつの間にか「対戦相手に勝つための練習」から「とにかく体重を落とすための練習」にすり替わってしまうことがあります。こうなってくるとテーマが明確にならず、練習の質が低下してしまいますので、注意してください。どうしても落ちないからといって利尿剤を使ったりするのはメチャクチャ危険です。ひどいところになると、子供のレスリングで使用しているという話も聞きます。本当に残念な話です。健康を損ねるだけでなく、場合によっては取り返しがつかないことになってしまいますから、絶対にやめてください！

図4-4-11：無理な減量は危険

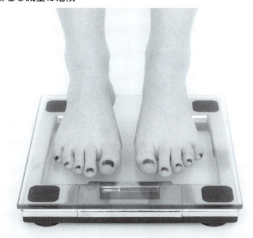

☑ 身体の中から強くなるために

「格闘技・武道の競技が危険だ」と短絡的に言っているわけではなく、激しい競技のライフスタイルは、人体にどのような影響をもたらすのか？ についてプラスの面、マイナスの面を含めて現実的かつ客観的に追求しています。症例やリスクを紐解いていく中に、プラスを増やしマイナスを減らすヒントがあると思えるからです。

格闘技・武道は、若い時だけの「一時的な強さの養成の場」なのか？ それとも「強さと健康」を提供する場になりえるのか。私はやはり格闘技・武道は後者であってほしいと願っています。今の総合格闘技の流れをつくったホイス、ヒクソンらを輩出したグレイシー一族の登場も、「強さ」と「健康」が際立つ存在でした。柔道の天才・木村政彦とも戦ったグレイシー一家の長、エリオ・グレイシー（1913年生まれ）は、90歳を過ぎても稽古・指導を継続。95歳の長寿を全うされました。ちなみにブラジルの平均寿命は73.62歳（2012年）ですから、日本では100歳を超えるようなものです！

いつの年代に、どのくらいの負荷が適切なのか？ 激しい競技から次のステージに行くべきタイミングがもしあるとしたら何を判断基準にしたらいいのか？ キャリアと共に伸びていく要素は何なのか？ などなど、知れば知るほど疑問は湧いてくるばかりです。格闘技医学、スポーツ医学の立場から、現時点での解決のヒントを述べさせていただきましたが、まだ途上に過ぎません。格闘技・武道を心から愛する皆さんのご協力をいただきながら、現場に生きる知恵やノウハウを蓄積、発信、フィードバックのお手伝いができたら、格闘技ドクターとして最高の喜びです。（図4-4-12）

図4-4-12：健康な人がやっぱり強い

選手生命を守る

4-5 パンチドランカー

ダメージをもらわないことが最上位

☑ 脳の砂漠化

　格闘技における脳への影響で有名な、パンチドランカー。パンチドランカーとは、慢性的な衝撃を受け続けることで、脳細胞が死んでいく病態のこと。格闘技をやらない人でも、「使わない脳細胞」は必要が無いためどんどん死んでいきます。1990年代までは、「脳細胞の数は年齢と共にどんどん数が減っていき増えることはない」が定説でした。しかしながら2000年にイギリスの神経学者マグワイアが「海馬（記憶に関わるエリア）の脳細胞は成人しても使えば使うほど増える」という研究結果を発表。現在では「使えば使うほど海馬の細胞は増える可能性がある。使わない細胞はどんどん死んでいく」ことがわかっています。

　脳細胞の数は、およそ1千億個。海馬の神経細胞の数は、その1万分の1と言われていますので、脳全体として脳細胞の全体の数は減ってしまいます。脳細胞は、細胞核を取り囲む細胞体と、そこから手足のように伸びた樹状突起やシナプスで他の細胞とつながりネットワークを構成しています。脳に慢性的に衝撃を受けると、脳細胞自体が死んでしまい、「繊維」にどんどん置き換わってしまいます。まるで緑と水に囲まれた豊かな森が「砂漠化」していくように……。格闘技やコンタクトスポーツで脳に衝撃を受け続けると、脳の細胞が死ぬスピードは極めて速くなる。これもまた、格闘技や武道が内包するリスクのひとつです。（図4-5-1,2）

図4-5-1：脳細胞同士のネットワーク

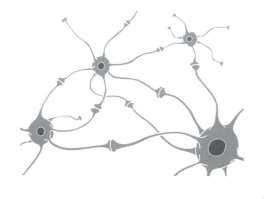

図 4-5-2：パンチドランカーは脳の砂漠化

☑ パンチドランカー、真の恐怖

　困ったことに、パンチドランカーの症状は、現役中に出ないケースが多いのです。パンチドランカーの症状がどんどん表に出てくるのは、50歳を過ぎてから。現役中に出てしまっている場合は相当深刻です。20代の若い現役選手同士が、「お前、パンチドランカーじゃないよな、あはは」「僕は大丈夫です」なんて無邪気に笑っていたりしますが、本当に怖いのはあと数十年してから、という話なのです。

　では、なぜ若いときパンチドランカーの症状が出なくて、時が経ってから表出するかというと、若いときは脳細胞の数自体が多いので、多少脳細胞が死んでしまっても、元気な細胞の割合が圧倒的に高いため、症状がほとんどマスクされて表に出てきません。しかしながら、50歳ぐらいになると、普通の人でも使わない脳細胞が減っていくため、今度は脳細胞がなくなったところがどんどん目立ってくるため、と考えられています。

　図4-5-3は正常と異常の脳のCT写真ですが、正常は脳の実質がしっかりと詰まっているのに対し、脳の萎縮を伴うCTは、隙間（黒い部分）が多くなっています。

図 4-5-3：脳のCT 正常と異常

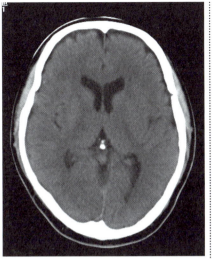
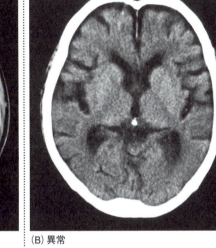

(A) 正常　　(B) 異常

☑ パンチドランカーでみられる症状

　身体の震える、呂律が回りにくい、バランス感覚が悪い、手先が不器用になった、物忘れがひどい、集中力が落ちた、判断力が低下した、感情がコロコロ変わる、うつ的で悲観的、暴力や暴言、攻撃性が強く怒りっぽい、社会性に乏しく幼稚な傾向、性的羞恥心の低下、病的な嫉妬、被害妄想的……などなど。

　パーキンソン病のような運動障害から、シャレにならない精神障害まで、恐ろしい症状のオンパレードです。引退して何十年か経った選手が犯罪を起こしたり、暴力沙汰を起こしたり、ドラッグに手を出したり、元人気選手が自殺したり、という悲しいニュースを耳にします。本人の元々の疾患や素因、環境などの問題もあるとは思いますが、「パンチドランカーの影響」も否定できないでしょう。

　私も、ある有名な打撃系の選手の変容を経験しています。その選手は、身体能力も非常に高く、とても人気もあり、華々しく活躍した看板選手。試合の映像も何度もみて、研究した選手でした。私があるプロ興行のリングドクターのときにも、会場のバックステージに頻繁に顔を出していたのですが、スーツをカッコよく着こなし、とても快活で、全身からエネルギーを発散しているようなポジティブな満ちた

魅力的な人でした。

それから10年の歳月を経て、ある大会の会場に行った時のこと。

「？」と思わざるを得ない、組合せのおかしな異様な服装で、全身からどんより漂う負のオーラ。知らない人にいきなりボソボソと話しかけてる男性がいました。「誰だろう、この人？　危ないなぁ」と思い、少し距離を置いて良く顔をみたら……、うつろな眼をした、かつての人気選手でした。「え？？？」ビックリすると共に、あまりの変貌ぶりに、言葉を失いました。その方の周りには、若手が数名付き添い、周囲と本人に気遣うような状態。全くの別人になってしまった彼との再会に、涙がこぼれました。

他にも、うつ状態になって自殺に至った有名選手や、現在もドランカー症状に悩まされる元ファイター、一方的な決めつけですぐに激怒し、怒鳴りつけたり暴行を行うような易怒性のある指導者の話も耳にします。パンチドランカーは、現役中にはわからない。現役が終わって何十年かして嫌なお土産として選手に降りかかるシャレにならない「パンドラ」の箱。だからこそ、現役中の過ごし方と、指導的立場の方の姿勢、そして正しい医学的知識の有無が大きく影響します。(図4-5-4)

図4-5-4：引退後に出てくる、パンチドランカーの症状

✅ パンチドランカー予防の意識

格闘技・武道と脳へのダメージ、特にパンチドランカーについての話題になると、このような言葉を耳にすることがあります。

「うちはヘッドギアをつけてるから大丈夫」

「顔面パンチなしのルールだから安全」

「打撃はなく投げだけだから脳の影響はない」

コンタクトスポーツである以上、それらの考えは相対的な比較に過ぎません。「このルールだから大丈夫」「こうしてるから大丈夫」という意識、「窃盗罪だから殺人より悪くない」というような「比較」ではなく、格闘技をやる以上、ルールを問わず脳を守る意識こそ必要なのです。宣伝文句や営業として外に発信するフレーズではなく、「うちは大丈夫だろうか？」「どうやったら減らせるだろうか？」という内省的な意識のことです。

ボクシングやキックボクシングといった顔面を殴り合う格闘技はもちろん、顔面パンチのないルールのカラテでも、防具着用の拳法であっても、さらには球技であるサッカーやフットボールなどでも、リスクはゼロではない。顔面パンチの禁止されているカラテの大会で、上段蹴りによるKOで脳にダメージが蓄積している場合もありますし、組技格闘技ではパンチこそないですが、投げで脳が激しく揺れることがあります。競技者ではなくとも、毎日ミットをもって選手の打撃を受ければ脳は揺れますし、主にカラテで使用される、人間が隠れてしまうような大きなビックミットでも、持っている方は、ミットの重さと打撃の重さを全身に受けてしまいます。それらの影響が将来的にどう出るかは、調査さえ行われていないのが日本の現状なのです。

✅ 脳が揺れる時間を極力減らす

脳のダメージを極力避けながら、強さを目指すにはどうすべきか？

現実問題として、完全予防というのは難しいかも知れませんが、パーセンテージを低くすることは可能です。その方法の最優先課題として、「脳に衝撃が加わる時間を極力減らす練習体系の確立」を挙げています。

プロ格闘技や空手の大会で多くの名選手を輩出し続けている、正道会館の湊谷秀文コーチは私が知りうる中でも、もっとも安全と危険に対する意識の高い指導者の

ひとりです。ガチンコでやるスパーリングのラウンド数は○ラウンドまで、また軽いスパーリングのラウンド数は△ラウンドまで、というように制限をしているそうです。私も直接ご指導をいただいたことがあるのですが、「パンチのときに、ここに頭があったら危ないでしょう」というような言い回しを自然にされるのです。他の多くの指導者が、「こっちの方が強く打てる」というロジックを展開される中、湊谷コーチの選手への愛にあふれたご指導に胸を打たれました。選手が倒れたときにも、真っ先にアクションを起こされる姿も印象的でした。(図 4-5-5)

　パンチドランカーになってしまう選手とキャリアが長くともほとんどならない選手がいるということは、意識的にせよ無意識にせよ、ドランカーにならない選手というのは何かしらの方策を取っていた可能性が高いといえるでしょう。練習体系や時間の配分のみならず、ファイトスタイルも大切です。「ディフェンスをせず打ち合い、どつき合いで観客を喜ばせるタイプ」の選手は、脳へのダメージの蓄積が大きくて、「脳」という視点から考えると危険度は大きいといえます。

　普通は、リングを降りてからの人生のほうが長いです。将来を見据えた上で格闘技を捉えていくとすれば、ディフェンスの技術を徹底的に磨く必要がある。やはり脳を守る上でも、選手生命を長くする上でも、選手をリタイヤした後においても、最優先されるべきことだと思います。攻撃は、素人でもできます。選手が選手たる由縁、格闘家が格闘家たる由縁は、「相手の攻撃に対応できるか」だと思います。プロの第一線や世界レベルでやるとなると、ディフェンスの技術が高くないと絶対やれません。「俺は攻撃型だから」と言って、とにかく攻撃の練習ばかりやるのではなくて、やはりディフェンスの時間をちゃんと割くことを意識的に行っていくことが大切だと思います。

　同時に、ディフェンスの技術、もらわない技術をもっと評価の対象に挙げるような流れも必要でしょう。ディフェンスと言っても、ガードを固めたり、ブロックするのではなく、「もらわない、食わらない、避ける、外す」を最上位の概念として、ガードやブロックはどうしても避けられないときの保険として二次的なものに位置づけることで、脳のダメージの軽減につながります。(図 4-5-6)

　昇級審査、昇段審査、プロテストなどの評価においても、やはりディフェンスやポジショニングをきちんとちゃんとできる実践者に級や段、帯、ライセンスを授与する。そのためにも指導者側もちゃんとディフェンスを見る目を持たないことには始まりません。

良いパンチ、良い蹴り、良い関節技、良い投げ技、など攻撃を評価するのは、少し格闘技に詳しい人間なら可能です。経験のある指導側が「もらわない技術」を適切に評価することで、攻防一体の技術のさらなる発展が見込まれます。

図4-5-5：安全を優先する湊谷コーチの指導

図4-5-6：もらわない技術

☑ シャドーでわかる脳を守る意識

　ちなみに選手がディフェンスを意識してるかどうか、それはシャドーで簡単に知ることが可能です。「シャドーをやってみてください」と何のヒントもなしにいきなりシャドーをぽんとやってもらうと、攻撃だけのシャドーをやってしまうか、ちゃんとディフェンスやもらわない動きを混ぜるかで、選手のディフェンスに対する意識はもちろん、試合に対するイメージも伝わります。

　シャドーでもディフェンスをきちんとやる選手は、つねに試合を意識したシャドーをやっていますので、シャドーがあたかも試合をしているように見えます。傍目に見ても、「この人は今、脳がフル回転して、イメージをはっきりさせてやっているんだな」とわかります。「もらわないで動く意識」や「ディフェンスの意識」がきちんと自分の技術の中に組み込まれている選手は、クリーンヒットをもらいにくく、実際に練習と試合のギャップも浅いのではないか、と現役選手とのトレーニングを通じて感じます。逆にシャドーでも他の練習でも、攻撃しかやらない選手というのは、まず自分がやられることを想定していません。「相手が目の前にいて試合をしているイメージ」が足りないので、試合と練習の間のギャップが大きく、その結果、ディフェンスもおろそかになってしまう傾向を感じます。(図4-5-7)

図4-5-7：シャドーは選手の身分証明書

☑ パンチドランカーチェックリスト11

　格闘技医学会では、11項目のパンチドランカーチェックリストを作成し、現場での意識向上にご活用いただいています。これらが大丈夫であれば、パンチドランカーにならないというものではありません。これらの項目に気を配りながら、身体の状態を客観的に評価して欲しいのです。11項目のうち、もし一つでも引っかかるものがあれば、医療機関を受診の上、医師の診断を仰いでください。

表4-5-1：パンチドランカーチェックリスト

☐	① 物忘れが目立つ
☐	② 集中力が落ちてきた
☐	③ 感情的になりやすい、冷静さを欠く
☐	④ 相手の動きに対して反応が鈍くなっている
☐	⑤ バランスの低下を感じる
☐	⑥ 手先が不器用になっている
☐	⑦ 手足の震えを感じる
☐	⑧ 頭痛がある
☐	⑨ 視力低下や物の見づらさを感じる
☐	⑩ 呂律が回りづらくなっている
☐	⑪ 相手の軽い攻撃でもダウンしてしまう

☑ 予防プログラムと選手の覚醒

　格闘技医学トレーニングでも、パンチドランカー予防を目的としたメニューをつくり積極的にトライしています。キックの英雄・新田明臣選手（2005年K－1MAX準優勝・現バンゲリングベイ代表）が怪我により戦線離脱し、再びK1のリングに戻ってくる前、しばらく勝ちから遠ざかっていた2004年に共同開発したプログラムで、認知症の患者さんに対するリハビリテーションや神経内科的メソッドを格闘技の動きに取り入れたものです。きっかけは新田選手の「練習のとき眠いし、脳がはっきりしない。なんか集中しきれない状態で練習してしまっているので、負けちゃってる気がするんです。どうしたらいいでしょう？」という相談でした。

　ただ単にミットを蹴る、サンドバッグを叩く、スパーリングをするという練習ではなく、一定の情報入力をして判断し、反応するトレーニングを行いました。たとえば技に番号をつけて、左ジャブが1、右ストレートが2、左フックが3、右フックが4、左アッパーが5、右アッパーが6というふうにして、僕が1256と言ったらそのコンビネーションを即座に行うトレーニングや、新田選手に目をつぶってもらい、ミットを持った僕はこっそりと立つポジションを変えて、「ハイ！」という合図と共に開眼し、一瞬で距離を計り、パンチやキックを繰り出してもらうトレーニング。また4ケタのアトランダムな数字を伝え、すぐにそれをひっくり返して答えてもらうテストなども試行しました。

　めまぐるしく変化する情報入力に対して、すぐに反応して体を動かす、体だけでも脳だけでもなく、体と脳をリンクさせるのが目的でした。そうすると面白い現象がありました。

　試合の当日控室で、「ちょっと脳をはっきりさせたいんで、何かメニューをください」とオーダーがあり、そのときに数字をひっくり返すパターンなどの復習をしたのですが、新田選手は苦戦しているメニューに対して、一つもミスすることなく、全部、完璧に遂行したのです。計算問題にしろ、動きにしろ、いつも以上の違う反応の速さと適格性とスピードがあった。その日の新田選手は、リザーブマッチから快進撃を重ね、「K1史上初のリザーブマッチからの決勝戦進出」を果たしました。試合をする前から脳が完全に覚醒した状態でした。試合運びも危ないところがほとんどなく、安心してみていられる試合内容でした。（図4-5-8）

　パンチドランカー予防のプログラムも、やってどのくらい効果が出るかっていうのは、今のところ実証は不可能です。「やらないよりやったほうがいいじゃないか」

という段階ですが、実践者の意識を高めるという意味において必要だと感じています。海外には、スパーリングの後に計算ドリルをやったりして、脳をフル回転させていつもどおりの生活に戻る、スパーリング前に脳をフル回転させて、脳を覚醒させて、集中力を高めてからスパーリングに臨む、そういう工夫をしている選手もいます。

　実力が拮抗していると、体力や技術で2倍も3倍も差をつけることが難しくなってきますが、脳については解明されていないことの方が圧倒的に多いため、飛躍のヒントに満ちた領域なのです。

図 4-5-8：脳機能の向上は強さにつながる

4-6 選手生命を守る
危険すぎる、脳のダメージ

脳を守るとは、生命を守ること

☑ 交通事故に匹敵する衝撃

　もし、あなたの家族が、恋人が、友人が、歩行中に自動車にはねられて頭を打ったどうしますか？　意識を失っていたらすぐに救急車を呼ぶでしょう。仮にすぐに意識が回復したとしても、受傷者の安全を最優先で確保し、余計な負荷は与えず、安静を保ちながら病院を受診させるのではないでしょうか。（図4-6-1）

図4-6-1：交通事故に匹敵するダメージ

　一方、格闘技の現場では、打撃や衝撃での意識消失は頻繁に見られる現象です。ダウンして意識を失っても、カウント内に立ち上がれば試合は続行され、選手は再

びハイリスクな間合いに飛び込んでいくことになります。試合後の医療機関受診は義務付けられて、選手本人の自己責任であったり、リングドクター不在で専門的な判断・指示が受けられなかったり、といった現状があります。

脳の立場からすれば、交通事故でも、格闘技の試合や練習でも、ダメージには変わりはありません。名目が違うだけで、脳や身体への衝撃は大きいのです。真剣勝負でぶつかり合うとは、交通事故に匹敵するダメージを負う可能性があり、命の危険と隣り合わせであることを十分に認識する必要があるのです。

☑ 外からは判断できない脳の状態

試合中、もしくは練習中、「脳に急激な外力が加わり選手が倒れ、意識を失った、もしくは朦朧としている状態」だと仮定しましょう。この状態で、脳内でどんなことが起きているか、外から察知することはできません。脳震盪でも、急性硬膜下血腫［きゅうせいこうまくかけっしゅ］、外傷性クモ膜下出血、頭蓋骨陥没骨折でも……、どれも格闘技や武道の現場では最初の症状として「意識の変容または意識の消失」として表れるケースが多いからです。（図4-6-2）

実際に、ダウン後すぐに意識が戻り試合を終え、控室に戻ってから急に意識が遠のいて救急搬送、急性硬膜下血腫が判明、緊急手術となった症例もあります。「脳震盪かと思ったら頭蓋内出血だった」「致命的な脳ヘルニアを起こしかけていた」「意識は問題なかったのに数日後に危険な状態に陥りICUに搬送された」ということが実際に起きているということです。

格闘技や武道の現場では、他のスポーツと違いダウンやKOが日常的にあるためか、「すぐに意識が戻ったから大丈夫」「このくらいのダメージは格闘技だから当たり前」「その後もきちんと戦えたから問題なし」というような「根拠無き外見上の判断」が優先されがちです。

しかしながら、そこには医学的な正確性・客観性が存在しません。私たち医師がリングドクターをやっていても、その場では確定診断がつかないのです。確定診断には、CTやMRIなどの画像検査による出血の有無の確認、および医療機関でのドクターによる診察が必要であり、確定診断がつくまでの間は「あらゆる可能性を疑って」、つまり「最悪を想定して動かねばならない」ということです。

図4-6-2：硬膜下出血の画像（大きな血腫が脳の実質を圧迫している）

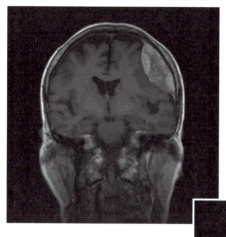

☑ 脳と他の外傷の違い

　脳の外傷には、他にはない特徴があります。例えば、転倒して身体を打った場合を考えてみましょう。肘を地面に思いっきりぶつけて骨折した場合と、軽くぶつけた程度で骨や靭帯の損傷がない場合では、痛みの程度がまったく違います。脳以外の部位は、ケガが重症であれば痛みは非常に大きく、軽傷であれば痛みもガマンできないほどではない、という緩やかな関係が多く認められます。少なくとも、骨が折れ、靭帯が完全に断裂しているのに、まったく痛くないということはないはずです。

　ところが、脳は事情がずいぶん違います。まず、脳細胞には痛覚がありません。私が麻酔科で研修していたとき、脳外科手術の全身麻酔に何度も入る機会があったのですが、執刀医が脳腫瘍摘出のため脳の実質をメスでザクザク切っても、モニ

ター上の心拍数はほとんど変化がありませんでした。脳細胞は「何をされても痛くない」というわけですね。ですから、脳が揺れたり出血があったときでも、脳の外の組織の痛覚が刺激されない場合、「頭痛がない」「痛みを伴わない」ケースも多いのです。たまに格闘技やスポーツの現場で、「頭を打ったけれど頭痛がないから大丈夫」という話を耳にしますが、頭痛は脳の外傷の症状として出てこないことも多く、さらに痛みの大きさと脳のダメージの重症度とは関係ないことも知っておかなければなりません。

次に、タイムラグの問題です。脳の出血には、症状が出現するまでタイムラグがある場合が多く、静脈性の出血の場合、動脈よりも圧が弱く血管も細い場合が多いため、ジワジワ、ゆっくりと出血する傾向があります。また、硬膜外出血［こうまくがいしゅっけつ］では、血液が硬膜をベリベリと、ゆっくり剥がしながら徐々に脳を圧迫していきます。受傷から意識消失などの症状の発現まで「時間がかかる」というわけです。これが、脳の外傷の恐ろしいところで、ダウン後やKO後、元気に会場を出たのにしばらくしてから容体が悪化するケースは、このタイムラグに原因があるのです。

さらに、衝撃による脳機能低下の問題があります。足が痛い、腰を捻ったようだ、拳を骨折したらしい……。これらを認知するのはほかでもなく「脳」です。これは例えですが、正常な脳は1＋1＝2であることを前提に、1＋2＝3の正解を導きます。ですが、衝撃で脳機能に異常をきたした場合、判断を間違うことがあります。1＋1＝3を正しいとしてしまうと、その前提が「間違いである」と自分の脳で認識できないのです。頭を打った選手本人が、「大丈夫、大丈夫」「このくらい大したことない」「余裕で戦える」といった発言をしても、周りは絶対に信じてはいけません。「本人が言うのだからいいじゃない」という同調も絶対にダメです。普段どんなに信用できる人であっても、「今は、打たれた脳が言ってることから、疑わしい」「大丈夫は、信じちゃいけない」を公式として絶対に覚えておいてください。（図4-6-3）

図4-6-3：脳外傷の特徴

- 脳細胞には痛覚が無い
- あとから急変する可能性がある
- 打たれた人の大丈夫は大丈夫ではない

☑ 脳震盪とセカンドインパクトシンドローム

　KOやダウンで意識の変容や一過性の意識消失が見られ、CT上、出血や骨折など画像上の異常を認めない場合、脳震盪の可能性があります。急性硬膜下出血や急性硬膜外出血、外傷性クモ膜下出血、脳挫傷など、またそれらに伴う脳ヘルニア（脳が出血によって圧迫されてしまう状態）などは、放っておくと致命率が非常に高く、後遺症も残しやすいため、格闘技実践者や関係者の間でも「危険」と認識されています。

　例えば、脳震盪が野球やサッカーなどのノンコンタクトスポーツのフィールドで起きた場合、選手が意識を失う、ボーっとなるということ自体が「珍しい」ため、「大事」として扱われます。しかしながら格闘技や武道の場合、試合や練習の現場での脳震盪は日常茶飯事的に見られるため、どうしても軽く扱われがちです。

　一過性で症状が消失する脳震盪。ところが、実は脳震盪に関連する非常に怖い病態の存在が最近わかってきました。それがセカンドインパクトシンドロームです。学術的にはまだ議論の余地があるとされる病態ではありますが、こいつはメチャクチャたちが悪いのです。

　セカンドインパクトシンドロームとは、「最初の頭部への衝撃で脳振盪を起こし、その後、短期間に2度目の衝撃が加わることによって、取り返しのつかない重篤な症状を引き起こす症候群」と定義されています。重症化しやすく、致死率は50％以上、助かったとしても後遺症が残りやすいといわれています。脳震盪が起きると、脳神経細胞の軸索［じくさく］（情報を伝達するコードの部分）が無理矢理引き伸ばされ、神経伝達物質（細胞間に情報を伝える物質）が過剰に放出されます。その結果、脳細胞の代謝に変化が起き、細胞が脆弱な状態になってしまいます。この代謝が正常に戻る前に、また脳に衝撃を喰らうと、一度に大量の脳細胞が壊れてしまうことがある。これがセカンドインパクトシンドロームの発生機序といわれています。

- 1度ダウンしてフラフラと立ち上り、試合続行になった。
- 1ラウンドでダウンを喫し、その後のラウンドでKOされた。
- KO負けを喫した後、2週間後に別の試合に出場した。
- 練習中に倒され、数日後の試合でまた倒された。
- カラテのトーナメントで2回戦で反則の顔面殴打で脳震盪をおこし、4回戦で上段膝蹴りでKOされた。

● 試合でKOされたのが悔しくてすぐに練習を再開し、1週間後のスパーリングで倒された。

　このような例は、セカンドインパクトシンドロームが起きてもおかしくない状況です。実際に、ある武道の試合で選手が打撃を食らいダウン。すぐに意識を取り戻したものの、セコンドが選手をあおり、選手はすぐに試合に戻ったところ、再び打撃をくらって帰らぬ人となったケースが報告されています。
　短期間で2回以上脳が揺れるのは、かなり危険——。格闘技・武道に関わる皆さんには、セカンドインパクトシンドロームの名称と共に、その恐ろしさを記憶しておいていただきたいと思います。

☑ 脳震盪からの復帰の現状

　ダウンやKO、アクシデントによる脳震盪後の競技復帰については、ボクシングや修斗であれば60日間出場停止というように、大会側・興行側の規定は一部で存在するものの、選手側の基準や練習復帰はまちまちです。
　あるプロ興行で、有名な日本人選手が外国人選手相手に2試合連続でKO負けを喫し、3試合目が終わった後に「頭痛がする」という訴えで、私の外来に受診してきたことがありました。そのとき、今までの受診歴やCT歴を聞くと、答えは「ゼロ」。テレビ画面を通して、壮絶なKOシーンを視聴者の誰もが知っているのに、その後のアフターケアはまったくなされていませんでした。残念ながらかなり有名な選手でも、現状はこんな感じです。
　一方で、指導者やコーチとチームドクターがしっかりと連携をとり、脳震盪やそれに続発するセカンドインパクトシンドロームの危険性を十分考慮し、復帰に関しては極めて慎重に対処するチームや道場も出てきています。選手が仮に復帰するとしても、復帰までの休養期間、リハビリ、練習内容、スパーリングの開始時期などを医師の客観的な判断の下に管理する先進的なジムもあります。その一方で、「意識を失うKO負けをした選手が、別の団体のリングにすぐに上がっている」「セカンドインパクトシンドロームという言葉自体指導者が知らない」「選手が出血歴を隠している」など、安全面に関しては玉石混交であり、まだまだ危険な状態です。
　試合は真剣勝負ですから、KOやダウンは避けられないとしても、その後の過ご

し方に関しては、細心の注意を払うべきです。格闘技・武道の現場だから、KOやダウン、反則などによる脳震盪が珍しくないだけであって、脳や身体が受けるダメージは交通事故にあうのと同じレベルなのですから……。(図4-6-4)

図4-6-4：命を守るスポーツ安全指導講習会の模様(バンゲリングベイにて)

☑ 脳のダメージ後の対応

　試合や練習で脳にダメージを負った場合や、本人にいつもと違う「意識の変容」や「意識の消失」があった場合、すぐに病院受診と画像検査は最低限行いましょう。少なくとも24時間から48時間はひとりにしないよう十分に経過を観察し、何か変化があればまたすぐに病院に駆け込める態勢でいてください。なお、「少なくとも」と記したのは、頭を打ってから意識消失までのタイムラグは様々だからです。私も主治医として、転倒してから2週間後に意識を失った方を担当したことがありますので、「教科書からはみ出るケース」は常に想定しておきたいところです。

　当然、車の運転も禁止です。アマチュア競技の場合、遠征ということで車で遠方の試合会場に行くということがままありますが、運転する方は試合出場者であってはいけません。私自身、大学時代に後輩たちを乗せて県外に遠征した際、試合でボディでKOされたにもかかわらず、高速道路で3時間かけて運転して帰ったことが

あります。これ、顔面だったら大事故にもつながりかねない相当な危険を冒していたわけですから、やはり道場・ジム・チーム・大会単位で「出場者≠運転者」を徹底させる必要性を身をもって痛感しています。(図4-6-5)

同様に、試合後に祝勝会と称して、勝利の美酒に酔うのも危険です。「(A) 酒に酔った酩酊状態」と「(B) 頭蓋内出血での意識の変容」が極めて似ているため、(A) が (B) をマスクしてしまう危険性、そしてアルコール→アセトアルデヒドによる血管拡張作用が出血を促進させてしまう危険性が考えられます。武道系の縦社会では「押忍」の名の下に飲酒を断れない空気もありますし、プロの興行では招聘元とのお付き合いもあるかとは思いますが、「試合後の飲酒は危険」の認識が常識化して欲しいと願います。

残念ながら頭蓋内出血が認められた場合、または出血はないけれども重度の脳震盪だった場合、そのほか後遺症がある場合は、「競技への復帰以外の選択肢」も十分考慮すべきです。まずは命を大切に、あらゆる挑戦は「命あって」のことですから、常に「ライフ・ファースト」であってほしいと願います。

図4-6-5：ひとりにしない、運転させない、飲酒させない

☑ 脳震盪後の競技復帰は極めて慎重に

ここで、格闘技医学会およびスポーツ安全指導推進機構にて検討された脳震盪後の競技復帰プロトコル（成人男性選手対象）を紹介させていただきます（表4-6-1）。

表4-6-1：脳震盪後の競技復帰プロトコル（格闘技医学会　安全管理委員会）

	頭蓋内に出血なし、画像上および診察上異常なし。意識消失は短時間であり、それ以外の症状がなし。軽度の脳震盪（初回）である、というドクターの診断があり、本人、家族、指導者、ドクター、全員の競技復帰に際するリスクの十分な理解およびコンセンサス（合意）がある場合。
【レベル1】	脳震盪後、少なくとも14日間はあらゆるスポーツ活動禁止。ここで脳の機能回復のため十分な休養期間をとればとるほど、選手生命の向上につながります。 （無症状かつドクターの許可があればレベル2へ）
【レベル2】	軽い有酸素運動のみOK。→軽いウォーキング、水泳、固定した自転車エルゴメーター。 少なくとも7日間。1日運動、1日OFFのサイクルで。 頭部に衝撃を与える運動禁止。ミット・サンドバッグ禁止。ミット持ち禁止。不安定な運動禁止。レジスタンス運動禁止。コンタクト運動禁止。 （無症状かつドクターの許可があればレベル3へ）
【レベル3】	安定した状態でのゆっくりとしたノンコンタクト運動OK。→ゆっくりとしたステップワーク、カラテの型、移動稽古、安定した状態でのゆっくりとしたシャドー、技のコースの確認。 少なくとも7日間。1日運動、1日OFFのサイクルで。 頭部に衝撃を与える運動禁止。ミット・サンドバッグ禁止。ミット持ち禁止。不安定な運動禁止。レジスタンス運動禁止。コンタクト運動禁止。 （無症状かつドクターの許可があればレベル4へ）
【レベル4】	軽い負荷でのノンコンタクト運動OK。→速いシャドー、安全なバランストレーニング、軽い付加のチューブトレーニング、タオルキック、タオルパンチ。 少なくとも7日間。1日運動、1日OFFのサイクルで。 頭部に衝撃を与える運動禁止。ミット・サンドバッグ禁止。ミット持ち禁止。コンタクト動禁止。 （無症状かつドクターの許可があればレベル5へ）

【レベル5】	通常のトレーニング、練習に復帰OK。対人コンタクト練習は、受け返しや軽いタッチ程度のお互いセーブしたスパーリングから徐々に開始。脳震盪後初めて行うメニューは特に安全性を確認しながら行う。適宜OFFをとりながら、低負荷、低回数、短時間から漸増していく。 試合に向けての本格的な練習がレベル5から始まるため、復帰を焦らず、脳震盪を2度と起こさないように少なくとも数カ月をかけて準備すること。 （無症状かつドクターの許可があればレベル6へ）
【レベル6】	試合復帰 （プロトコルに関する条件） ・本プロトコルは競技復帰を奨励するものではなく、脳に必要以上のダメージを受けない安全性を重視するものである。 ・2021年現在のものであり、見直し改訂が行われる。 ・ある程度熟練した成人男性を対象にしたものであり、初心者や子供、女子、壮年者に適応してはならない。 ・本人は自覚症状を絶対に隠してはならない。 ・無症状の判断は本人以外の家族や共同生活者によって判断される必要がある。 ・ドクターの許可を医師以外の者が行ってはならない。 ・仮に競技復帰を目指す場合でも、脳の不可逆的な損傷のリスクや生命のリスク、パンチドランカーなど将来的に起こりうる障害のリスクなどを十分に理解した上で、本人、指導者、保護者、家族、医師ら、全員のコンセンサスを得ること。復帰計画は客観的判断の下に立案され実行されること。 ・本プロトコルはあくまでも参考・目安の一つにすぎず、格闘技医学会／スポーツ安全指導推進機構、およびアドバイザーは本プロトコルに関する一切の責を負わない。また、本プロトコルは全文にわたって十分に理解されなければならない。一部だけの編集や流布、共有などを禁止する。

脳震盪の可能性のある症状の例

- 意識消失
- 発作またはけいれん
- 記憶喪失
- 頭痛
- 頭の圧迫感
- 首の痛み
- 吐き気、または、嘔吐
- めまい
- 視力障害
- バランス障害
- 光に対する過敏症
- 雑音に対する過敏症
- 倦怠感
- ボーっとする
- 気分が悪い
- 集中できない
- 覚えられない
- けだるい、元気がない
- 精神錯乱
- 眠気
- 感情的になる
- 怒りっぽい
- 気分が沈む
- いらいらする、不安になる

SNS等で「試合後ですが、ミットを15ラウンド持ちました」といった投稿を見かけることがありますが、ミットを「持つ」行為も脳が揺れる可能性が指摘されていますので、十分注意してください。そもそもKOやダウンは、脳が「それ以上動いたら危険」と判断して運動系のスイッチをオフにしてしまう現象です。格闘技や武道は元々殺し合いの技術を競技や試合という形で整備したものであり、本当の戦いであればKOされて終わりではなく、その次の瞬間に命の終わりがあったわけです。医学的な意味でも、戦い本来の意味でも、「倒されたらまずは運動から距離をとる」は、脳を守り、命を守る行為なのです。(図4-6-6)

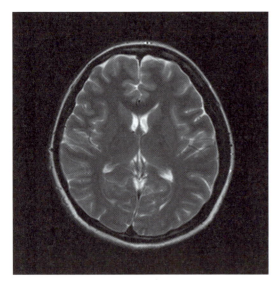

図4-6-6：脳を守り、命を守る

☑ 今こそ、厳しさを

　正直な話、私自身も選手のころ、顔面殴打や上段膝蹴りで、試合だけでも5回ほど、練習を含めるとそれ以上、意識消失を含むダウンを経験していますが、その後のフォローは自己判断ですませてしまっていました。しかしながら、リングドクターや大会医師、チームドクターなど、格闘技や武道に関わる医師としての経験をさせていただく中で、改めて自分の無謀さ、無知を反省せざるを得ません。さらに、

道場で共に切磋琢磨した選手が硬膜下血腫で緊急入院した例、プロの試合で植物状態が1年以上続いたのち、帰らぬ人となった知人のジムの所属選手、頭蓋内出血の既往があるのにそれを隠して練習し、試合に出場している選手など、遠くの話ではなく、身近な例を知っているだけに、他人事と割り切ることができません。

　それらを通じてわかったのは、「私の場合、たまたま大事には至らなかっただけ」ということです。ちょっとしたタイミング、角度、床やマットなどの外的要因、さらに脳の血管のもろさや潜在的な奇形や嚢胞［のうほう］の有無といった内的要因、試合やスパー当日のコンディション……それら数多くの要素が運良く重ならなかったから何とかなっただけで、少し違ったら大事に至った可能性は十分ありました。

　ですが、時代はどんどん動いています。本格的なIT社会の到来、SNSの高度な発達で、有名選手が脳のダメージの不安について語ったり、引退後の元王者が安全面で警笛を鳴らしたりという新しい流れが生まれており、格闘技の安全面に関してはその流れがプラスに傾いているように感じています。これからは「危険にフタをする」ではなく、「危険を誇る」でも「危険に思い込みのバイアスをかける」でもなく、「危険を危険として事実ベース、医科学ベースで直視する姿勢」こそ、これからの格闘技に必要な「厳しさ」だと考えます。その厳しさが、格闘技を愛する人たちを守り、格闘技という素晴らしい文化を守る「優しさ」につながるのではないでしょうか。

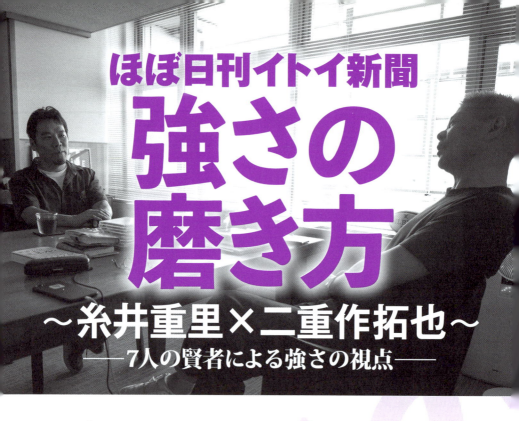

ほぼ日刊イトイ新聞
強さの磨き方
～糸井重里×二重作拓也～
―― 7人の賢者による強さの視点 ――

強さとは何だろう？ 強くなってどうするのだろう？ その先には何があるんだろう？

糸井重里氏が主宰する「ほぼ日刊イトイ新聞」での対談、「強さの磨き方」。これは互いを理解し、高め合い、共有する「公開スパーリング」です。「挑戦と考察」を絶えず積み重ねてきた糸井重里氏とDr.Fの緊張感と安心感にあふれた実践哲学の交錯は、公開と同時に軽々とジャンルを超越し、「強さを求める人々」に届きました。各方面で大活躍する7人の賢者たちは、この対談をどう読んだのでしょう？（対談本文は「ほぼ日　強さの磨き方」で検索ください。本対談以外にも、『より良く生きるヒント』がたくさん見つかります。）

ほぼ日刊イトイ新聞
https://www.1101.com
ほぼ日　本文・編集　稲崎吾郎（ほぼ日）
　／撮影　廣瀬正木（ほぼ日）

演出家
木村 龍之介
Kimura Ryunosuke

人間にとって「強さ」ってなんだろう？演劇を作る仕事をしている僕にとって、この問いはとても重要です。

僕はシェイクスピアという四百年前の作家の物語を上演しています。そのシェイクスピアが理想とした人間像があります。それは「古代ギリシャ・ローマの人間」です。美術館に行くと肉体美をバンバンに強調した彫刻があるじゃないですか。あれです。あれを理想としてるんです。ですから、シェイクスピアの劇の中には、肉体的にも、精神的にも「強く」て、知性のある人間たちがボコボコ出てきます。それを現代の俳優たちが演じなければならないんです！これは大変です。

機械文明に慣れきった僕らが、ギリシャ・ローマの「強い」キャラクターを演じなければならない！ 現代社会よりもドラマティックな人生を駆け抜けるために、手と足と頭をフルに活用しなくてはなりません。「強さ」を志向しなくてはなりません。が、挑戦しようとしたときに、いつも目の前には「どうやって強くなるのか？」という問いが生まれます。そうして途方にくれます……。

そんな時！ 幸運なことに二重作さんと糸井さんのほぼ日刊イトイ新聞の対談が目に入ったのです！ その名もズバリ、「強さの磨き方。」ナウマンゾウを追いかけていた時代から今に至るまで、人間はずっと「強さ」を志向していました。「強さ」についてのおふたりの全8回にわたる対話。そこから見えてくる、人間社会の在り方。そして、科学的な原理原則に基づく、脳と運動の関係。

「強さ」というのは奥が深いです。仕事に役立つ発想と知識が盛りだくさん。そう、「強さ」とは格闘技だけじゃなくて、人間と世界についての話なのだ。そう理解しました。仕事や人生においても「強さ」は必要なものです。対談を読んで、「強さ」についての価値観が変わりました。ちょっと「強く」なりました。

弁護士
加藤 英男
Kato Hideo

「ほんとうの強さ」とは何か。Dr.Fは、「武術でいうところの一撃必殺は、例えば、相手の目に砂をかけてから殴るという感じ」「3年くらい一緒に酒を飲んで仲良くなって、それからグサッと」やる、そういう生々しい譬え話から、「強さってなんだろう」との疑問を経て、「強さはルールや条件で変わる。つまり条件付きの強さの姿が見えてきた」、そして「いろんなルールでもそれなりに強いことがほんとうの強さ」と語ります。

これは、まさしく「格闘技」の話なのだけど、私には、まるで「裁判」の話のように聞こえます。もともと、行き違いがあった場合、『目には目、歯には歯』で、部族間で抗争し、復讐に復讐を重ね、争いは続きました。それでは国民経済上面白くない。だから、私刑や抗争を禁じ、「いろんなルール」から抽出した普遍的な「ルール」に則って「正しさ」を競わせて、当事者や世間を納得させる「裁判制度」が生まれました。

「いろんなルール」に照らしてみて「正しさ」が確認されることで生まれる説得力は、まさに、Dr.Fが語る「ほんとうの強さ（正しさ）だよね」の納得につながるのです。そして、糸井さんが語られる「広島と巨人が試合すると」とのお話も、「ルール」がある勝負事の妙で、「裁判」にも当てはまります。糸井さんの「試合が終わってみると、なんとなく広島に1点多く入るような、そんな野球が何度もあって」という発言に、Dr.Fは「ぼくが強い人との試合する時って」「最初から大勝ちを諦め」「相手の強さを見極めて、その強さを発揮させない」ようにして、「最後にほんの1点だけ上回る」闘い方をすると答えています。

これは「圧倒的な強さ（正しさ）」で潰しに来る相手の、隙きや盲点を突く「裁判の闘い方」に共通する戦略なのです。格闘技、野球、裁判、人生、どれも余りに似ていて本当にびっくりです。この全8回の対談は、「ただ『相手に勝つため』という、格闘技の話にせばめちゃうのはもったいない」、「そこには『自由』というキーワードも深く関わっている」（糸井さん）、「生きる」ための、本質的なことを平易に教えてくれる、指南書であり、読む人によって、得られるものが違う、プリズムでもあります。

理学療法士
勝井 洋
Katsui Hiroshi

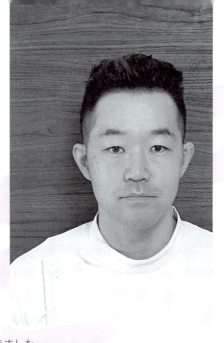

強いとはどういうことなのか、自分にとって強さの定義とは何なのか、今まで明確な答えを見出したことはありませんでした。でもほぼ日で行われた「強さの磨き方」についての対談を読むことで、強さとは、そして強くなるにはという問いの答えの輪郭が見えてきました。

『プレイヤーの発想』のテーマでは、二重作先生の『格闘技の選手ってすごいんです。だまし討ち無しという約束の中で、正々堂々と相手を倒すわけですから』という言葉に、糸井重里さんが『そうなると「強さ」というのはもはや「観念」の話になってきませんか』と返します。私はここでルールの中での戦いという枠組みを超えた強さを考えさせられました。そして、『強くなる方法を探していたら、「強さってなんだろう？」にぶつかったんです』という二重作先生の言葉から強さの探求はさらに深みを増していきます。

『戦いの中で戦わない。』というテーマも興味深く、チリの格闘技医学セミナーでの20歳の南米チャンピオンとスパーでの『戦いのフォーマットの中では競い合わない』発想、対する糸井さんの『社会集団が何かをしていく時って、それと同じようなことがいっぱい言えますね。』という言葉には目から鱗が落ちるような視野の広がりを感じました。

格闘技の話に留まらず、プリンスの『精神的にしばられていない自由を求めていた』という同調圧力に屈しないエピソード、そして『「フィアレス」という生き方を、ぼくはプリンスからたくさん学びました』という言葉から始まる一連の対話は、人間社会の中での強さについて考える契機となりました。

この対談からは、誰であってもそれぞれの立場で必要な強さ、そして強くなるためのヒントが見つかるはずです。

ほぼ日
稲崎 吾郎
Inazaki Goro

ほぼ日の稲崎と申します。「ほぼ日刊イトイ新聞」に掲載された二重作拓也さんと糸井重里の対談では、担当編集として参加させていただきました。この対談には、約2時間半におよんだ2人の初めての対話が収録されています。「強さってなんだろう」という問いを前に、さまざまなエピソードを交えながらお互いの考えを伝えあう、そんな時間でした。

　普段の生活の中で、どれだけの人が「他人との勝ち負け」を意識しているかはわかりません。いまの世の中の流れからいえば、「そういう考えはよくない」という方もいらっしゃることでしょう。しかしこの対談で語られる「強さ」は、相手に勝つためだけではない、もっと多様なものとして登場します。

　全8回を通して、二重作さんは「強さ」のバリエーションを、いくつか例を出しながら語ってくださいました。自分が不利な状況での戦い方、謙虚であるべき理由やボスと認められる人の特徴など。とくに第4回で登場する「大勝ちを諦めるからこそ強い相手に勝てる」という二重作さんの体験談は、糸井がそれまで抱いていた「強さ」のイメージを大きく変えたエピソードになりました。

　ほぼ日が大切にしていることばに、「やさしく、つよく、おもしろく。」という行動指針があります。その「つよく」の部分を、二重作さんのことばをまとめながら勉強させていただいた気がします。素晴らしい機会をありがとうございました。まだ読まれていない方がいましたら、この機会にぜひ読んでみてくださいね。心に残ることばが、きっと見つかると思いますよ。

初代シュートボクシング
女子フライ級王者
高橋 藍
Takahashi Ai

ボクシングの世界チャンピオンの方と練習をしたとき、「パンチを7割の力で打つ」という言葉を教わりました。それまで私は「練習でも全力、どんなときでも全力でなければ、試合で全力なんて出せるわけがない」と思い込んでいました。強弱の「弱」は手をゆるめることだと思っていたのです。 最初は「全力」が染みついた心身に、8割ならぬ7割のパンチを打つことなんてなかなかできない。むしろ、7割を打つことが怖い。そう、「全力でやらないこと」に大変苦労をしました。今思えば、私の中の「強さ」とはまさに「一強」だったのだと思います。そして、強弱をつける練習を繰り返し、「強」しか知らなかった私が「弱」の手応えを少しずつつかみ、そして今まで負け続けてきた相手に最後、勝つことができたのです。

二重作先生と糸井重里氏の対談「強さの磨き方」を拝読したときに、お二人のお話されている強さの色とりどりなこと。強さとは一強ではなく、多面的であると気づかされます。「努力」「根性」「気合い」の言葉が先行しやすい格闘技界ですが、世界を見つめれば、それでは到底追いつけない領域があります。しかし、これは格闘技だけの話ではありません。二重作先生の「脳のイメージ」を変えることで一瞬にしてパフォーマンスが変わるという対談を読んだとき、まさに「7割」のパンチを思い出しました。 私は「弱」を競技中に知れたことは、本当にしあわせだったと思います。なぜならば、弱さを知ったことで、自分の力を発揮できる「領域」を少しは知ることができたからです。自分の力を発揮する場所に身を置くことが「強さ」につながるというお話は、いつでも示唆に富んでいます。

コピーライター
田中 泰延
Tanaka Hironobu

誰かに聞いた話で、これといったエビデンスもないので作り話なのかもしれないが、忘れられないので書いておく。「強さ」とは何かということにまつわる話だ。

かつて地球上に存在した部族において、村どうしが争いになった時、どちらの村が強いかを決める闘いが行われた。屈強な若者がそれぞれの代表に選ばれ、広場で向かい合う。

だが、殴り合い、組み伏せあって勝敗を決めるのではない。一方の選手がいきなり自分を殴りつけ鼻血を流す。集まった村人は歓声を上げる。敵対する部族の代表は、相手よりはるかに強く自分の顔を殴りつけ前歯を飛ばす。より強いことの証明だ。応援する村人の声は高まる。すると一方が、思い切り自分の指の骨を折って不敵に笑う。もっと痛いことをしなければ負ける。相手は自分の腕を殴りつけ、ぼっきりと折って得意満面となる。一方の選手はもはや足の骨でも折るしかない。負けを認め、がっくりと膝をつく。そうして全身大ケガの男は英雄となり、より痛みに耐えた勇者を生んだ部族は勝利する。

ファンタジーなのかもしれないが、この話を聞いた時、僕は大笑いして感心した。これは非常に洗練された「強さ」の表現ではないだろうか。

Dr.Fと糸井重里さんは、「強さ」という「観念」を巡って話し合う。そして「強さ」は脳によって生成されたイメージによって変化していくという事実を明らかにしていく。さらに驚くべきことに、「強さ」は人間にとって「自由」への道だということを指し示す。

戦争、無差別な暴力…現実では勝つためなら何でもありな社会の中で、「ルール」を定めて「強さ」を探る。僕がいる文筆というフィールドでも、「ルール」のなかで、脳に描いたイメージをどのように「肉体」に伝達するかが、じつは鍵なのだ。

そう、文筆も「書く闘技」なのだ。そしてそれは自由へと向かう行為であると、Dr.Fに教わった。おっと、このフィールドも700字というルールで闘う場だった。実際には100字ほどオーバーしているが、勝つために悟られないようにしている。850文字あるなんて、気がつかなかったでしょ？

■近畿大学医学部皮膚科学教室主任教授
大塚 篤司
Ohtsuka Atsushi

　――重作先生と糸井重里さんの対談がほぼ日で公開されたとき、ぼくは3度目の戦い真っ最中だった。過去2回は大敗。実力はぼくの方が上のはずなのにどうしても勝てない。正直、次をどう戦っていいのかわからず、勝てるイメージが全くわかないほど追い詰められていた。

　ぼくの職場は「白い巨塔」と呼ばれる大学病院である。普段は病気と戦い、しばしば数少ないポストをかけて仲間と戦うことになる。その代表的なものが教授選である。3度目の教授選を前に読んだのが、二重作先生と糸井さんのこの対談であった。今度こそと意気込むぼくは、二重作先生の言葉を聞いて自分の弱点を知ることとなる。

　「ぼくが5、相手が10の強さなら、ぼくが11を出すのは無理です。6をプラスするのはキツいので。だからまずは、相手に自分のところまで降りてきてもらう方法を考えます。自分と同じレベルに引き下げて、そこからがほんとうの勝負になります。まずは相手の強さを10から5にする。そのあと1だけでも相手を上回ることができれば、ぼくの勝ちです。」

　過去2回の戦いのイメージと言えば、どうだっただろう？　自分を過大評価しすぎて大勝ちを狙っていなかったか？　振り返れば負ける要素はゴロゴロと見つかる。相手から見れば弱点だらけのファイティングポーズであっ

た。二重作先生の言葉を受けて糸井さんは言う。

　「どんなことでも相手を力でねじ伏せようとか、圧倒してやろうというときって、たいがい危ないですよね。だって、それは感情の話だから。」

　そこからぼくは冷静になった。ミスのしない戦い方をしよう。正々堂々と。二重作先生の言葉に巡り逢い、いまぼくは教授として患者の治療にあたっている。あのとき戦った友と今度は手を取り合って患者の病気と戦う番だ。ぼくは忘れていない。

　「1だけでも相手（がん）を上回ることができれば、ぼく（医者）の勝ちだ。」

格闘技医学会とは？

「これは医学的に正しいのだろうか？」「結果が出る指導とは？」「一流選手はどんな意識で取り組んでいるのか？」……。

　強さを追求する上で、次から次に湧いてくる疑問をひとりで解決するのは困難です。何の知識も学びも無しに、ひとりの経験だけでエベレストのような高い山の頂上に辿り着けるでしょうか？　上を目指せば目指すほど、小さな違いが大きな差となって表れます。そこで重要なるのが「集合知」の存在です。

　好きな時にアクセスする。自身の学びを共有する。相互作用が起きる。優れたアイディアが生まれる。結果につながる。追求がさらに楽しくなる。あらゆるバックグラウンドの現役プロ・アマ選手、指導者、コーチはもちろん、格闘技経験を有する医師・弁護士・理学療法士・看護師・柔道整復師・救急救命士などの有識者で構成される「強くなるための研究機関」が格闘技医学会です。

　格闘技医学の集合知である医学会Webグループ内には15年以上に渡り、医学情報、ケーススタディ、検査画像、エビデンス、天才研究、練習や指導のアイディアなどが日々蓄積され続けており、日本語最大のシンクタンクを形成。立場や業種を超えたディスカッション、国家資格者や王者のアドバイス、メンバー同士のトレーニングセッション、相互サポート、メディア出演や海外研修まで、従来の学会のイメージとは異なる「全く新しい形の学術集会」を実現しています。また同学会が主導する「スポーツ安全指導推進機構」では、スポーツ指導者を対象とした安全講習会およびテストを実施、ライフ・ファーストの啓蒙に取り組んでいます。

　「強くなりたい」「学びたい」の気持ちに優劣はありません。実績・資格・ジャンル・種目・流派に関係なく、気持ちのあるメンバーが集う場です。格闘技医学に興味のある皆様、一緒に「強さの根拠」を探してみませんか？

スポーツ安全指導推進機構／格闘技医学会　公式サイト
https://societyoffightingmedicine.hatenadiary.com/

Dr. F　Twitter
格闘技医学情報、最新情報、天才研究動画などをツイッターで配信。
@takuyafutaesaku

おわりに

「今度、こんなことやろうと思うんだけど。」突拍子もない私の呼びかけに、笑顔で対応してくださる心優しき皆さんのおかげで、格闘技医学が新しい形となりました。著者名は二重作 拓也名義ですが、あくまでも私は「応援してくださる全ての皆様の代表」に過ぎません。ですから、この「あとがき」で、感謝の機会を頂けることを心から嬉しく思います。

格闘漫画の金字塔・グラップラー刃牙のモデルでもある伝説の格闘家、平 直行氏。優雅に動いていたかと思うと、一瞬で「虎」になる。その次の瞬間にはまたいつもの平氏に戻る。常に変化してとどまらない、まるで川の流れのような強さ。あらゆる格闘技と武術と修得しながらも、「ひとつに自らを限定しないスタイル」に大きな影響を受けました。

あのヒクソン・グレイシーをして「尊敬するファイター」と称された、中井 祐樹氏。中井氏と組むと、フワッと柔らかく組んでいただいているだけなのに「右にもいけない」「左にもいけない」「上も下もない」ことが瞬間的にわかります。「あ、後ろが空いてた！」とその方向に身体を動かした瞬間、私は「ドンッ」と背中からマットに落ちていました。まるで自分から投げられにいったような、不思議な感覚。中井氏こそ、実践哲学としての格闘技を体現されている「現代の達人」です。

初めて医師として関わらせていただいた格闘家が、シュートボクシング創始者・シーザー武志会長です。格闘技の新しいスタイルを提唱され、幾多の強豪選手を輩出し、世界にシュートボクシングを定着させてこられたシーザー会長は、当時まだ研修医に過ぎなかった私にも真摯に対応してくださいました。それまでに無い価値を創造し、丹念に丁寧に育てあげ、一生をかけて高めていく。シーザー会長の数十年に渡る強靭なご活動を通じて「男としての理想の生き様」を学ばせていただきました。

私のリングドクターのデビューは、格闘王・前田 日明代表が主宰するリングスでした。世界中から集う猛者たちのハイレベルな戦いをリングサイドで目の当たりにし、言葉にならない多大な影響を受けました。選手の安全に十分配慮しながら、自ら先陣を切って現代格闘技の礎を築かれた前田代表。彼のファイターたちへの優しき眼差しは、格闘技医学のコンセプトの核となりました。

　そのリングスで出逢った、最も安全意識の高いレフリーが和田 良覚氏です。競技性、安全性、興行性の３つがせめぎ合う難しい瞬間にあって、選手の命や健康を軽んじることなく公正なレフリングを心がけてこられた和田氏。「和田さんがそこにいる」それだけでリングドクターとして何とも言えない安心感に包まれたものです。

　「甦ったキックの英雄」新田 明臣氏。「僕が勝って誰も喜ばない試合をするくらいなら、負けてもみんなが喜んでくれる方がいいんです。」私がチームドクターの時の新田氏の発言です。ロビーのドアを全開にして相手を受け入れる、相手との関係性を丁寧に創っていく。勝ち負けを通じて、勝ち負け以上の価値を伝える。その心の大きさこそが、僕の感じた新田明臣氏の強さです。今、キックボクシングが一般の方々にも抵抗なく受け入れられるようになったのも、新田氏の方向性の正しさを物語っているかのようです。

　その新田氏の薫陶を受け、長期に渡り第一線で活躍し続ける格闘家が藤原 あらし選手です。彼の超絶技巧と圧倒的経験値、そしてファイターとしての頭脳明晰さは群を抜いており、「強い人の脳」の好例と言えましょう。

　女子格闘技をリードしてきたグレイシャア亜紀選手は、女性の立場から格闘技医学に多大なる貢献をしてくださった方です。「怪我をしたらもっと強くなってリングに戻る」、その困難に立ち向かい、証明してくださったこと、グレイシャア亜紀選手だからこその偉業です。

　「剛力」ことゲーリー・グッドリッジ氏。相手の飛び膝蹴りで前歯４本がブッ飛んだ次の朝のことでした。自分は何も食べられない、水も飲めないにも関わらず、ホテルで朝食会を催し、私たちチームの全員の労をねぎらってくれました。男の生き

方を豪腕と背中で教えてくれたビッグハートです。

　日本を代表する総合格闘家、ストラッサー起一選手には、ファイターとして、人としての志の高さをいつも学ばせていただいています。「格闘技だけ強い」ではなく、礼節、継続、優しさ、配慮といった「人としての強さ」を追求する男が、格闘技という激流の中で「生き様」をみせてくれている。そう断言できる稀有な存在です。

　努力をはるかに超える圧倒的努力を積み重ね、スポーツ界で最も険しい山、オリンピックで頂点に上り詰めた石井 慧選手。世界一の柔道家になられた後も、総合格闘家として「挑戦に生きる姿」を見せてくださいます。行動力と実力をもって自身の人生を自らの手で切り拓かれる石井 慧選手は、未来永劫語り継がれるべき真のファイターです。

　郷野 聡寛選手からは、学習意欲の高さを学ばせていただきました。サウスポー研究のため、iPadの画面を鏡に映して反転させ、一流のオーソドックスファイターをみんなサウスポーにして、自身の強さにフィードバックしていた郷野選手。「強くなる人はここまでやるんだ！」あまりの探求心に驚嘆したことを昨日のことのように覚えています。

　サムライTVの佐々木ディレクターおよびレギュラーの御三方とのお仕事は、いつもエキサイティングです。自ら身体を張って「KOの秘密」を探求してくださった俳優・やべ きょうすけ氏は、「実践派の矜持」に溢れた方ですし、選手の脳のダメージや感染リスクをまるで自分のことのように心配する女優・及川 奈央さんは格闘技界にとっての救いです。

　知力と体力の限りを尽くして世界の強豪と真っ向勝負してこられた高阪 剛氏の圧倒的叡智は、現役世代にとってのヒントに溢れています。『格闘無双』は格闘技界にとってのオアシスであり、実践者にとっての有意義を伝えてくれます。

　「弱者の味方でありたい」の気持ちが伝わる元キック３冠王・金沢 久幸氏。独学で研究と検証を重ねて創られた「武」を感じるキックスタイルはもちろん、現役時代以

上に「強さの探求心」を感じる素敵な方です。

　同じく、自らの肉体を通じて、実験と検証を繰り返して世界王者となり、100人組手の偉業を達成されたカラテ家・緑健 卓真代表も、格闘技医学を技術・戦術・指導にフィードバックしながら「引退後の新しい武道家像」を体現されています。次世代への影響がますます楽しみなおふたりです。

　『一八〇秒の熱量』の主人公、米澤 重隆氏のプロボクシング挑戦は、「年齢の言い訳」への強烈なカウンターとなりました。彼の社会人ファイターとしての知見は、これからも仕事とリングの狭間で悩む選手の光となるはずです。

　ゴールドジムの手塚 栄司代表は、格闘技医学の恩人にあたります。将来の方向性に迷っている時、「二重作さんの活動は、これからの世の中に必要なことだから、形にした方がいい」と惜しみないご尽力をいただきました。専門誌『ファイト&ライフ』においても「ライフの部分を担って欲しい」と連載の機会を11年以上頂いています。手塚代表へのご恩返しは、私の強烈なモチベーションのひとつです。

　大日本プロレスの登坂 栄児代表およびレスラーの皆様との出逢いもまた、大きな転機となりました。格闘技では当たり前の「よける、外す、躱す、ブロックする」を一切排除した技術体系。体重差、1対複数、椅子や蛍光灯などの凶器も普通にある状況下で、ハードな連戦を繰り広げる彼らのライフスタイルは「危険との真剣勝負」です。レスラーたちを守り抜く登坂社長の覚悟の大きさに心震える想いです。

　壮大なスケールで格闘技界を牽引されてきた石井 和義館長率いる正道会館にて、日々研鑽を積み上げる九州地区最高顧問の東 雅美師範。東師範の核心を捉えた言葉に、いつも大切な気づきをいただいてきました。知識と実践が完璧なバランスで融合された東師範の知性の空手は、迷いに捕まりやすい私にとって、暗闇を照らす北極星のようです。

　GOの三浦 崇宏代表とは、ビジネス最前線の景色と医学の知見を互いに共有しながら（格闘技を含む）戦いの本質を探求する間柄です。「格闘技や武道の経験が社会

に出てどのように生きるか?」この問いを常に持ち続ける三浦代表は、広告界・クリエイティヴの世界の風雲児として、新たな景色をたくさん見せてくださると確信しています。

音楽家として、アーティストとして、作家として、画家として、あらゆる表現形態で影響を与え続ける西寺 郷太氏。「どうしたらこんなに次から次へと創造できるんだろう?」西寺さんにお会いするたびに、尽きることのない創作意欲に驚いています。新しい創造を通じて、現世代の宝物を次世代に伝えていかれる西寺氏のミッションをこれからも楽しみにしています。

「書く、発表する」ことは、私にとって「苦行」でもあります。そんな中、ずっと背中を押してくださったのが、田中 泰延氏の著作『読みたいことを、書けばいい。』です。ポップに、ファンキーに、時にシリアスに「書くことの本質を書かれた」名著です。リング上でも、SNSでも、記者会見でも、格闘家にも「自分の言葉」が求められる時代。表現をレベルアップしたい方のセコンドとしてご一読をお薦めします。

大学教授として医学の最前線に立つだけでなく、書籍や『SNS医療のカタチ』でも有意義な情報発信を継続されている大塚 篤司ドクターの情熱には本当に頭が下がります。こんなに優しい方が、必ず成し遂げる不屈のパワーを持っている。新しい時代を加速させていく大塚先生とのご縁を誇りに思います。

文武両道を地で行く、東筑高校の仲間たちはインスピレーションの源です。サッカーそしてボクシングの試合経験もある藤崎 毅一郎ドクターは、腎臓内科専門医としての知見はもちろん、スポーツ、強さ、医学など、ジャンルレスに語り合える間柄であり、私は彼との何気ない会話からいつも大切なことに気づかされています。

スポーツ専門の弁護士という新たな地平を切り拓いた岩熊 豊和弁護士は、元高校球児の経験を存分に生かし、スポーツ界の諸問題を法律の立場から解決に導くべく戦い続けており、同じ方向性をもった大切な同志です。元柔道部主将にして、国際情勢にも非常に明るい緒方 林太郎氏は、高校時代から折に触れて核心をついた助言をくれる武友です。冷静に時代を読み、十分に世の中を俯瞰した上で、これか

ら進むべき道を的確に教えてくれる方。スポーツ安全にも関心の高い緒方氏のおかげで、「格闘技医学のあるべき姿」が明確になりました。

　医療現場で戦う高知医大の同期は皆大切な戦友です。若きアスリートを継続的にサポートしてきた鞆 浩康ドクター。彼の惜しみない画像提供が無ければ、本書は成り立っていません。「怪我をしない」と「強くなる」は見事に両立することを臨床経験で実証されてきた鞆ドクターの存在は、格闘技界にとっても大切です。
　呼吸器内科の専門医、松岡 弘典ドクターは、剣道の腕前も一流で、いつも私が困った時に的確な知識と知恵を授けてくれます。COVID19パンデミックの初期段階においてもスポーツ活動における貴重な提言を『ファイト＆ライフ』誌上に共有くださり、多くのジムや道場の指針となりました。

　カラテ界でも素敵な武縁に恵まれました。伝統空手の森高師範には型、移動、基本の反復を通じて「カラテの基礎」を、実戦カラテ養秀会の山元 勝王会長、篠原 重春師範には「直接打撃制カラテの魅力」をご指南いただきました。中でも17歳での海外試合出場は、日本文化が国境や言語を超える瞬間をリアルに体感しました。まさに人生観が変わる経験でした。
　極真カラテ時代は、高知の白川 彰一先輩、杉森 匠司さん、西森 繁浩さん、渋谷道場の先輩、後輩たちとの出逢いのおかげで、充実した選手生活を送ることができました。もう少し「選手としての試合結果」で恩返しできればよかったのですが、その失敗と反省を私なりの形で『格闘技医学』に込めたつもりです。
　私のカラテの理想形であるアデミール・ダ・コスタ師範、反射と重力の閃きをくれた鳥人、ギャリー・オニール師範、格闘技医学を海外に広く紹介くださったペドロ・ロイツ師範、折れない心を教えてくださったニコラス・ペタス師範はじめ、海外カラテ家にも格闘技医学は多大な影響を受けています。

　前作に素敵なイラストをご提供くださった菅原 彩子さん、今作に渾身の作品を描いてくださった杉山 鉄男さん。ともすれば「固く、難しい理系の書」にあって、文

章以上の脈動感をダイレクトに伝えるアートのパワーに圧倒されました。

そして本書を考えうる最高の形にしてくださった秀和システムの皆様、ありがとうございます。皆さんとのお仕事にいつも成長のきっかけをいただいています。

「強さ」をテーマに対談くださった糸井 重里氏とほぼ日の皆さん、鮮やかな色彩を加えてくださった「7人の賢者」の皆様とは、製作過程においても貴重な学びの時間を過ごすことができました。格闘技医学の核である「人間理解」、そして「強さの希求」が、ジャンルや属性、立場、趣味趣向を軽々と飛び越えて広く伝わることになったのは、糸井さんのご尽力のおかげです。そして現在進行形の「ほぼ日」さんは、まさに人生の図書館(Liferary)であり、これからも世代を超越した「希望の場」となることを確信しています。

糸井さんからのご縁で知り合えた、終生の友である演出家・木村 龍之介氏には、想いを実現していく人のマインドを、何でも相談できる兄貴分の哲学者・三浦 宏文氏には大人のあるべき態度を学ばせていただいています。

そして格闘技医学会の同志たち。研究と実践を積み重ねる理学療法士・勝井 洋先生、カラダと技術づくりのプロである松原 吉隆代表、安全重視のパラ柔術を推進される樋口 幸治先生、社会正義のために戦う弁護士・加藤 英男先生、格闘技医学を指導に生かし、現場の声を届けてくださる田添 洋先生、看護の視点と共に正道カラテを指導される納江 幸利先生、キッズファーストを実践する酒井 進先生、20年以上にわたり情報発信をサポートしてくれている中島 修也さん、心強いセコンドの西村 貴親館長はじめ、格闘技界の集合知に寄与してくださる全ての医学会メンバーに感謝します。

「沖縄の子供は、カラテで自分の身を守るんだ。」父の言葉を耳にして「僕も強くなれるかも知れない!」と手を強く握りしめました。母は、自らの勤勉さと継続をもってキャリアを切り拓く様子を見せてくれました。心からの言葉と行動で教育してくれた両親、趣味趣向を同じくし、何十年も応援してくれる弟。私と運命を共に

し、どんな波も共に乗り越えてくれる妻、そして3人の子供たち。どう考えてもDr.Fの御守りは大変だと思いますが、それでも家庭内を笑顔で満たしてくれる素晴らしき家族に恵まれました。これこそ最大の幸運なのだと実感します。

　「弱い自分が嫌い」から出発した私の旅は、気がつけばたくさんの素晴らしき人々に恵まれ、格闘技医学というひとつの流れになりました。自分一人では気づくことさえできなかった叡智の数々を、私で止めてしまってはいけない。そんな想いで執筆いたしました。

　本書はいったんここで終わりますが、終わりは始まりのスタートでもあります。格闘技医学を手に取ってくださった皆様と新たなご武縁を、心から楽しみにしています。

格闘技ドクター　二重作　拓也

■**参考文献**

『美しい生物学講義』更科 功（ダイヤモンド社）
『脳が認める勉強法』ベネディクト・キャリー（ダイヤモンド社）
『海馬　脳は疲れない』池谷 裕二、糸井 重里（朝日出版社／新潮文庫）
『超一流になるのは才能か努力か』アンダース・エリクソン（文藝春秋）
『スタンフォードのストレスを力に変える教科書』ケリー・マクゴニガル（大和書房）
『脳の中の身体地図』サンドラ・ブレイクスリー／マシュー・ブレイクスリー（インターシフト）
『脳と心のしくみ』池谷 裕二（新星出版社）
『Newton別冊　脳とは何か』（Newton Press）
『最強に面白い！！脳』（Newton Press）
『脳と運動のふしぎな関係』野崎 大地（くもん出版）
『言語化力 言葉にできれば人生は変わる』三浦 崇宏（SBクリエイティブ）
『人脈なんてクソだ。 変化の時代の生存戦略』三浦 崇宏（ダイヤモンド社）
『読みたいことを、書けばいい。人生が変わるシンプルな文章術』田中 泰延（ダイヤモンド社）

■ モデル
　中井 祐樹（パラエストラ東京代表）
　藤原 あらし（バンゲリングベイ）
　西村 貴親（親心会館代表）
　松原 吉隆（松原道場代表）および松原道場
　清水 岳（三浦道場福岡支部）
　清水 翔英（三浦道場福岡支部）
　清水 捺月（三浦道場福岡支部）
　下小鶴 静（光雲塾）
　勝井 洋
　御殿場西高等学校 柔道部
　カクシンハン

■ 協　力
　Fight&Life
　QUEST
　ISAMI
　ほぼ日刊イトイ新聞
　格闘無双
　BOUTREVIEW
　ヨガジャーナルオンライン
　ユーフォリア／TORCH
　Football Expert Project（大井 拓己代表）
　Spolink（奥村 正樹代表）

■ 資料・画像協力
　鞄 浩康（スポーツドクター・オルソグループCEO）

■ イラスト
　菅原 彩子／杉山 鉄男@Otsutema_S

■ 撮　影
　山口　康二

I dedicate this book 2 Prince.
本書をプリンスに捧げます。

【著者紹介】

Dr. F
二重作 拓也（ふたえさく たくや）
Takuya Futaesaku

スポーツドクター、リハビリテーション科医師。格闘技医学会代表／スポーツ安全指導推進機構代表。「ほぼ日の學校」講師。

1973年、福岡県北九州市生まれ。福岡県立東筑高校、高知医科大学医学部卒業。8歳よりカラテをはじめ、高校生でインターナショナル空手古武道連盟・養秀会の2段位を取得し、少年部、一般部の指導を担当する。17歳の時、USAオープントーナメントに高校生日本代表として出場。1999年に医師国家試験に合格、研修医時代には極真空手城南大会優勝、福島県大会優勝、全日本ウェイト制大会出場を果たし、選手と医師の両立を実現する。

リングスのリングドクター、全日本空手道選手権大会の大会医師、K1ファイター、UFCファイターらのチームドクターおよび、スポーツ医学の臨床経験から「格闘技医学」を提唱。指導者指導、教育者教育の先駆的存在として、専門誌「ファイト＆ライフ」にて2010年より連載を担当し、格闘技医学情報を発信し続けている。格闘技医学は、海外では戦いの学問を意味する"Fightology"として知られ、フランス、スペイン、ギリシャ、コスタリカ、香港、チリなどで"ファイトロジー・ツアー"と題された講習会が開催されている。

また来日ミュージシャンのツアードクターとして、プリンスファミリー、ジェフ・ベック、キャンディ・ダルファー、ジョージ・クリントン他をサポート。世界発売されたプリンスの書・英語版『Words Of Prince』はamazon.com(USA)のソウル・ミュージック部門でベストセラー1位を獲得し、ソニーミュージックから発売されたプリンスの公式アルバム『ザ・レインボウ・チルドレン』では対談が掲載されている。

主な著書・主演作に『KOの解剖学DVD』『反射と重力DVD』『カラテで勝つ格闘技DVD』『Words Of Prince Deluxe Edition』『Fightology（英語版／スペイン語版）』『What Is KO?(英語版)』『Que es el K.O.?（スペイン語版）』などがある。

Twitter @takuyafutaesaku

■注意
(1) 本書は著者が独自に調査した結果を出版したものです。
(2) 本書は内容について万全を期して作成いたしましたが、万一、ご不審な点や誤り、記載漏れなどお気付きの点がありましたら、出版元まで書面にてご連絡ください。
(3) 本書の内容に関して運用した結果の影響については、上記(2)項にかかわらず責任を負いかねます。あらかじめご了承ください。
(4) 本書の全部または一部について、出版元から文書による承諾を得ずに複製することは禁じられています。
(5) 商標
本書に記載されている会社名、商品名などは一般に各社の商標または登録商標です。

Dr.Fの格闘技医学 [第2版]

発行日	2021年 7月21日	第1版第1刷
	2021年 10月25日	第1版第2刷

著者 二重作 拓也

発行者　斉藤　和邦
発行所　株式会社 秀和システム
　　　　〒135-0016
　　　　東京都江東区東陽2-4-2　新宮ビル2F
　　　　Tel 03-6264-3105（販売）　Fax 03-6264-3094
印刷所　三松堂印刷株式会社　　　　Printed in Japan

ISBN978-4-7980-6324-9 C0075

定価はカバーに表示してあります。
乱丁本・落丁本はお取りかえいたします。
本書に関するご質問については、ご質問の内容と住所、氏名、電話番号を明記のうえ、当社編集部宛FAXまたは書面にてお送りください。お電話によるご質問は受け付けておりませんのであらかじめご了承ください。